# Ein bisschen Mut, ein bisschen Glück

ROLF ZUCKOWSKI

# Ein bisschen Mut, ein bisschen Glück

Mein musikalisches Leben

EDEL BOOKS

Ich liebe das Leben und kann nicht allein, auch wenn es mir manchmal so scheint.
Ich bin nur ich selbst, weil ich weiß ihr seid da, die Seelen verwandt, im Herzen vereint.
(Aus *Hat alles seine Zeit*)

# Inhalt

Die Musik zu dieser Biografie finden Sie in meinen Playlisten der meisten Streaming-Anbieter.

*Du machst die Augen auf*
*und hast das Licht der Welt erblickt.*
*Du lebst auf diesem Stern,*
*von nun an gibt es kein Zurück.*
*Mit jedem neuen Tag*
*lernst du ein bisschen mehr dazu,*
*siehst Licht und Dunkelheit*
*und kommst noch lange nicht zur Ruh.*

*Du brauchst ein Lied, das dich begleitet,*
*und ein Herz, das für dich schlägt,*
*brauchst ein Feuer, das dich leitet,*
*und ein Wort, das dich bewegt.*
*Du brauchst ein Lied, das dich begleitet,*
*und ein Licht in dunkler Nacht*
*und am Himmel einen Stern,*
*der über deine Träume wacht.*

*Aus manchem tiefen Tal*
*willst du hinauf ans helle Licht,*
*und auf dem höchsten Berg*
*erstarrt vor Kälte dein Gesicht.*
*Du fährst hinaus ans Meer*
*und willst die Wellen tanzen sehn,*
*und manches stolze Schiff*
*siehst du im Sturm zu Grunde gehn.*

*Dann hast du selbst ein Kind*
*und willst ihm manches Leid erspar'n,*
*doch einmal kommt der Tag,*
*wo es sich selbst nur helfen kann.*
*Dann geht es seinen Weg,*
*denkt dann und wann an dich zurück*
*und braucht, genau wie du,*
***ein bisschen Mut, ein bisschen Glück.***

## »Was bleibt?«

Diese Frage, die sich bestimmt viele Autoren in ihrem späteren Lebensabschnitt stellen, bewegte auch mich zunehmend, seit zu meinem 60. Geburtstag das CD-Album *Leben ist mehr* erschienen ist. In den letzten Jahren habe ich intensiv nach Antworten gesucht und einige gefunden, zum Glück auch viele Zeichen der Zuversicht, die nun in diesen Erinnerungen spürbar werden sollen.

Dies ist kein akribisch zusammengetragener Lebenslauf, eher ein Hineinleuchten in persönliche Erlebnisse und Beweggründe meiner Arbeit, ein Eintauchen in Beispielhaftes und Denkwürdiges. Das soll in mehreren Zeitreisen durch die verschiedenen Wirkungsfelder meines Lebens geschehen. Ich war nie ein großer Anekdotenerzähler und komme mir als Autor ohne meine Melodien ein bisschen vor wie ein Vogel mit zu kleinen Flügeln. Es sei dennoch gewagt.

## Klein ist groß

Was zieht mich hin zu den Kleinen? Warum habe ich schon mit zwölf Jahren als Hausaufgabe die Geschichte »Kunibert, die Waldameise« und mit 18 Jahren für meine Schülerband das Lied *Blowup Machine* geschrieben? Gut, mein Vater war klein, nur 1,68 Meter. Seinen Spruch »Die Kleinen sind nicht nur dazu da, die Großen am A… zu lecken«, haben meine Geschwister und ich in unserer Kindheit mehr als einmal gehört, und das Lied »Die süßesten Früchte fressen nur die großen Tiere« von Peter Alexander haben wir alle zusammen gern gesungen. Dass mich kleine Länder wie die Schweiz, Island, Schottland oder Lettland faszinieren, dass ich mich in kleinen Räumen immer am wohlsten fühle, das mag tief blicken lassen. Im Kleinen liegt das Geheimnis der Welt ebenso verborgen wie im Großen. Das Kleine offenbart alle Wunder unserer Existenz, ist immer wieder Ausgangspunkt für große

Erkenntnisse. In jedem Samen ist alles angelegt, das zu seiner vorbestimmten Größe wachsen kann. In Kindern ist alles angelegt, was Menschsein bedeutet. In unseren Kindern all das zu lieben, was aus ihnen werden könnte, die Hand helfend, schützend und auch mal warnend für sie bereitzuhalten, ihnen gangbare Wege aufzuzeigen und sie schließlich mit Vertrauen und Zuversicht loszulassen, das ist für mich Elternliebe. Meine Frau und ich haben uns bemüht, bei unseren drei Kindern diesem Anspruch gerecht zu werden, und wir vertrauen auf die Kräfte, die sich nun in ihnen als Erwachsene zeigen.

Der Blick auf das Kleine will gelenkt sein, das Große macht von allein auf sich aufmerksam. Kinder zu beobachten und zu verstehen, will geübt sein. Ich habe mit gesunden, lebensfrohen, aber auch mit schwerstbehinderten und sterbenden Kindern gesprochen und gesungen. Ich habe von autistisch-stummen Kindern gemeinsam mit ihren Eltern das erste gesungene Wort gehört. Kein Erwachsener konnte mir auf so einfache und eindringliche Weise verdeutlichen, um was es im Kern unserer Existenz geht. Aus dieser Erkenntnis heraus widme ich dieses Buch auch denjenigen Menschen, die sich in ihrem Beruf aus vollem Herzen für Kinder einsetzen – sei es im Kindergarten, in der Schule, in Chören oder anderen Musikgruppen, in Einrichtungen der Kinderbetreuung oder auch in den Projekten unserer Stiftung »Kinder brauchen Musik«. Ein herzlicher Gruß geht an alle Menschen, die mit meinen Liedern Kind waren und es später gewagt haben, selbst Eltern zu werden und damit der Zukunft eine Chance zu geben.

# 1
# Die frühen Jahre

## Von der Kindheit und klugen Städteplanern

Der Stadtteil Winterhude, in dem ich am 12. Mai 1947 zur Welt kam, war im Zweiten Weltkrieg – wie große Teile meiner Heimatstadt Hamburg – fast komplett zerstört worden. Bis etwa 1952 lebten wir zusammen mit meinem Großvater väterlicherseits, dessen Tochter Rita und ihrem Mann Kurt in einem der wenigen unzerstörten Mehrfamilienhäuser in einer relativ kleinen Wohnung. Mit meinen Eltern Werner und Giesela Zuckowski, meinem knapp zwei Jahre älteren Bruder Hans-Peter (sein leiblicher Vater war im Krieg gefallen) und meiner eineinhalb Jahre jüngeren Schwester Anke bewohnte ich hier ein Zimmer. Mein zweiter Bruder Heino (»Pit«) wurde 1955 geboren. Wie bei dem nur noch aus Außenwänden bestehenden Haus schräg gegenüber war das Bild der Kriegsschäden allgegenwärtig. Wir bedauerten die Leute, die in Kellern hausen mussten, die Schrott- und Kippensammler, die Kriegsversehrten und Traumatisierten. Aber jeder musste in diesen Jahren sehen, wie er durchkam.

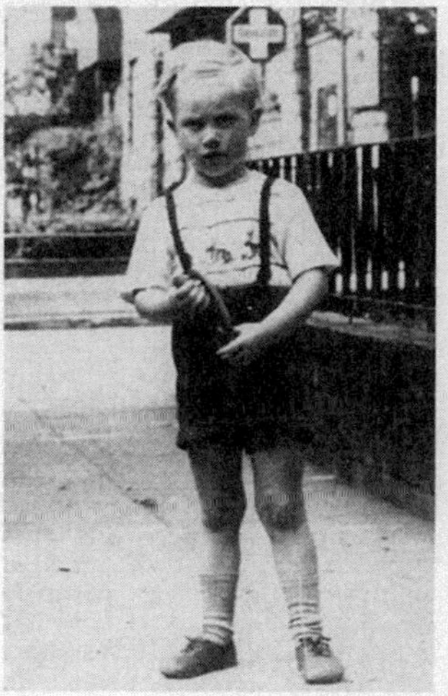

Meine allerersten Erinnerungen gehen zurück in die untere Etage eines Doppelstockbettes, ich mag drei oder vier Jahre alt gewesen sein. Oben (auf der Kommandobrücke) spielte mein Bruder Hans-Peter

Kapitän im Sturm auf hoher See, unten (im Maschinenraum) wurde die Lage im schaukelnden Schiff für mich immer bedrohlicher, und es kam, wie es kommen musste: Das Bett krachte zusammen. Zum Glück hockte ich gerade am richtigen Ende, kam mit dem Schrecken davon und kann darum heute von meiner Kindheit in Hamburg berichten.

Der Arensweg, die kleine Straße, in der wir in meiner frühesten Kinderzeit wohnten, war nicht viel länger als 200 Meter, lag innerhalb eines großen Rechtecks aus Mehrfamilienhäusern und wurde an jedem Ende von einer tunnelartigen Hausdurchfahrt begrenzt. In diesen Durchfahrten der für diesen Hamburger Stadtteil typischen roten Backsteinhäuser war unser Schlechtwetterspielplatz. Der Widerhall unserer Kinderspiele störte die Anwohner offenbar kaum, ich kann mich jedenfalls an kein Meckern erinnern, obwohl wir bestimmt nicht immer leise waren. Unter den Torbögen trafen sich Freunde unterschiedlichen Alters und ab und zu auch ein paar große Jungs, vor denen wir mächtig Respekt hatten. Der Arensweg war mit den wenigen Autos jener Zeit eine sichere Spielstraße, was mich nicht daran hinderte, dort meinen ersten Unfall zu erleiden, als ich verträumt mit dem Kopf gegen einen der alten, gusseisernen Laternenpfähle lief.

Mein Vater hatte während des Krieges als Marinesoldat gedient. Als er kurz nach Kriegsende aus holländischer Gefangenschaft heimkehrte, hielten er und meine Mutter die Familie zunächst mit einem Gemüseverkaufsstand über Wasser, bevor er dann als Steward auf wechselnden Frachtschiffen zur See fuhr. Er war schon mit 14 Jahren aus der Enge seiner Familie geflüchtet und hatte als Messejunge angeheuert. Ein einziges Mal durfte ich mit meinem Papa auf »große Fahrt« gehen – von einem Schuppen zum anderen im Hamburger Hafen. Ihn an Bord zu besuchen, das bedeutete für mich, ins Paradies einzutauchen, denn dort gab es Essen in Hülle und Fülle. Es hieß beim Verlassen des Freihafens aber auch, nicht zu wissen, wohin mit dem ängstlichen Blick an der Zollkontrolle, denn Papa führte immer mehr Zigaretten mit, als erlaubt waren. (»Mach dir keine Sorgen, mein Jung, ein Seemann darf das.«) Meine Mutter verdiente als Friseurin zu Hause dazu. Wir Kinder durften ihr die Lockenwickler zureichen und einsortieren und kicherten über die Damen unter der improvisierten Trockenhaube, einem Luftsack, der mit einem Schlauch an den beheizbaren »Auspuff« des Staubsaugers angeschlossen wurde.

Der bunte Vogel der Familie war mein Onkel Kurt, ein Hansdampf in allen Gassen. Er handelte auf Wochenmärkten: im Sommer mit Fleckenpulver, im Winter mit Tannenbäumen und zu Ostern mit Ostereiern. Mein größter Spaß war es, abends seine von weißem Fleckenpulver verklebten Geldscheine zu waschen und im Badezimmer an der Leine zum Trocknen aufzuhängen. Er war einer der Ersten in der Straße, die ein Auto besaßen, und die Fahrten mit ihm wurden zu wahren Abenteuern – mal im Zweisitzer-Adler-Cabrio im Beifahrerfußraum, mal im alten »Buckelford«. Auf der Autobahn durfte ich sogar für ihn lenken, wenn er, der als Kriegsversehrter nur noch einen Arm hatte, sich eine Zigarre anzünden wollte. Mein Vater hatte weniger Spaß mit seinem Schwager, und so erlebten wir als Kinder einige bittere Familienauseinandersetzungen, die schließlich dazu führten, dass ich nach einem heftigen Streit der Männer meine Tante Rita, für die ich wie ein eigenes Kind war, nicht mehr besuchen durfte. Ob ihr einige Jahre später begangener Selbstmord im Hamburger Stadtparksee damit zusammenhing, ist eine der offenen Fragen meines Lebens. Onkel Kurt folgte ihr und nahm sich ebenfalls das Leben.

Mein Opa, ein um die Jahrhundertwende aus Danzig zugewanderter Schlepper-Maschinist, war in den Nachkriegsjahren als Hausmeister für einige unzerstörte Häuserblocks »um die Ecke« in der Semperstraße zuständig. Mit ihm noch brennbare Kohle aus der Asche der Zentralheizung herauszusuchen, war für mich ein Vergnügen, das ab und zu belohnt wurde: Opa sägte und schnitzte mir aus einem alten Besenstiel einen »Kibbel-Kabbel«, ein damals vor allem bei den Hamburger Jungs sehr beliebtes, aber nicht ganz ungefährliches Spielzeug für draußen. Es bestand aus einem kleinen, etwa zehn Zentimeter langen, beidseitig kegelförmig angespitzten Holzstab, dem »Kibbel«, und einem deutlich längeren, dem »Kabbel«, mit dem man auf eine Spitze des am Boden liegenden Kibbels schlug, um ihn dann, in die Höhe gesprungen, so weit wie möglich fortzuschlagen. Es erforderte einige Geschicklichkeit und gutes Rechnen mit großen Zahlen, um den besten in der Summe aller getätigten Schläge in diesem Wettbewerb zu ermitteln. Dass Opa an seiner Werkbank sogar Eisen formen konnte, dass er das Grabmal für seine früh verstorbene Frau selbst geschmiedet hatte, davor hatte ich die größte Hochachtung. Ich habe meinem Opa viele Jahre später in dem Lied *Großpapa* (meine Version des englischen Pop-Klassikers »Grocer Jack« von Keith West) ein kleines Denkmal gesetzt.

Als ich etwa fünf Jahre alt war, zogen wir in die Semperstraße 67. Dort wohnten wir in einem zur Wohnung ausgebauten Dachboden im fünften Stock. Das nach dem Wiederaufbau letzte Trümmergrundstück gegenüber war ein gefährlicher, aber auch verlockender Spielplatz. Wir blieben während meiner Kindheit immer in diesem Teil von Winterhude, der in den 1920er-Jahren erbauten »Jarrestadt«, wohnen – ein in sich geschlossenes, durch eine abwechslungsreiche Gliederung zugleich offenes Wohnquartier aus viergeschossigen roten Backsteinhäusern. Ich konnte die vorbildliche, wenn auch für heutige Maßstäbe etwas beengte Anlage mit den vielen Häuserblocks erst bei einem Rundgang am Vorabend meines 50. Geburtstages gebührend würdigen. Überall kleine Vorgärten, große grüne Innenhöfe, Parks mit Spielplätzen, ein Kino und viele kleine Geschäfte.

Aus der beengten Dachwohnung zogen wir nach einigen Jahren in das Haus Nr. 66 gegenüber – in eine »richtige« Wohnung im vierten Stock. Dort erlebte ich auf dem Hinterhof den ersten Live-Musiker meines Lebens, einen Akkordeon spielenden Bänkelsänger mit einem Holzbein, der seine kriegsbedingte Behinderung mit einer gehörigen Portion Galgenhumor zu nehmen wusste und sogar davon sang. Seine humorvollen plattdeutschen Auftritte, allen voran sein

Hit »Mathilde mit das stiebe Been«, waren Höhepunkte unserer Kindertage. Meine Geschwister und ich warfen ihm als Dankeschön voller Begeisterung zwei in Papier eingewickelte Groschen aus dem vierten Stock hinunter.

In der Jarrestadt, deren Straßen die Namen von Dichtern und Baumeistern wie Novalis, Hölderlin, Semper und Haller tragen, lag auch meine Grundschule, in der Meerweinstraße 26. Bis kurz vor meiner Einschulung im Frühling 1954 war sie eine reine »Mädchenschule« gewesen. Auch nach Einführung des gemischten Unterrichts wurde sie noch so genannt, was mich auf die Idee brachte, in der vierten Klasse – von meiner Mutter mit einer Perücke professionell zurechtgemacht – als Mädchen verkleidet zum Fasching zu gehen. Der Schulweg war überschaubar und doch eine erste Übung, um am Rande der Jarrestadt neue Straßen, andere Leute, Geschäfte und kleine Handwerksbetriebe zu entdecken. Die Bauweise dieses Quartiers ließ uns die Grenzen zu anderen Stadtteilen wahrnehmen und gab uns auch etwas weiter weg von der eigenen Straße noch ein »Zuhausegefühl«. Der weitläufige Hamburger Stadtpark mit seinen großen Spielplätzen und der Stadtparksee mit Badeanstalt, im Winter auch als Eisbahn zu nutzen – das alles in Laufweite –, sicherten uns zu allen Jahreszeiten jede Menge Freizeit- und Ferienspaß. Verreisen war, außer zu Familienbesuchen im nordhessischen Knüllwald und einigen Klassenfahrten nach Böhmsholz in die Lüneburger Heide, in unserer frühen Kindheit aus finanziellen Gründen kaum möglich. Wir vermissten es auch nicht. Erst als die Schulkameraden auf dem

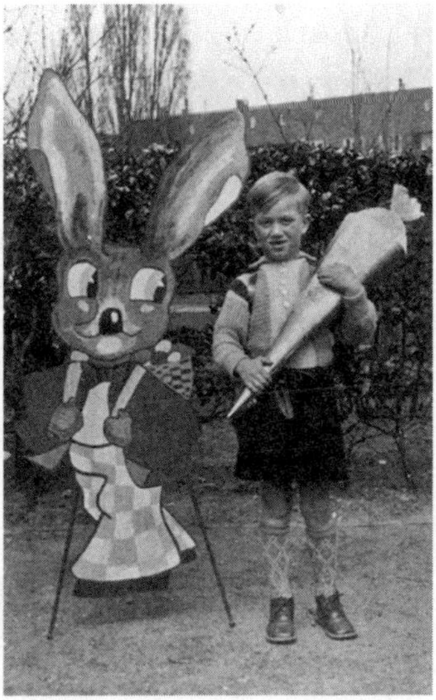

Seinerzeit wurden die Kinder noch zur Osterzeit eingeschult.

Gymnasium im Winter vom Skifahren in den Bergen erzählten, kam ein wenig Neid und große Neugierde auf, die ich selbst aber erst viele Jahre später befriedigen konnte.

Unsere Mutter wechselte während meiner Grundschulzeit vom Friseurberuf in die Postzustellung, um der Familie mehr finanzielle Sicherheit zu geben. Mit den damaligen Dienstzeiten von morgens fünf Uhr bis zum Mittag war es der ideale Vollzeitberuf für eine Mutter mit Schulkindern, auch wenn sie nach dem Mittagessen oft übermüdet am Küchentisch einschlief. An den Wochenenden kellnerte sie außerdem in einem Gartenlokal an der Oberalster (von wo – ein Highlight ihres Lebens – Helmut Schmidt sie nach einer Sitzung des SPD-Ortsvereins einmal persönlich mit dem Auto nach Hause fuhr). Das Zusammenleben unter uns Geschwistern war so, wie das bei einem Mädchen mit zwei, später drei Brüdern nun mal so ist. Anke hatte es als »die Kleine« sicherlich nicht immer leicht mit uns Jungs, aber wir haben uns im Großen und Ganzen gut vertragen. Meine Schwester hat ihren Brüdern über die Jahre die typischen Jungsmacken verziehen (sogar das »demokratische« Umverteilen der süßen Weihnachtsteller, die wir immer viel schneller aufgefuttert hatten als sie).

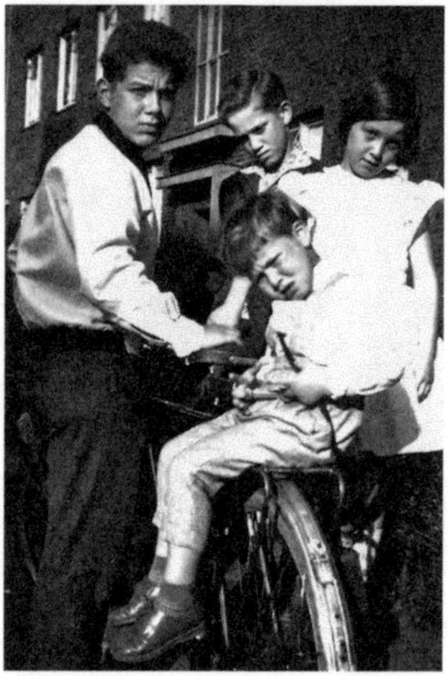

Meine Geschwister: Anke, Heino und Hans-Peter – und wer steht dahinter?

In der Wohnung war es eines unserer Lieblingsspiele, sich mit zusammengeklammerten Wolldecken und Handtüchern unter dem Küchentisch eine Höhle zu bauen. Mein Kinderlied *Ich bau mir eine Höhle* handelt davon. Draußen vor der Haustür gab es wegen des noch sehr geringen Autoverkehrs auch viele Spielmöglichkeiten mit Freunden. Wir spielten auf dem Gehweg das Ballspiel »Halli-Hallo«, die Mädchen lieber »Geschichtenball«, und natürlich »Räuber und Gendarm«. Auch wiederholtes lautes Rufen unserer Mutter aus dem Fenster konnte uns kaum vom Spiel abbringen, wir fanden einfach nie ein Ende. Es war alles andere als ein armes Kinderleben, auch wenn wir für heutige Verhältnisse sehr wenige Spielsachen hatten. Kartenspiele wie »66« oder Brettspiele wie »Hüpf, mein Hütchen« und »Mensch ärgere dich nicht« waren unser Abendspaß mit der ganzen Familie, der auch in der Wiederholung nicht langweilig wurde. Besonders spannend wurde es, wenn wir den Großeltern meiner Mutter am Tisch ihrer gemütlichen großen Wohnküche beim »Rommé« zuschauen durften und unseren »Großvati« beim Schummeln ertappten, worüber wir uns furchtbar aufregten, während »Großmutti« milde lächelte. Wir wussten als Kinder nicht, dass unsere Mama ein Pflegekind war. Sie wurde liebevoll durch die Kindheit geführt, und für uns waren ihre Pflegeeltern ganz selbstverständlich Oma und Opa. Das änderte sich auch nicht, als wir später erfuhren, wie es sich mit den Zusammenhängen der Verwandtschaft verhielt.

Mein ständiger Begleiter wurde mit etwa sechs Jahren mein Pumproller. Ein besonderes Bild und Gefühl bleiben bis heute die beschützenden Hände meiner Mutter auf meinen Händen am Lenker bei den ersten Fahrversuchen. Mein Roller (ein Fahrrad bekam ich erst mit zwölf Jahren) war meine große Freiheit, er machte mich stärker und ermöglichte mir immer weitere Ausflüge, die man heute einem Kind in einer Großstadt nie erlauben würde. Er bescherte mir aber auch meinen ersten Verkehrsunfall. Die Schutzgriffe am Lenker waren abgewetzt, das blanke Stahlrohr schaute an den Seiten heraus. Bei einem Sturz stieß ich so unglücklich mit dem Kopf gegen den Lenker, dass ich mit einem blutüberströmten Auge nach Hause kam. Wir wohnten damals noch im Dachgeschoss, meine Mutter sah von oben aus dem Fenster nur das Blut in meinem Gesicht und muss die Treppen heruntergeflogen sein, um mit mir zum Arzt zu rollern. Wer weiß, ob nicht in diesem Moment ein erster Keim für mein späteres Engagement in der Verkehrssicherheitsarbeit mit der *Schulweg-Hitparade* gelegt wurde.

Mein Roller trug mich bald auch durch den Stadtpark (die heutige City Nord) und den Stadtteil Alsterdorf bis in das sieben Kilometer entfernte Fuhlsbüttel. Dort führten die Eltern meiner Mutter in unmittelbarer Nähe zum Gefängnis »Santa Fu« in der Rübenhofstraße ein kleines Gemüsegeschäft. Bei Oma und Opa durften wir Kinder beim Abwiegen und Verkaufen helfen, konnten in aller Herrgottsfrühe (unvergessen Opas knappe Frage »Willst mit?«) zum Gemüsegroßmarkt mitfahren und kannten uns dadurch bestens mit allem Obst und Gemüse aus. Meine Liebe zum »Hamborger Platt« wurde bei heißer Milch und einem »Klönschnack« an der Kaffeeklappe und bei Opas spannenden Einkaufsverhandlungen mit den vielen interessanten Typen, ausschließlich »platt snackende« Bauern aus dem Hamburger Umland, zementiert. Die Eltern und Großeltern sprachen untereinander auch gern platt, mit den Kindern wurde jedoch Hochdeutsch gesprochen, sie sollten in ihrem Leben ja schließlich mal »vorankommen«. Mit dieser Einstellung sind nach dem Krieg ganze Kindergenerationen in Hamburg erzogen worden. Heute ist man von vielen Seiten bemüht, das Plattdeutsche bei Kindern wieder lebendiger zu machen – keine leichte, aber eine lohnende Aufgabe.

Im Laden der Großeltern gab es auch reichlich von meinem Lieblingsessen: Gewürzgurken (eine davon fand ich bei der Einschulung in meiner Schultüte). Abends rollerte ich mit einem großen Netz voll Obst und Gemüse an beiden Lenkerseiten die sieben Kilometer zurück nach Winterhude. Wenn ich die Strecke heute mit dem Auto fahre, kann ich kaum glauben, wie selbstverständlich das damals für mich war.

Mein Klassenlehrer Herr Böttcher leitete mich väterlich durch die Grundschulzeit. Seine Warmherzigkeit und Fröhlichkeit haben mir über einige brenzlige Schulsituationen hinweggeholfen. Ich muss zu jener Zeit den materiellen Mangel in unserer Familie (satt wurden wir immer) dann und wann durch große Sprüche kompensiert haben. Die Blicke einiger Klassenkameraden beim Lesen der Geschichte »Nis Puck«, in der das Wort »Prahlhans« vorkommt, trafen mich tief. Herr Böttcher verstand es – wie immer –, auch in dieser Situation ausgleichend zu wirken. Er fand stets für jeden das richtige Wort und stellte auf seine konsequente Art den Frieden in der Klasse schnell wieder her. Am Ende der vierten Klasse zögerte er zunächst, mich für die Aufnahmeprüfung für das Gymnasium anzumelden, tat es dann aber doch. Ich bestand die Prüfung als eines von sieben Kindern unserer 40-köpfigen Klasse, und er trug mit seiner Entscheidung ganz wesentlich zu meinem weiteren Lebensweg bei. Bei seiner Trauerfeier im Oktober 2021 konnte ich mich in stillem Andenken noch einmal bei ihm bedanken.

Als mein Vater mich nach bestandener Prüfung eines Morgens mit »Guten Morgen, Herr Oberschüler!« weckte, sollte sich sehr schnell vieles in meinem Leben ändern. Herr Böttcher gab meinen Eltern den Rat, mich an der für Reformen sehr offenen Albrecht-Thaer-Schule anzumelden. In dieser Schule, bis zu meinem siebten Schuljahr ein Jungen-Gymnasium, wurde Französisch als zweite Fremdsprache gelehrt, und es gab in der Oberstufe die Möglichkeit, Wirtschafts- und Soziallehre als Schwerpunktfach zu wählen. Meine Eltern folgten dem Rat, und sie taten gut daran. Von nun an verließ ich die Semperstraße jeden Morgen, um (nach einem zehnminütigen Fußweg) mit der U-Bahn-Linie »Ring« in die Innenstadt zu fahren. Keiner meiner bisherigen Klassenkameraden ging auf diese Schule, es begannen sehr traurige Wochen für mich, in denen ich abends oft in mein Kopfkissen weinte. Mein neuer Klassenlehrer, Herr Schefe, stellte sich uns mit den Worten vor: »Ich bin euer Klassenpapa.« Das half, und bald fand ich auch neue Freunde, allerdings aus anderen, von Winterhude weit entfernten Stadtteilen im Hamburger Westen. Sie sollten meinen weiteren Lebensweg prägen. Meine Welt wurde schnell größer. Kluge Städteplaner hatten mir durch die Anlage der Jarrestadt geholfen, Schritt für Schritt aus der Geborgenheit der Kinderwelt herauszuwachsen.

Von den kleinen Katastrophen unseres Kinderlebens blieben zum Glück keine größeren Narben. Wo Narben blieben, lagen die Gründe nicht bei uns Kindern.

Das unstete Leben meines alkoholkranken Vaters, der mit sich selbst und der Welt immer schlechter zurechtkam, wurde für die Familie zunehmend zur Belastung, die jeder von uns auf seine Art aushalten musste. Mir ging es dabei noch verhältnismäßig gut. In den schwersten Stunden und in mancher akuten Notsituation konnten wir als größer gewordene Kinder unserer Mutter nur bedingt helfen. Die Probleme mit ihrem Mann, denen sie mit all ihrer Liebe und Aufopferung oft hilflos gegenüberstand, konnten auch wir nicht für sie lösen. Für mich war mein Vater rückblickend ein unglücklicher, an Land geworfener Seemann, der lustig und streng sein konnte, von anderen viel forderte, seinen Forderungen aber selbst allzu oft nicht gerecht wurde. Er, der mir oft Mut machte, verlor ihn selbst immer mehr, fand nirgendwo Beständigkeit, bis er sich schließlich 1981 das Leben nahm. Unsere Mutter konnte bald darauf in ihrer zweiten Ehe ein beständigeres Leben genießen. Seit ihrem Tod im September 2004 ist das Verhältnis unter uns Geschwistern von einer noch tieferen Zusammengehörigkeit geprägt, mit ihrer Liebe in unserer Mitte.

Musik gehörte in meiner Kindheit zum Leben einfach dazu. Sie war in der Schule Unterrichtsfach, es wurde dort viel gesungen, vor allem aber war Musik Teil unseres Familienlebens. Meine Mutter sang, je nach Tagesstimmung und Lebenslage, leidenschaftlich ihre Lieblingsmelodien. »Immer nur lächeln und immer vergnügt« war vielleicht das Lied ihres Lebens, aber auch »Wo meine Sonne scheint«, gesungen von Caterina Valente. Der bühnenreife Vortrag von der »Krummen Lanke«, einem Berliner Gassenhauer, war ihre Glanznummer auf Familienfeiern und anderen Festen. Ihr Singen klang durch die ganze Wohnung, in der sie übrigens mindestens einmal im Jahr mit uns die Möbel verrückte und die Schränke überlackierte. So viel Veränderung musste in einem sonst eher bescheidenen Leben schon sein. Wenn es ihr so richtig gut ging, stieg sie auf den Tisch, tanzte für uns und ihre Freunde wie der Filmstar Marika Rökk und beendete ihren Vortrag selbstverständlich mit einem Spagat. Meine Mutter konnte das ungarische Blut ihres leiblichen Vaters (den sie nie kennengelernt hatte) nicht verleugnen. Lebenslust und Lebensleid wurden in Musik ausgedrückt, ließen schöne Abende zum Fest werden und machten viele Entbehrungen und Rückschläge erträglicher.

Mein Vater war als Seemann monatelang von zu Hause weg, aber durch häufiges Wechseln der Schiffe oft auch überraschend wieder in Hamburg. Wenn es mitten in der Nacht an der Haustür klingelte, wussten wir: Das konnte nur Papa sein. Wir sangen ihm barfuß und im Pyjama über vier Stockwerke hinweg unser Begrüßungslied »Papa ist da« (nach der Melodie »Erinnerung an ein Ballerlebnis«) durch das Treppenhaus entgegen. Auch er sang gern, und er konnte wie kein Zweiter mit einem übergelegten Butterbrotpapier auf dem Kamm blasen oder mit zwei Löffeln den Klang von Kastagnetten imitieren. Am liebsten hatte er seine Mundharmonika an den Lippen, resonanzverstärkt durch ein seitlich übergestülptes Wasserglas. Die Geschenke, die er uns aus fernen Ländern mitbrachte – mal war es ein Colt oder eine Schallplatte aus Amerika (»How Much Is That Doggie In The Window?«), mal eine Schreibmappe aus Kamelleder vom Suez-Kanal –, präsentierten wir stolz unseren Schulkameraden. Sein »Klassiker« war das Zeremoniell zur Bescherung am Heiligen Abend: Wir Kinder folgten ihm aufgeregt und (alle mit einer einzigen Wannenfüllung) frisch gebadet zur Melodie von »Ihr Kinderlein, kommet« über den langen Korridor in die Weihnachtsstube. Was hier nach einem Idyll klingen mag, war es leider nicht. Gerade zu Weihnachten lag immer wieder eine auch an uns Kindern nicht vorbeigehende ungute Spannung zwischen ihm und den Großeltern in der Luft. Der nach ein paar Gläschen Rum durch Überhitzung von ihm zum Glühen gebrachte Kanonenofen gehörte für ihn offenbar auch zu seiner Weihnachtsstimmung.

Mein Großvater, »Opa Ernst«, den ein Verkehrsunfall kurz nach Eintritt ins Rentenalter aus dem Leben riss, leitete über viele Jahre den SPD-Männergesangverein von Hamburg-Winterhude. Leider habe ich ihn dort nie beim Dirigieren erlebt, wohl aber die Tränen in seinen Augen gesehen, wenn ich ihm ein Lied aus der Schule vorsang, zum ersten Mal bei dem Weihnachtslied »Es singt wohl ein Vöglein« von Helmut Bräutigam.

Aus all diesen Einflüssen hat sich meine Leidenschaft für die Musik entwickelt. Die Bedeutung, die sie bis heute für mich hat, ist auch eine Reflexion unseres Familienlebens in meiner Jugendzeit der 60er-Jahre. Es bedurfte jedoch eines stärkeren Anstoßes, um mich zum Musiker werden zu lassen.

## Wo eine Gitarre ist, ist auch ein Weg

Im Sommer 1960, im siebten Schuljahr, gingen wir auf Klassenfahrt nach Elkeringhausen ins Sauerland. Zum Abschluss dieser Reise gab es einen »bunten Abend« mit allerlei Vorträgen. In einer Diskussion über aktuelle Hits entwickelte sich ein Streitgespräch über das Aussehen von Nana Mouskouri, die sich gerade mit ihrem Lied »Weiße Rosen aus Athen« hoch in den Hitparaden platziert hatte. Das Lied war auch in unserer Klasse bei vielen sehr beliebt, die markant-eckige Brille der Sängerin aber wurde von einigen Mitschülern mit Spott und Häme bedacht. Ich machte mich zum Anwalt der Griechin, erinnerte daran, dass man doch ihr Lied und offenbar auch ihre Stimme mochte und seine Meinung nicht von Äußerlichkeiten wie einer Brille abhängig machen dürfe. Dass ich einige Jahre später für eben diese Nana Mouskouri Texte wie *Guten Morgen, Sonnenschein* schreiben und eine Frau mit einer ähnlichen Brille heiraten würde – Zufall?

Da ich selbst noch keine Gitarre besaß, sang ich, begleitet von meinem Klassenkameraden Stefan Schorbach, an jenem »bunten Abend« mehrere aktuelle Hits, darunter auch »Muss i denn«, das von Elvis Presley zum Welterfolg gemachte deutsche Volkslied. Ein Jahr später war ich in den Sommerferien in einem Jugendheim der Pfadfinder in Fleckeby an der Schlei. Dort sangen die Pfadfinder abends mit uns am Lagerfeuer romantische alte Lieder wie »Ich bin auch in Ravenna gewesen«. Es waren wohl meine begeisterten

Berichte von diesem Erlebnis, die meinen Vater dazu veranlassten, eine Gitarre ins Haus zu bringen. Eines Sonntagmorgens gleich nach dem Aufwachen übergab er sie mir und meinem Bruder Hans-Peter. Aber woher bekommt ein Hamburger Seemann am Wochenende über Nacht eine Gitarre? Er übernimmt am Sonnabendabend (ja, so heißt das bei uns in Hamburg) am Tresen einer Eckkneipe die nicht eben kleine Zeche eines Fremden, der ihm zum Ausgleich dafür seine Gitarre überlässt. So soll es gewesen sein, und so beginnen gute Geschichten, und meine sollte gut werden. Hans-Peter konnte sich nicht so recht für die Gitarre begeistern, und darum gehörte sie schon bald mir allein. Meine Leidenschaft für Gitarren nahm damit ihren Anfang. Noch heute stehe ich in meinem Lieblingsmusikgeschäft No.1 in Hamburg in der Gitarrenabteilung und verliebe mich in die so unterschiedlichen wunderschönen Modelle, von denen ich über die Jahre wohl ein gutes Dutzend erworben habe.

Die lautstarke Besessenheit, mit der ich von nun an stundenlang spielte, veränderte unser Familienleben. Eine schlecht gestimmte Gitarre, die aus Geldmangel öfter nur mit fünf Saiten bespannt war, englische Sprachfetzen, Melodieteile mit zwei bis drei Akkorden, und dasselbe immer und immer wieder. Aber alle im Haus hörten mir erstaunlicherweise gerne zu. Für Gitarrenunterricht war weder das Geld noch ein besonderes Interesse meinerseits vorhanden. Man konnte sich ja alle Griffe bei anderen Musikern abgucken, außerdem gab es Grifftabellen, und gewisse Grundlagen der Musiktheorie aus dem Schulmusikunterricht waren durchaus auch hilfreich. Griffe waren gleichzeitig Harmonien, und es gab in meinen überwiegend englischsprachigen Lieblingssongs naheliegende Harmonieverbindungen, aber auch völlig überraschende, denen ich manches Mal bis tief in die Nacht auf die Spur kommen musste. Der Top-Hit »Sheila« von Tommy Roe löste meine besondere Begeisterung für Musik aus, die einen rollenden Rhythmus hat, und war einer der ersten Songs, die ich mir selbst beibrachte. Mit den wenigen Griffen, die ich nun draufhatte, entstanden aber auch eigene Lieder, wenn man sie denn rückblickend so nennen will. Es gab so viel zu erzählen, es musste so viel raus, was ich ohne meine Gitarre nicht loswerden konnte. Bald waren es die Songs von Buddy Holly und die Skifflemusik von Lonnie Donegan, die mich begeisterten. Die erste Band, mit der ich mich mit 17 Jahren auf die Bühne der Schulaula am Turmweg in Hamburg-Rotherbaum traute (wir hatten nur einen Auftritt), hieß The Gallow-Birds. Natürlich waren wir ganz in Schwarz gekleidet – »cool« würde man heute wohl dazu sagen.

In den frühen Sechzigern überschlugen sich die Musikimpulse, und dann sollte das eigentliche Ding kommen: BEAT. Mit den ersten Songs der Beatles war es 1962 endgültig passiert. Mit meinen bis dahin immer recht guten schulischen Leistungen ging es zeitweise bergab. Ich tat nur noch das unbedingt Nötige, machte meine Hausaufgaben während der morgendlichen U-Bahn-Fahrten, im Sommer auch nachmittags auf dem Alsterdampfer, mit dem ich gern aus der Innenstadt nach Hause fuhr. Es gab in meinem Leben nun Wichtigeres als Schule. Für ein gutes Abitur reichte es dann zum Glück doch noch. Im Albrecht-Thaer-Gymnasium, unweit von St. Pauli und dem Hamburger Dom, wo an dem Karussell »Die Raupe« die heißen Hits aus lässig geschulterten Kofferradios dröhnten und wo es in den angesagten Clubs Top Ten und Star-Club viel Livemusik gab, fand ich neue Freunde: Joachim Pauly (»Joe McPauly«) und Michael Rick. Sie waren vom Beat-Virus ebenso infiziert wie ich. Joachim spielte Sologitarre und schrieb Songs für die von ihm in Hamburg-Osdorf gegründete Band the beAthovens. In einer Jam-Session hatte er zunächst mit Peter Meetz einen neuen Mann am Schlagzeug gefunden – ein Autodidakt, wie die meisten Beatmusiker jener Tage. Ich stieß wenig später als Rhythmusgitarrist hinzu, hatte mir meine erste, sehr preiswerte E-Gitarre – Modell »Klira« aus der DDR – als Briefzusteller verdient. Als schließlich Michael Rick am Bass einstieg, war aus den beAthovens unsere Schulband geworden. Nach einigen Proben im Keller des Osdorfer Gemeindehauses waren wir uns sicher, mit Hit-Covers wie »Roll Over Beethoven« und »Route 66«, aber auch mit eigenen, zum Teil sogar deutschsprachigen Songs in die Fußstapfen unserer großen Vorbilder zu treten, bereit, die Welt zu erobern.

Wir sagten mit der E-Gitarre in der Hand unsere Meinung und wurden dabei von Profi-Musikrebellen wie The Who, The Kinks, The Rolling Stones und The Animals angefeuert. Für eine Band aus den vornehmen Hamburger Elbvororten klangen Botschaften wie »We Gotta Get Out Of This Place« vielleicht etwas ungewöhnlich, aber die revolutionäre Substanz von Songs wie »My Generation« und »(I Can't Get No) Satisfaction« ging uns trotzdem tief unter die Haut. Die Nächte wurden lang und länger, ebenso wie unsere Haare. Wir aber blieben mit unserem Mix aus Beat, Rock und mehrstimmigen Songs, vor allem von den Hollies und den Beatles, irgendwie doch eine recht brave Band, sehr zum Leidwesen unseres leidenschaftlichen Sologitarristen, der bald anderen Vorbildern wie Cream und Jimi Hendrix auf der Spur war.

Ich orientierte mich beim Schreiben meiner Lieder vor allem an den Beatles, kroch aber auch bei gesellschaftskritischen und lyrisch-folkigen Singer-Songwritern wie Bob Dylan und Donovan in den Radiolautsprecher hinein, um jedes Wort und jede Harmonie herauszuhören. Unser Stammsender hieß BFBS, der Sender für die britischen Besatzungssoldaten. Hier wurde genau die Musik gespielt, die wir hören wollten. Ich nahm sie mit dem Grundig-Tonbandgerät TK42 auf, vor allem die Top Twenty am Sonnabendnachmittag. Bei BFBS wurde locker und unaufdringlich moderiert und in alle Mundartwinkel Großbritanniens hineintelefoniert (meine Englisch-Zensuren wurden immer besser). Die Moderatoren wussten alles über die Stars und Bands, wirkten wie ihre Freunde. Sie moderierten jeden Titel an oder ab und hielten uns so auf dem Laufenden. Noch heute vermisse ich in den meisten unserer deutschen Rundfunkstationen diese Solidarität und Partnerschaft zwischen den Radioleuten und den Musikern.

Etwas aufgedrehter ging es bei Radio Luxemburg zu, das wir auf der Mittelwelle leider nur abends empfangen konnten. Wir hörten den Sender zunächst mit Hilfe eines alten Telefonhörers, der über einen Draht mit dem einzigen, auf leise gestellten, Radio im Wohnzimmer verbunden war. Es war für mich sensationell, bald darauf das erste kleine Transistorradio in der Hand zu halten und damit nachts unter der Bettdecke Radio zu hören. Heiße Konkurrenz bekam Radio Luxemburg von dem Piratensender Radio Caroline, meinem späteren Vorbild für Radio Lollipop, dem »Piratensender für Kinder«, den ich für eine LP-Aufnahme kreierte. Radio Caroline sendete von einem Schiff in der Nordsee, außerhalb der Hoheitsgewässer. Ich konnte mich gar nicht satthören an Songs wie »You've Got Your Troubles« von The Fortunes – meinem großen Ferienhit beim ersten Urlaub ohne Eltern, im Sommer 1965 auf der dänischen Nordseeinsel Fanø.

Die beAthovens wurden in den Jahren ab 1965 die führende Hamburger Schulfestband, bereits vorher hatten wir in den Segel- und Ruderclubs an der Alster die ersten Konzerte mit kreischenden und wild auf den Tischen tanzenden Teenagern erlebt. Im September 1966 gewannen wir als eine von 52 Bands den Wettbewerb um die »Silberne Box« des Hamburger Abendblattes. Mit dem Preis waren ein Schallplattenvertrag, die Einkleidung der Band beim topmodischen Herrenausstatter Selbach in Düsseldorf und ein Auftritt im Vorprogramm der Beach Boys vor viertausend Zuhörern in der Hamburger Ernst-Merck-Halle verbunden. Eine wahrlich bestens ausgestattete Trophäe.

Nach dem Abitur im April 1967 starteten wir mit Zustimmung unserer Eltern den Versuch, eine Profi-Band zu werden, und probten täglich im Osdorfer Gemeindehaus, wo wir in Pastor Schellhorn einen begeisterten Förderer fanden. Unser Bekanntheitsgrad reichte bald für Engagements im Hamburger Umland bis nach Zeven und Fallingbostel, der entfernteste Auftritt fand im Beat-Club in Wuppertal statt.

Im Frühsommer 1967 spielten wir in einem kleinen Studio in Maschen innerhalb einer Woche unter der Regie unseres Produzenten Bert Varell unsere erste eigene LP *Happy To Be Happy* ein. Sie erschien im August auf dem Mid-Price-Label Summerset und wir verkauften ganze 5000 Exemplare, davon 50 in Thailand. (Ich muss da endlich mal hin!) Schon im Frühling desselben Jahres waren wir als Nachwuchshoffnung im ZDF aufgetreten. Lotti Ohnesorge moderierte die Sendung »4, 3, 2, 1 – Hot and Sweet«, zu der einige unserer Eltern als Gesprächsgäste eingeladen waren. Sie zeigten sich neugierig, konnten aber nicht wirklich nachvollziehen, was uns so enthusiastisch vorantrieb. Hätte mein Vater mich sonst mitten in der Nacht geweckt, um mir mit den Worten »Hör mal, der kann wenigstens noch richtig singen!« aus dem laut aufgedrehten Radio Rudolf Schocks »Granada« vorzuspielen? Unsere Musik war unsere eigene Sache, unser großes Ding. Das unausgesprochene Zutrauen meiner Eltern in diesen wilden Jahren war dabei allerdings immer zu spüren und tat gut. Im Radio wurde außer den beiden Single-Titeln *Blow-Up Machine* und *Sweet Music* nur wenig von uns gespielt, aber durch unsere LP öffneten sich die Türen des Fernsehens nun weiter für uns: ein Auftritt in der ZDF-Sendung »Musik für junge Leute«, ein weiterer in der »ZDF-Drehscheibe« und einer in der »Aktuellen Schaubude« (für den wir aufgefordert wurden, uns Smokings anzuziehen). In den späten 60er-Jahren waren das beachtliche Medienerfolge für eine junge deutsche Band. Wir kamen also gut voran, nicht zuletzt durch Hans Brand vom Künstlerdienst des Hamburger Arbeitsamtes und für wenige Monate auch durch einen etwas zwielichtigen Manager, dessen exzentrische Promotion-Ideen uns aber bald suspekt wurden: So erforschten wir bei einem Lagerfeuer am Elbstrand pressewirksam, ob man aus Bananenschalen Haschisch gewinnen kann, und testeten auf einer Weide, ob Kühe unter Beatmusikbeschallung mehr Milch geben. Immerhin nahm die Presse solche Meldungen auf, was uns aber nicht wesentlich voranbrachte.

Nun spielten wir selbst im Top Ten auf der Reeperbahn und im legendären Star-Club auf der Großen Freiheit. Aber genau dort, wo die Weltkarriere der Beatles begann, endete unsere kurze Karriere am zweiten Weihnachtstag 1967 mit einem dramatischen Streit auf der Bühne, weil unser Bandleader Joachim in seinem Gitarren-Solo kein Ende finden konnte und damit das Publikum gegen uns aufbrachte. Die Band zerbrach damit leider schon sechs Monate nach Veröffentlichung unserer Langspielplatte – von wegen »Happy To Be Happy«. Joachim Pauly spielte danach mit neuer Besetzung weiter unter dem Namen the beAthovens; Michael Rick, Peter Meetz und ich versuchten es nun (nomen est omen) als Harmony in Company mit unserem neuen Sologitarristen Michael Fischer. Wir Ex-beAthovens entschlossen uns, mit weniger Illusionen von einer großen Musik-Karriere solideren Boden unter die Füße zu bekommen. Aufbauend auf die Wirtschafts- und Sozialkundestunden an der Albrecht-Thaer-Schule entschied ich mich für das Studium der Betriebswirtschaft. Joachim Pauly und Michael Rick wählten Volkswirtschaftslehre. Unser Drummer, Peter Meetz, begann zunächst eine Schriftsetzerlehre als Basis für sein späteres Grafikdesign-Studium. Diese Entscheidung sollte auch für meinen Lebensweg noch unerwartete Folgen haben. Mit der neuen Band, zeitweise erweitert um E-Orgel und Bläser, zogen wir weiterhin erfolgreich und mit willkommenen Gagen durch alle denkbaren Clubs des Nordwestens, schnupperten desillusioniert am »Garderobenduft« englischer Bands. Große Ziele hatten wir dabei nicht mehr im Kopf. Die 60er, unsere wilden Jahre, klangen aus und blieben für immer ein Teil von uns. Unsere Kinder haben uns zwanzig Jahre später oft um diese Aufbruchszeit der Beat-, Folk- und Rockmusik mit einem durch die junge Generation beschleunigten gesellschaftlichen Wandel der Gesellschaft beneidet. Wir hatten unseren kleinen »Zipfel vom Mantel der Rockmusikgeschichte« erwischt. Die Schlager- und Operettenwelt meiner Familie war weit weg, sie hätte mich wohl kaum zum Musiker werden lassen.

Eine kleine Episode am Ende der 60er-Jahre war mein Versuch, es auch als Solo-Sänger zu wagen. Ich hatte ein paar Songs geschrieben, die sich nicht in das Repertoire unserer Band Harmony in Company einfügen ließen. So suchte ich den Kontakt zu Musikproduzenten und gelangte an den Schlager-Produzenten Leo Leandros. Er lud mich in ein Tonstudio in der Harburger Friedrich-Ebert-Halle ein. Seine Tochter Vicky saß in der Tonregie und machte auf mich nicht gerade einen interessierten Eindruck. Ihr Vater sah das offenbar anders und versprach mir nach den Aufnahmen einen Anruf und ein Gespräch über weitere gemeinsame Schritte. Das Gespräch fand bald darauf bei einem Spaziergang im Hamburger Naturpark Klövensteen statt. »Deine Stimme und deine Songs haben Potenzial«, sagte er. »Aber deine Zähne – das geht so nicht. Da müsste was geschehen.« Ich hatte im Oberkiefer einen um 90 Grad gedrehten Schneidezahn, wirklich keine Zierde, aber darauf hatte mich zuvor noch niemand so direkt angesprochen. Ich ging etwas zerknirscht nach Hause und holte mir ein paar Tage später ein Angebot für eine Kiefer-OP ein. Ernüchtert sah ich den für mich unerschwinglichen Betrag. Also dann, keine weitere Zusammenarbeit mit Leo Leandros, aber eine ungebrochene Zuversicht mit dem Gedanken: »Ich schaff das schon. Immerhin hat Robin Gibb von den Bee Gees es mit einem ähnlichen Gebiss auch geschafft.« Einige Jahre später konnte ich mir dann die Zahn-OP leisten, aber es war eine andere Zeit angebrochen, und für mich führte kein Weg zurück zu Leo Leandros. Mit seiner Tochter Vicky hatte ich 2019 ein unerwartetes erfreuliches Wiedersehen. Das Hamburger Abendblatt kürte uns beide zu »Hanseaten des Jahres«, was mir die Möglichkeit gab, gemeinsam mit Vicky ihren größten Hit »Ich liebe das Leben« zu singen.

## Du und ich, noch sind wir zwei …

Sie sah mich mit den beAthovens auf der Bühne des Polo-Clubs in Hamburg-Klein Flottbek, ich sah sie im Publikum, der Blitz schlug ein, das war 1966. Er hat seine Energie für uns beide bis heute nicht verloren. Fragt man uns, warum es mit uns über nunmehr 50 Jahre so gut ging, so reagieren wir etwas zögerlich, sträuben uns, anderen Menschen Ratschläge zu geben. Mag sein, dass vor allem unser frühes »unschuldiges« Zusammenwachsen eine Rolle spielte, dass wir dadurch die Chance hatten, aneinander zu wachsen und miteinander zu reifen. Im Juni 1971 – vier Monate nach

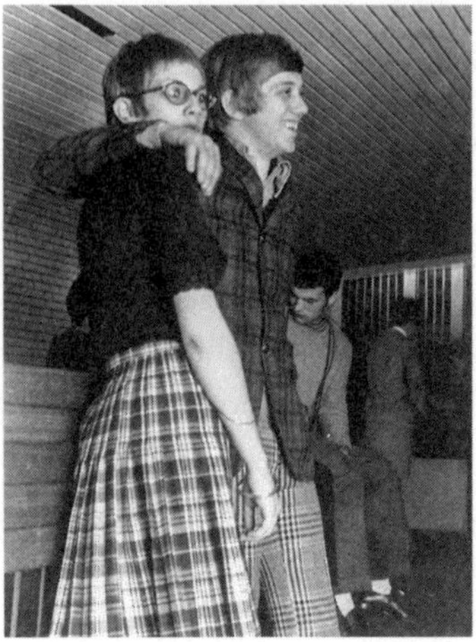
1967, frisch verliebt

unserer Hochzeit – wurde unsere Tochter Anuschka geboren. Sie kam nicht als Wunschkind, aber wie ein kleines großes Wunder in unser Leben. Wie wir mit solchen »Überraschungen« umgehen, habe ich 15 Jahre später in den Zeilen »... und dann kommt alles ganz anders, und dann wird richtig gelebt«, aber auch in *Mama hat den Blues* musikalisch eingefangen. Wer sich für weitere Episoden aus unserem Familienleben interessiert, kann dafür in diesem und Dutzenden anderen Liedern mehr oder weniger verschlüsselte Hinweise finden.

Dass wir früh Eltern wurden, entpuppte sich jedenfalls für unsere Familie und meinen beruflichen Weg als eine entscheidende Weichenstellung. In diesem letzten Jahr meines BWL-Studiums arbeitete meine Frau als Schneiderin und Verkäuferin in einer Blankeneser Boutique und sicherte so unser Auskommen. Wir bewohnten im Haus ihrer Eltern am Elbhang in Hamburg-Blankenese das halbe Dachgeschoss – zur Miete, was uns beiden sehr wichtig war. Ich übernahm meinen Teil vom Haushalt, hatte viel Zeit für unsere kleine Anuschka und schrieb fast nebenbei jede Menge Songs, von denen die meisten nie veröffentlicht wurden. Sie sind mein kleiner, ganz privater Schatz aus jenen Jahren, in unserer Dachkammer aufgenommen auf den guten alten 19-Zentimeter-Tonbändern. Von der Erinnerung an diese Gründungszeit unserer Familie geht eine spezielle Wärme aus.

Unsere Tochter Anuschka begann mit gut einem Jahr zu singen. Wie fast alle Kinder sang sie, bevor sie sprechen konnte. Ihr Singsang, noch ohne verständliche Worte, war für mich faszinierend, und bald sangen wir die ersten traditionellen Kinderlieder miteinander. Fingerspiele, die herkömmlichen Schoßlieder wie »Hoppe,

hoppe Reiter«, Tanzen und Rollenspiele gehörten selbstverständlich dazu. Das erste Kinderliederbuch kam ins Haus, die »Liederfibel« aus dem Schwan-Verlag. In diesem Buch waren die Noten als drollige kleine Figuren dargestellt; Tiere, Zwerge, Pflanzen und Blumen, die der Melodie entsprechend über die Notenlinien wanderten und hüpften. Die Liederfibel wurde Anuschkas Lieblingsbuch. Es gab keinen Abend mehr ohne diese Lieder, die wir auch gemeinsam mit ihr singen sollten. Bald konnte sie das ganze Buch auswendig singen und hatte ihr Einschlafritual gefunden, bei dem wir, von ihr unbemerkt, mit einem neuen Glücksgefühl im Raum nebenan zuhörten. In unsere Wohnung war eine Musik eingezogen, die mich an meine Kindheit erinnerte, an das Vorsingen für meinen Opa, das ihn so berührt hatte. In meinem Kopf schwirrten nun ständig eigene Ideen für neue Lieder herum. Ich spielte sie, wenn Anuschka schlief, in der Dachkammer auf der Gitarre, nahm dort bis tief in die Nacht immer neue Demos auf und war überzeugt von ihrer Kraft. In diesem bald etwas besser ausgestatteten »Dachstübchen« konnte ich, bedingt durch die Lockdowns der Corona-Pandemie ab dem Frühjahr 2020, an die alten Zeiten anknüpfen. Ich habe seitdem viele »Liedergeschichten« über die Hintergründe und Entstehung meiner Songs für meine Social-Media-Accounts bei Instagram, Facebook und YouTube erzählt und gesungen, einige davon sind nun auch in diesem Buch nachzulesen.

In diesem Haus einer jungen Familie voller Musik erschien im Frühjahr 1974 mein Freund Peter Meetz mit einer Semesterarbeit über ornamentale Gestaltung, angefertigt im Rahmen seines Grafikdesign-Studiums. Es handelte sich dabei um ein kreisrundes Puzzlespiel für Kinder, bei dem die Bilder wie Tortenstücke im Uhrzeigersinn zu legen waren. Die Motive zeigten stilisierte Vögel: ein Männchen, ein Weibchen, ein Kind, die Entstehung einer Vogelfamilie. »Ich könnte zu diesen Bildern eine Liedergeschichte komponieren«, war mein erster Gedanke.

Meine Frau war gerade mit unserem zweiten Kind schwanger. So war der Anfang schnell gemacht. Die Geschichte von der

Vogelfamilie war ja auch unsere Geschichte. Auch wir bereiteten gerade das »Nest« für unser zweites Kind vor. Anuschka und meine Frau sangen jeden Ton meiner neuen Melodien sofort mit. Mit dem inzwischen halb fertigen Liederzyklus fuhren wir in die Sommerferien nach Sylt. Dort, im Haus einer befreundeten Familie in Keitum, vollendete ich ihn im Frühsommer 1974 und nannte ihn zunächst ganz schlicht *Die Vogelgeschichte*. Hatte ich zunächst Melodien nach den Zeichnungen von Peter Meetz komponiert, so waren auf Sylt auch einige Lieder entstanden, zu denen Peter neue Zeichnungen anfertigen musste. Im Herbst 1974, kurz vor der Geburt unseres Sohnes Alexander, war das Werk in meinem Kopf und auf dem Papier vollendet. In unserer Familie wurde es rauf und runter gesungen, aber wie sollte eine Aufnahme davon entstehen? Ich hatte für Produktionen dieser Art weder Erfahrung noch Partner, außerdem war ich inzwischen fest angestellt und kein »freier Künstler«. Die Suche nach einer Lösung dauerte etwas länger.

## Der Weg ins Musik-Business

Fast wäre ich nach bestandener Diplomprüfung im Jahr 1972 in einer Hamburger Reederei gelandet, denn die Verkehrsbetriebslehre begann mich zu faszinieren. Irgendwie lockten mich die Schiffe, die Seefahrt und der Hafen dann aber doch nicht stark genug. Mein erstes Bewerbungsgespräch führte mich bezeichnenderweise in den Musikverlag Hans Sikorski, bei dem wir 1967 die beAthovens-Single *Blow-Up Machine* verlegt hatten. Dort war gerade der Firmengründer, Hans Sikorski, gestorben, sein Sohn Hans-Wilfred Sikorski suchte einen Assistenten. Ich kam zu einem traurigen, für mich aber goldrichtigen Zeitpunkt.

Das altehrwürdige Musikverlagshaus Sikorski (es wurde 1935 gegründet und 2020 in den internationalen Verlag Boosey & Hawkes integriert) schwamm mit Bands wie den Les Humphries

Singers seinerzeit auf einer wahren Erfolgswelle, schillernde Figuren wie Drafi Deutscher und Udo Lindenberg gingen hier ein- und aus. Sikorski stand sowohl für moderne Unterhaltungsmusik als auch für alte und neue E-Musik, darüber hinaus für musikpädagogische Veröffentlichungen. Diesen Musikverlag in einer Expansionsphase zu erleben und als Assistent der Geschäftsleitung spannenden Verhandlungen bei der Musikmesse MIDEM in Cannes beizuwohnen, war aufregend und prägend. Nach drei Jahren in der Festanstellung wagte ich 1975 den Schritt als Songwriter in die Unabhängigkeit, bin dem Hause Sikorski aber bis heute verbunden. Viele Jahre einte uns eine erfolgreiche verlegerische Zusammenarbeit, die sich 1989 in unserem Gemeinschaftsverlag »Musik für Dich« manifestierte. Unter der Leitung von Dagmar Sikorski-Großmann und Axel Sikorski hatte ich auch in der nächsten Verleger-Generation Partner an meiner Seite, die weit über das Tagesgeschäft hinausblickten. Notenausgaben für spezielle Instrumente und aufwändige Orchesterbearbeitungen wurden im Vertrauen auf langfristige Erfolge gewagt, die sich in aller Regel auch einstellten. Aus der Partnerschaft entwickelte sich über die Jahre eine Freundschaft, die uns viele schöne Stunden und Erlebnisse bescherte. Hans-Wilfred Sikorski starb im Januar 2021. Als väterlicher Freund und kluger Ratgeber wird er immer in meiner Erinnerung bleiben.

*Wie sagte doch … **Hans-Wilfred Sikorski, mein Musikverleger:***
*»Bleib immer schön auf den Nebenstraßen, auf den Hauptstraßen ist zu viel Gegenverkehr.«*
*Das gab er mir mit auf den Weg, als ich mich 1975 aus der Festanstellung als Assistent der Geschäftsleitung seines Verlages aufs freie Feld wagte. Es war einer der besten Ratschläge meines Lebens.*

Ich durfte im Musikverlag als junger Mann die Stars aus nächster Nähe erleben und war fasziniert davon, wie erfolgreich man mit Musik sein konnte. In diesem künstlerischen Umfeld bekam ich die

Chance meines Lebens, als ich Peter, Sue & Marc kennenlernte, ein junges Folk-Trio aus der Schweiz, produziert von den Les-Humphries-Managern Jack Martin und Günter Geyer. Mein erster Text für die drei Schweizer wurde vom Verlag nur unter Pseudonym geduldet, aber meine Freundschaft zu Peter Reber, dem kreativen Kopf der Gruppe, war eingefädelt. *Hey Mama* hieß der Song, für den ich nach unserer ersten Begegnung im Hamburger Windrose-Studio auf Peters Wunsch den deutschen Text geschrieben hatte. Nach einigen vor allem im Radio erfolgreichen Singles wie *Jeden Morgen* und *Irgendwo, irgendwann* wollte das Trio mit einer ersten Langspielplatte zu einem größeren künstlerischen Bogen ausholen. Ihre Produzenten hielten das für verfrüht, und so trennte man sich. Peter, Sue & Marc nahmen ihren ersten Single-Titel *Geh deinen Weg* wörtlich und beschlossen, sich zukünftig selbst zu produzieren, gemeinsam mit mir. Gleich für das erste Album mit internationalen Weihnachtsliedern auf dem in der Schweiz neu gegründeten Label PSM gab es eine Goldene Schallplatte.

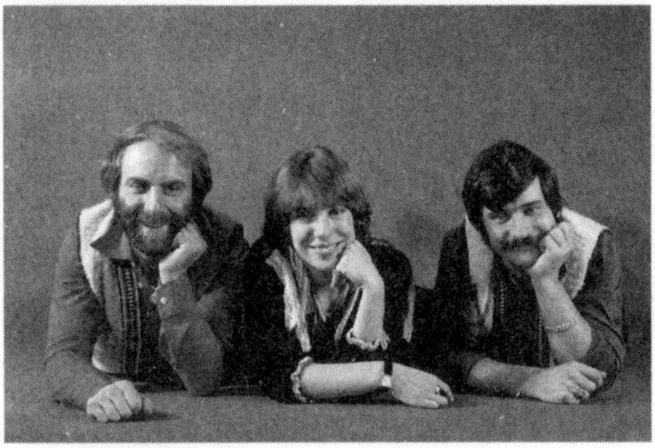

Peter, Sue & Marc, das Berner Trio, das mir neue Wege eröffnete, auch international.

In Peter Reber fand ich den wichtigsten Weggefährten und Freund für die aufregenden Jahre des Aufbruchs in die künstlerische Selbständigkeit. Peter war und ist ein begnadeter Melodienerfinder mit einem Spürsinn für griffige, emotionale, auch zeitgeschichtliche Themen (*In den Straßen von Belfast, Jerusalem).* Ich wurde seine hochdeutsche Stimme, sein Partner als Co-Produzent und Autor für viele englische Texte und sein Kontaktmann für die Schallplattenfirma Phonogram in Hamburg. Der Einladung, auf dem Höhepunkt seiner Karriere das Management des Trios zu übernehmen und dafür nach Bern zu übersiedeln, konnte ich meiner jungen Familie zuliebe jedoch nicht nachkommen.

Der Erfolg von Peter, Sue & Marc, die in der Schweiz zur Legende geworden sind, erreichte zwar international nie die ganz große Höhe, brachte aber mit Hits wie *Mountain Man* und *Birds Of Paradise* finanzielle Beständigkeit und die Faszination und den Reiz des Show-Business in unser Leben. Ich lernte in diesen Jahren viel über das Setzen großer Ziele, aber auch über die Dankbarkeit gegenüber einem treuen Publikum eines kleinen Landes, das seine Künstler am Ende eines Höhenflugs wieder auffängt. Ich lernte, dass man mit viel Energie immer wieder Anschluss an den letzten Erfolg suchen muss und niemals aufgeben darf. Nicht zuletzt lernte ich, auf musikalische Feinheiten zu hören, denn was bei Peter, Sue & Marc das Sinus-Studio in der Berner Münstergasse verließ, war immer blitzsauber eingespielt und gesungen. Peter Reber war in dieser Hinsicht unerbittlich, und ich wurde entsprechend von ihm geprägt.

Während meiner Zeit mit Peter, Sue & Marc lernte ich mit meiner Familie die Schweiz, ihre Menschen und deren Lebensart lieben: die Berge, guten Wein und feines Essen. Die Autobahn- und Zugverbindung zwischen Hamburg und Bern erschien mir bei bis zu acht Reisen im Jahr bald wie Vorortsverkehr.

Im Jahr 1976 gelang Peter, Sue & Marc zum zweiten Mal ein Beitrag zum Grand Prix Eurovision. *Djambo Djambo* hieß unser Titel für das Festival in Den Haag im Jahr 1976. Ein Clown an der Drehorgel war der Clou, mit dem wir uns auch optisch im Gedächtnis der Zuschauer festsetzen wollten. Der vierte Platz (nach spannender Abstimmung) war sicherlich keine Schande, die Schweiz fühlte sich würdig vertreten. Es folgten weitere Grand-Prix-Beiträge, so 1979 in Jerusalem *Trödler & Company*, wofür sich Peter, Sue & Marc mit den exzentrischen, aber hochprofessionellen Blues-Musikern Pfuri, Gorps und Kniri zusammentaten, deren Instrumentarium aus einem Gartenschlauch, Müllsäcken, alten Eimern und anderem alten Hausrat bestand. Das Kontrastprogramm folgte 1981 in

Dublin mit dem Liebeslied *Io senza te (Ich ohne dich)*. Kamen wir in Jerusalem mit unserem exotischen Titel nicht über den 10. Platz hinaus, so sah es in Dublin lange Zeit sogar nach einem Sieg aus. Am Ende fehlten nur wenige Punkte, die uns die Schweden leider versagten. Immerhin belegten wir einen ehrenhaften vierten Platz. Von allen Grand-Prix-Teilnahmen kamen wir erhobenen Hauptes zurück und wurden in der Schweiz herzlich empfangen. Dass ich als blutiger Laie in Jerusalem und Dublin das Eurovisionsorchester dirigiert habe, erscheint mir heute wie ein Traum.

Ein Grand-Prix-Beitrag für Deutschland ist mir nach den Erfahrungen mit Peter, Sue & Marc nicht in den Sinn gekommen. Ich habe Fairness der hiesigen Medien im Umgang mit den schlechter abschneidenden deutschen Teilnehmern lange Zeit vermisst (seit einigen Jahren gibt es da endlich ein Umdenken). Der olympische Gedanke »Dabeisein ist alles« stand für uns als Schweizer Grand-Prix-Teilnehmer stets über allen Erfolgshoffnungen. Selbstverständlich kam auch Ehrgeiz ins Spiel, besonders wenn wir meinten, ein Song sei uns besonders gelungen, wohl wissend, dass der Interpret des Drei-Minuten-Liedes von ganz Europa mit seinem Land identifiziert wird. Für die Schweiz haben Peter Reber und ich noch die Pepe-Lienhard-Band mit dem Alphorn-Hit *Swiss Lady* (1977, Platz 6) und Paola mit *Cinema* (1980, Platz 4) an den Start gebracht.

Der Eurovision Song Contest erreichte für mich – auch wegen der 1979 in Jerusalem unmittelbar erlebten Terrorgefahr – mit dem Sieg des israelischen Beitrags »Halleluja« seinen emotionalen Höhepunkt. Der Wettbewerb blieb immer eine Leidenschaft unserer Familie. Unvergesslich war für uns alle das Jahr 1982, als Nicole mit »Ein bisschen Frieden« den Sieg für Deutschland errang. Wir tanzten im Freudentaumel vor der Haustür. Davon, dass unser Sohn Alexander ihn 2014 als Songwriter für Conchita Wurst mit ihrem Song »Rise Like A Phoenix« gewinnen würde, konnten wir seinerzeit nicht mal träumen. Leider war der Wettbewerb, mit einigen Ausnahmen (z.B. Salvador Subral 2017 mit »Amar pelos dois« für Portugal), bald immer weniger ein Spiegelbild der musikalischen

Vielfalt Europas. Der Hit um jeden Preis wird mit viel internationaler Pop-Uniformität und aufwändigen Video-Effekten angesteuert.

## Neue Türen öffnen sich

Im Windschatten der Erfolge mit Peter, Sue & Marc kam es schließlich auch zur Veröffentlichung meiner *Vogelgeschichte*. Daneben arbeiteten Peter Reber und ich als Textdichter-Gespann bei Phonogram erfolgreich mit Nana Mouskouri (*Guten Morgen, Sonnenschein*), Johanna von Koczian (*Aufsteh'n ist schön*), Juliane Werding (*Eine Nummer zu groß*), Demis Roussos (*Die Flügel deiner Liebe*), Harald Juhnke (*Ausgebucht*) und Angelika Milster (*New York*) zusammen. Das waren spannende Ausflüge in die Schlagerwelt, die mich aber auf Dauer nicht befriedigten. Mit Peter, Sue & Marc hingegen hatten wir unsere eigene Farbe im Musikspektrum gefunden: Rhythmischer Folk-Pop mit gefühlvollen Melodien und interessanten Geschichten. Das knüpfte wunderbar an meine frühen Jahre und die erste Musikbegeisterung an.

Als das Trio mit »Cindy« 1976 in Deutschland ihren ersten Top-Ten-Erfolg feiern konnte, nahm ich mir ein Herz und bot unserer Schallplattenfirma Phonogram meinen immer noch unveröffentlichten Liederzyklus von der *Vogelhochzeit* an. Der Traum von einem Bilderbuch mit einer eingelegten Schallplatte war nach mehreren vergeblichen Angeboten bei Buchverlagen ausgeträumt. Nun wollten wir uns mit einem der Langspielplatte beigefügten Poster der zwölf wundervollen Vogelmotive von Peter Meetz begnügen. Die Geschäftsleitung der Phonogram mochte zwar nicht so recht an einen Erfolg glauben, meinte aber, das Produkt sei »gut für das Image der Firma« und gab uns eine Chance auf dem Label Fontana. Auf Anraten des damaligen Chefs der Phonogram, Jürgen Sauermann, nahm ich das bekannte Volkslied *Ein Vogel wollte Hochzeit machen* mit einem neuen Text als Titellied auf. Jürgen Sauermann ermöglichte mir auch die Veröffentlichung einer Single mit den sozial engagierten Songs *Good-bye Mama* und *Spielzeug der Zeit*, die ich als Solist unter dem Künstlernamen Cargo sang. Sie fand außer einer sehr anerkennenden Besprechung in der Bravo kaum Aufmerksamkeit. Ich blieb also auf dem Weg zur Familienmusik. Die Elternrollen in der *Vogelhochzeit* spielten Rale Oberpichler und Peter Schaper, damals zwei Stars der Hamburger Studiochorszene. (Mit Rale habe ich im Lauf der Jahre noch oft zusammengearbeitet, insbesondere für ihre Musikhörspielreihe zu Märchen der Brüder Grimm.) Das Vogelkind wurde gesungen von Katrin Albershardt, der Tochter des Leiters der Finkwarder Speeldeel, eines Hamburger Traditionsensembles, aus dem ich nach einer künstlerischen Annäherung auch meinen ersten Studio-Kinderchor zusammenstellte (in dem sogar meine Frau mitsang). Als Erzähler der Vogelgeschichte lud ich Max Schweigmann ein, den Gutenachtgeschichtenerzähler des NDR-Kinderfunks. Er hatte mir mit seinem Abendgruß »Und nun, meine Kleinen, husch, husch ins Körbchen!« in der Kinderzeit oft ein warmes Gefühl der Geborgenheit geschenkt.

Die Liedergeschichte nannten wir zunächst *Ein Vogel wollte Hochzeit machen*, später, zur Unterscheidung vom traditionellen Lied, *Rolfs Vogelhochzeit*. Sie wurde überraschend schnell ein großer Erfolg, nicht zuletzt dank einer Zehn-Zeilen-Empfehlung von Ute Blaich in der Zeit (das war damals so etwas wie der Ritterschlag). Die Liedergeschichte gehörte schon bald in nahezu jedem deutschen Kindergarten zum festen Repertoire, zog immer weitere Kreise und entwickelte sich über die Jahre ohne mein persönliches Zutun zum hundertfach gespielten Aufführungsstück. Meine *Vogelhochzeit* erklingt inzwischen mit dem Duo Sternschnuppe als *Bayerische Vogelhochzeit* und als *d'Vogelhochzyt* mit Linard Bardill auf Schwyzerdütsch. Dank Sandra Keck (aus unserer ersten Gruppe Rolf und seine Freunde) sangen die Vögel auch »op Hamborger Platt« im Ohnsorg-Theater. Dass die Kreise dieses Singspiels inzwischen sogar bis nach Guatemala und China reichen, zeigt, welche besondere Kraft im Kern dieses ersten Herzstücks meiner Arbeit steckt. Die neueste Variante ist eine englische Fassung, *The*

*Bird Wedding*, die in Zusammenarbeit mit der International School of Hamburg entstand. Eine Bearbeitung für kleines Orchester, ergänzt um Zitate aus Vogelmotiven der Klassik, bringt den Stoff nun auch in Musikschulen mit höherem Anspruch und auf die Bühnen der etablierten Musiktheater. Über zwei Verfilmungen des Stoffes für das ZDF werde ich später berichten.

Zum Zeitpunkt ihres größten Erfolges, nach dem vierten Platz beim Grand Prix Eurovision in Dublin, mit *Io senza te (Ich ohne dich)* und dem Überraschungshit *Birds Of Paradise* (Titelsong einer Umwelt-Dokumentation des deutschen Fernsehens), beschlossen Peter, Sue & Marc die Auflösung des Trios zum Jahresende 1981. Sie verabschiedeten sich am Silvesterabend in der beliebtesten Schweizer TV-Show »Teleboy« mit einem Medley ihrer zahlreichen Hits von ihrem Publikum. Wer hätte damals geahnt, dass mehr als 30 Jahre später dieses Repertoire die Substanz für das bewegende und in der Schweiz äußerst erfolgreiche Musical »Io senza te« bilden würde. Ich bin dem Trio dankbar für die unvergesslichen Stunden, die ich mit den dreien erleben durfte, und spüre heute noch ein Herzklopfen bei den Liedern, die wir in unserer gemeinsamen Zeit hervorgebracht haben. Unsere aufregenden 70er-Jahre klangen aus mit einer Träne im Auge: Bei unserer letzten Session im Berner Sinus-Tonstudio mit unserem langjährigen Tonmeister Eric Merz textete ich auf der Berner Münsterplatte den Song *Bye, bye, Friends.*

**15 Songs, die mich prägten**

– Der Mai, der Mai, der lustige Mai *(Hoffmann von Fallersleben)*
– An de Eck steiht'n Jung mit 'n Tüdelband
– Ein Hering und eine Makrele *(Richard Germer)*
– Sheila *(Tommy Roe)*
– My Generation *(The Who)*
– Penny Lane *(The Beatles)*
– All My Loving *(The Beatles)*
– House of the Rising Sun *(The Animals)*
– Rock 'n' Roll, I Gave You the Best Years of My Life *(Kevin Johnson)*

- The Times They Are A-Changin' *(Bob Dylan)*
- She Believes In Me *(Kenny Rogers)*
- In Dreams *(Roy Orbison)*
- Moon River *(Henry Mancini/Audrey Hepburn)*
- Imagine *(John Lennon)*
- Sind so kleine Hände *(Bettina Wegner)*

# 2
# Rolf und seine Freunde

Was sich nach der Veröffentlichung der LP *Vogelhochzeit* entwickelte, bringt mich zunächst zu einem dankbaren Rückblick auf die Kinder, die über all die Jahrzehnte mit mir gesungen haben.

Wenn ich unsere alten Musikaufnahmen höre, was nicht alle Tage vorkommt, stehen sie plötzlich wieder vor mir, mit ihren leuchtenden Augen. Ich sehe sie bei unseren Proben im Wochenendhaus hinter dem Elbdeich in der Haseldorfer Marsch, am Mikrofon im Studio oder vor einer Fernsehkamera. Sie sitzen stolz und mit Herzklopfen neben mir am Mischpult, oder aufgeregt im Auto, Zug oder Flugzeug. Wir waren uns so vertraut, dass wir uns kaum vorstellen konnten, uns eines Tages aus den Augen zu verlieren. Aber es hat eben alles seine Zeit. Die Jahre vergehen, *Kinder werden groß*. Was bleibt, ist die Erinnerung an viele kostbare Glücksminuten, die wir miteinander hatten, die wir in unseren Herzen bewahren, die uns durchs Leben begleiten und in unseren Musikaufnahmen spürbar verewigt sind. Viele dieser groß gewordenen Kinder werden das hier lesen. Ich bin unendlich dankbar dafür, dass wir uns gefunden haben und dass Ihr mit großem Vertrauen (auch von Euren Eltern) so viel Talent und Herzblut in meine Lieder eingebracht habt. Am liebsten würde ich all Eure Namen hier erwähnen! In über 40 Jahren sind das viele, sehr viele Kinder gewesen, die mit mir im Studio waren (in den Booklets der LPs und CDs sind sie alle namentlich genannt). Das Wiedersehen mit den Freunden der frühen Jahre wie im März 2017 im Hamburger Planetarium soll nicht das letzte gewesen sein. Es tut gut, nach all den Jahren mit so viel Gesprächsstoff einen Abend zu verbringen und dabei immer noch so viele Gemeinsamkeiten zu spüren.

Noch vor der Studioaufnahme der *Vogelhochzeit* waren seit 1975 aus dem Alltag mit unseren Kindern heraus Refrain- und Strophenteile über das sichere Verhalten im Straßenverkehr entstanden, sozusagen Hand in Hand am Fahrbandrand oder auch auf Autofahrten. Noch heute höre ich von Erwachsenen, dass Zeilen wie »Wo kein Gehweg ist, da geh ich links« ihnen in Fleisch und Blut übergegangen sind, vielleicht sogar das Leben gerettet haben, die Melodie zu »Was zieh ich an, damit man mich auch gut sehen kann?« war ihnen ein hilfreicher Ohrwurm vor dem Kleiderschrank, und *Zebrastreifen* wurde mir oft als »mein erster richtiger Hit« genannt.

Unser Alexander folgte Anuschka 1977 in den Kindergarten, in das von 15 Elternpaaren selbst organisierte »Kinderhaus Iserbrook-Sülldorf e.V.«, für das ich zwei Jahre lang den Vorsitz führte. Natürlich wurde auch auf den Autofahrten dorthin immer tüchtig gesungen, *Mein Platz im Auto ist hinten* war dabei unser Lieblingslied.

Ich hatte schon mit den Kleinen aus Anuschkas Kindergeneration begonnen, regelmäßig im Stuhlkreis oder am Rand des Spielplatzes zu singen. Dabei sammelte ich nach und nach so manche Erfahrungen im Umgang mit einer Kindergruppe. Mit unserer Kindergärtnerin Helga »Helli« Steinhübel (die Bezeichnung Erzieherin war damals noch nicht etabliert) tauschte ich Ideen aus und konnte vieles davon gleich in der Praxis ausprobieren. Bald kamen die ersten Auftrittsanfragen aus der Grundschule von Hellis Schwester in Ritterhude, dann aus Kindergärten und Spielkreisen in Nord-Niedersachsen. Da mein Repertoire zwar noch klein, aber bei den Kindern sehr beliebt war, entschloss ich mich in einer finanziell etwas angespannten Phase, Kindergartenkonzerte zu geben. Im Frühjahr 1978 startete meine erste, von pädagogischen Fachberaterinnen der Landkreise Rothenburg und Bremervörde organisierte »Konzertreise«. Bei 50 Pfennig Eintritt pro Kind und etwa 50 Kindern pro Einrichtung mussten es allerdings schon einige Konzerte sein, um einen nennenswerten Betrag für den Lebensunterhalt mit nach Hause zu bringen. In den besten Zeiten habe ich es auf vier Konzerte am Tag gebracht, kam ziemlich kaputt, aber zufrieden und irgendwie beseelt nach Hause. Auf den Fahrten von Dorf zu Dorf im Städtedreieck Hamburg/Bremen/Cuxhaven sang ich im Auto laut vor mich hin, motivierte mich mit Spaßliedern wie *Eierkuchen ist mein Bestes* aus der Hörspiel-Reihe *Kerlchen,* die ich bereits 1974 mit dem Lehrer und Hörspielautor Alfred »Fred« Krink produziert hatte, und entwickelte aus frischen Konzerterlebnissen während der Fahrt nach Hause neue Lieder. So wuchs autofahrend mein Repertoire, das vor den Kindern der nächsten Spielkreisgruppe immer gleich ausprobiert werden konnte. In einer großen, schwarzledernen Handwerkertasche hatte ich eine Auswahl meiner ersten eigenen Langspielplatten (bald auch Kassetten) sowie ein selbst hergestelltes kleines Liederbuch dabei. Der Verkauf florierte, aus einer Tasche wurden bald zwei, und zu Hause wickelte meine Frau die nicht wenigen Nachbestellungen ab. Die Arbeitsfläche auf dem Kühlschrank war ihr »Versandbüro«.

Anuschka war nun ein Schulkind in der Blankeneser Gorch-Fock-Schule. Mit fachlicher Beratung durch den beliebten Polizei-Verkehrslehrer Ekkehard Eichberg wurde aus den gesammelten Liedern und Lied-Ideen schließlich *Rolfs Schulweg-Hitparade.* Einen ersten erfolgreichen Test vor Publikum ermöglichte mir Sigi Hennig in Hamburg-Fuhlsbüttel mit ihrer Musikschule. Sie rief einige Zeit später die »Alsterfrösche« ins Leben, einen Chor, der für mich in vielen Konzerten und im Studio zum Wegbegleiter wurde.

Die Produktion der nächsten Langspielplatte lag in der Luft. Aber: Die Verantwortlichen bei der Phonogram, wo man mit meiner *Vogelhochzeit* inzwischen sehr erfolgreich war, hatten Bedenken: Diese Verkehrssicherheitslieder seien viel zu pädagogisch, »so was hört sich doch kein Kind freiwillig an!« Diese Fehleinschätzung brachte mich zu der Firma, mit der ich seit jenen Tagen ohne Unterbrechung verbunden bin, nämlich Polydor. Dort verzeichnete man Riesenerfolge mit »Heidi«, »Pinocchio« und anderen Kinderhörspielen auf der Basis von Fernsehserien. Auch hier war man aber zunächst skeptisch gegenüber meinem pädagogischen Liederkonzept: »Wenn Sie die Hälfte der Produktionskosten tragen, könnten wir es wagen.« Woher aber sollte ich so viel Geld nehmen? Wir sprachen immerhin von etwa 20.000 Mark. Aus Ratlosigkeit wagte ich den Sprung nach vorn: In der »Aktuellen Schaubude« des NDR-Fernsehens hatte sich im Spätherbst 1978 der Chefredakteur der Bild-Zeitung, Peter Bartels, angekündigt, um die Aktion »Ein Herz für Kinder« vorzustellen. Ich machte mich mit meiner Gitarre auf in die Kantine des NDR in Hamburg-Lokstedt und wartete auf meine Chance. Sie kam. Ich sang Peter Bartels meine Lieder in einer Kaffeepause vor. Er war begeistert: »Das ist die ideale Ergänzung zu unserem Hit ›Ein Herz für Kinder‹ von Andrea Jürgens.« Zu Tränen rührte ihn, den hartgesottenen Zeitungsmann, mein Lied *Ich hab mich verlaufen*. Die Sache war geritzt, bei der Polydor war man nun zur Veröffentlichung bereit, ohne Kostenteilung.

In Joe Kirsten fand ich den richtigen Mann für moderne Arrangements zwischen Country-Feeling und Schlager. Nicht zuletzt ihm ist es zu verdanken, dass die *Schulweg-Hitparade* den Kindern und auch vielen Eltern bei Stadtfahrten und auf langen Autoreisen Spaß machte. Die LP erschien – begleitet von einem Notenheft – im Spätsommer 1979, und das Marketing-Team der Polydor setzte, zusammen mit der Bild-Zeitung und dem Deutschen Verkehrssicherheitsrat (DVR), ein ganz großes Werbe- und Aktionsrad für meine Verkehrslieder in Schwung. Die Kooperation mit den Trägern der Verkehrssicherheit, vor allem dem DVR und der Deutschen Verkehrswacht, hat sich über viele Jahre in Hunderten von Konzerten und Seminaren bewährt und gefestigt. Ein Mann spielte dabei seit der ersten Medien-Präsentation in Düsseldorf eine entscheidende Rolle: Michael Heß vom DVR, dem ich eine detaillierte, fachkundige Beratung und ausgefeilte Organisation vieler Konzerte und Seminare verdanke. Dass mir im Sog der ganzen Power von Bild, DVR, ADAC und Deutscher Verkehrswacht noch schwindelig werden und ich meinen bisher zum Glück einzigen körperlichen Zusammenbruch erleben würde, ahnte ich in der ganzen Euphorie nicht. Ich war glücklich, mein eigenes »Ding« gefunden zu haben, mit dem ich auch noch etwas Gutes bewirken konnte: Viele werden sich an die erschreckende Zahl von im Straßenverkehr verunglückten Kindern in jener Zeit erinnern, die zum Glück Jahr für Jahr deutlich sank. Für die Aufnahmen der *Schulweg-Hitparade* stellte ich eine neue Gruppe mitsingender Kinder zusammen, die zum Teil bereits bei der Vogelhochzeit im Studio gestanden hatten. Meine Tochter Anuschka war mit acht Jahren zum ersten Mal dabei und sang anrührend ihr Lied *Ich hab mich verlaufen.* Eine Klassenkameradin und Kinder der Finkwarder Lütt Speeldeel machten die Gruppe komplett. Auf der Rückseite des LP-Covers von *Rolfs Schulweg-Hitparade* hieß die Interpretenbezeichnung zum ersten Mal »Rolf Zuckowski und seine kleinen Freunde«. Da es auf der *Schulweg-Hitparade* keinen radiokompatiblen Song gab und auch Fernsehauftritte die Ausnahme waren, wurde diese Besetzung der breiten Öffentlichkeit weniger bekannt, was sich beim nächsten Album, dann unter dem Namen »Rolf und seine Freunde«, schnell änderte.

Gut 20 Jahre nach Erscheinen der *Schulweg-Hitparade* konnte ich mit einem weiteren Album an das Thema Verkehrssicherheit anknüpfen, diesmal für die ganz Kleinen im Kita-Alter. Unter dem Titel *Schau mal, hör mal, mach mal mit* fand ich mit meinen Künstlerkollegen Beate Lambert und Ferri Feils einen spielerisch pädagogischen Ansatz, der abermals vom DVR und der Verkehrswacht unterstützt wurde.

Unmittelbar an die *Schulweg-Hitparade* anschließend kam mir die Idee eines »Piratensenders für Kinder« (Radio Caroline, das von einem Schiff außerhalb der Hoheitsgebiete in der Nordsee sendete, ließ grüßen). *Radio Lollipop* ging auf Sendung, allerdings nur auf Schallplatte und Musikkassette. Das Anliegen, ein Musiker für die ganze Familie zu sein, zog sich von da an wie ein roter Faden durch meine Arbeit. Mit dem Lied *Du da im Radio*, gesungen im Duett mit dem kleinen Niels Peters (dem Sohn von Paul Peters, der plattdeutsche Texte wie »Bi Vadder an Bord« für die Finkwarder Speeldeel schrieb), eroberten wir die deutsche Radiolandschaft und machten den Namen »Rolf und seine Freunde« (es waren immer überwiegend Mädchen) zu unserer Marke.

Die heimlichen, im Radio kaum zu hörenden Hits von *Radio Lollipop* hießen *Tweety, Papi, wach auf* und *Wie schön, dass du geboren bist*. In unserer Familie wird diese zum fünften Geburtstag von unserem Alexander entstandene Melodie immer zum Aufwecken des Geburtstagskindes gesungen. Diese Lieder hatten die Kraft, sich ohne Radio oder Fernsehen durchzusetzen, und waren das Fundament für mein zukünftiges Werk auf dem schmalen Grat zwischen Kinderlied und Schlager.

Unsere LP *Radio Lollipop* hatte einen zweiten musikalischen Vater, dessen Namen man bei genauerem Hinsehen im Kleingedruckten unter den Titelangaben findet: John O'Brien-Docker. Ich hatte ihn einige Jahre zuvor als Arrangeur meiner plattdeutschen Lieder für die Finkwarder Speeldeel kennen und schätzen gelernt. Ab 1981 entwickelte sich zwischen uns eine musikalische Symbiose. Dieser mit allen Wassern der Folk-Music gewaschene irischstämmige Engländer hatte mit seiner Gruppe The City Preachers in Hamburg in den 60er-Jahren eine neue musikalische Heimat gefunden. Johns irisch-englische Seele und sein oft skurriler Humor sind bis in die feinsten Verästelungen seiner Arrangements spürbar. Er hat meine

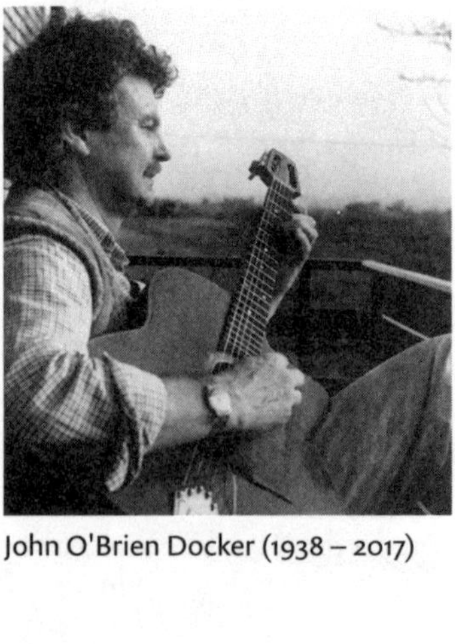

John O'Brien Docker (1938 – 2017)

Kompositionen mit edlen Harmonisierungen, charismatischen Einleitungen, überraschenden Zwischenspielen und spannenden Tonartwechseln veredelt.

Die Erfolgsgeschichte von *Radio Lollipop* fand ihre Fortsetzung. Mit witzigen kleinen Hörspielszenen (wie *Das Lollipop-Verkehrsstudio* oder *Das Mittagskonzert*) karikierten wir das Radio der großen Leute. Das steigerte sich noch auf dem nächsten Album *Lieder, die wie Brücken sind*, auf dem z.B. das *Große Lollipop-Quiz* zu hören ist, in dem die sehr aufgeregte Telefonkandidatin als Hauptgewinn eine aufblasbare Telefonzelle erhält. Ich hatte für dieses 1982 erschienene Album meine »Rolf und seine Freunde«-Gruppe erneut erweitert. Ein Jahr zuvor bei einem Kinderfest in Hamburg-Finkenwerder hatte ich Florian und Sandra Keck kennengelernt. Florian sprach und sang in dem Ottfried-Preussler-Stück »Die dumme Augustine« eine Marionette, die von seiner älteren Schwester Sandra mit viel Witz und Geschick geführt wurde. Florian und Sandra machten großen Eindruck auf mich, und ich fragte sie, ob sie mal in mein Tonstudio kommen wollten. Dort stellte sich schnell heraus, dass beide auch große Gesangstalente waren. Sandra sang z.B. noch im selben Jahr *Das Christkind ist geboren* auf dem Album »Wir warten auf Weihnachten«. Die Einbeziehung der beiden in die Gruppe für mein Lied … *und ganz doll mich* (gemeinsam mit Julian Maas, Niels Peters und meiner Tochter Anuschka) war naheliegend und führte uns bald zu unvergesslichen Erlebnissen in großen Fernsehshows wie »Wetten, dass..?«.

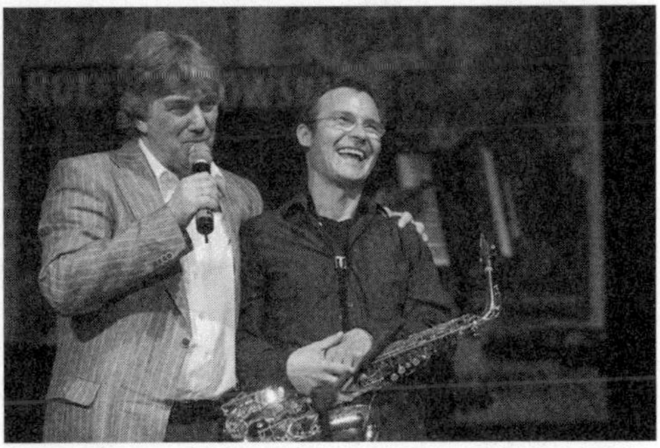

Florian Keck, nicht nur ein charismatischer Sänger.

»Flo«, wie wir Florian nannten, starb 2021 völlig überraschend an Herzversagen. In Liedern wie *Mein Freund*

*Abdullah, Meine Mami* und *Wann kommst du Weihnachtsmann* (im Duett mit Anuschka) sehe ich ihn immer noch vor mir und vermisse ihn sehr. Er hat mit seinem Charme und seiner erstaunlich wandlungsfähigen Vortragskraft so viele Menschen erfreut. Unvergesslich sein cooler Swing (später auch am Saxofon) in unserem Lied … *und ganz doll mich* (»Schwappschwabbidubidu«). Wie tiefsinnig Flo sein konnte, spürte ich bei langen Gesprächen mit ihm während seines Philosophie-Studiums und nachdem er selbst Vater geworden war.

Der große Hit mit Flo, Julian, Niels, Anuschka und Sandra war auch im Radio unüberhörbar, und überstrahlte andere Lieder des Albums, die mir nicht weniger am Herzen lagen. Mit Liedern wie *Guten Morgen Sally* hatte ich Themen der Inklusion aufgegriffen, lange bevor dieser Begriff in der Pädagogik die heutige Bedeutung bekam. *Schneewittchen und die sieben Zwerge*, gesungen von Peter Maffay, trug die Themen Waldsterben und Umweltschutz in die Kinder- und Klassenzimmer. Der Humor kam auf dem Album aber auch nicht zu kurz, insbesondere mit Sandras »Meisterschaft im Hochsingen« in dem Lied *Guten Morgen, liebe Sonne.*

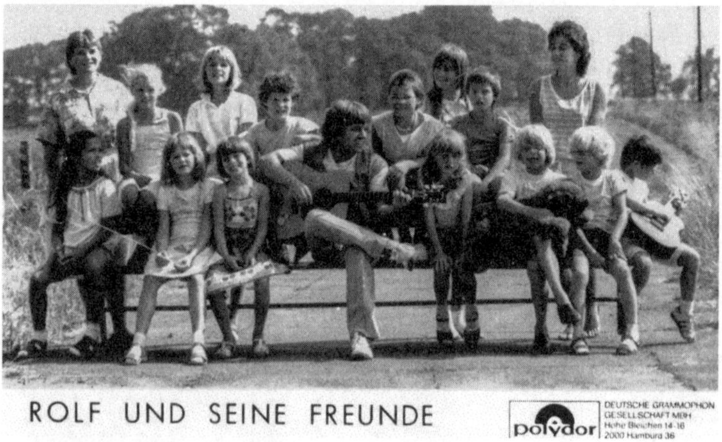


Die größer gewordene Freunde-Gruppe 1983, bei den Proben zum Album »Was Spaß macht …«

Die Beziehung zu den mitsingenden Kindern dieser Jahre, auch zu ihren Eltern, führte zu einem Gefühl, das – auch wenn immer wieder neue Freundschaften wuchsen – bei späteren Besetzungen in derselben Intensität nicht so leicht entstehen konnte. Wir verbrachten so viel Zeit miteinander, nicht nur in den Studios, auch auf Bahn- und Flugreisen und in Hotels, dass wir uns zeitweise wie eine Familie fühlten.

Für das nächste Album *Was Spaß macht* war wiederum eine Erweiterung der Gruppe angezeigt, vor allem um die Vielfalt der Themen auch in der Besetzung der Lieder authentisch zu spiegeln. Ich konnte dafür einige Kinder gewinnen, die ich bei meinen Live-Konzerten auf der Bühne erlebt hatte. In manchen Chören, die mit mir auftraten, fielen mir im Verlauf der Konzerte immer wieder Kinder besonders auf: durch ihre Stimme, ihr Naturell, ihre Begeisterungsfähigkeit, ihr »Stehvermögen« und ihr Sozialverhalten, das sich nicht zuletzt bei den Proben zeigte. Nach Gesprächen mit ihren Eltern und Chorleitern lud ich diese Kinder zu meiner jeweils nächsten Studioproduktion ein. Ein Casting, wie es heute gang und gäbe ist, kam für mich nie in Betracht. Die für eine gute Zusammenarbeit wichtigsten Eigenschaften hätte ich damit nicht herausfinden können. Dazu bedurfte es echter Proben auf der Konzertbühne, wo auch Kinder mit einer schüchternen Ausstrahlung mitunter über sich selbst hinauswachsen und eine strahlende Aura entwickeln.

Die Persönlichkeit der einzelnen Kinder und ihre individuellen Stimmen hatten für mich bei aller Freude am Chorklang immer einen hohen Stellenwert. Zu welcher Leistung Kinder fähig sind, wie sie sich im Studio entwickeln können und wie sie, bei allem Individualismus, miteinander ein Team bilden, das soll manch Erwachsener ihnen erst einmal nachmachen. Meine Aufgabe war es, den Kindern einen Rahmen zu geben. Die natürliche Ängstlichkeit in ungewohnten Situationen, sei es im Ton- oder Fernsehstudio oder auch auf Reisen, lässt sich nur abbauen, indem man den Kindern ein Gefühl der Geborgenheit gibt, ihr Selbstvertrauen auf- und Versagensängste abbaut.

Mit *Was Spaß macht* erweiterte sich meine erste, fünfköpfige »Rolf und seine Freunde«-Besetzung im Tonstudio auf nunmehr 14 Kinder. Mit *Theo (Der Bananenbrot-Song)* landeten wir mit Niels als kraftvollem Solo-Sänger noch einmal einen richtigen Radio- und TV-Erfolg, ebenso, in größerer Besetzung, mit *Es gibt noch echte Kinder* (eine Coverversion des Italo-Hits »L'Italiano« von Toto Cutugno). Mit Florian hatte ich noch einmal ein humoriges Vater-Sohn-Duett in *Was Spaß macht ist verboten*. Über die Jahre stellte sich allerdings der wahre Ohrwurm des Albums heraus: *Nackidei,* ein (bei empfindlichen, weniger humorvollen Menschen) nicht ganz unumstrittenes Lied. Der Refrain »nackidei, nackidei, alle sind heut nackidei« war nach einem Strandtag auf Ibiza unter der Dusche entstanden. Am späten Nachmittag kam mir auf der Fahrt zu einer Reparaturwerkstatt dann die Idee, das Lied nur von Tieren handeln zu lassen. »Der Eber sagt zu seiner Frau, hör zu du süße kleine Sau, wir machen heut 'ne Schweinerei und gehn mal wieder nackidei.«

Chöre waren seit der Aufnahme von *Unsre Schule hat keine Segel* mit dem Chor der Gorch-Fock-Schule auf *Radio Lollipop* eine zusätzliche Klangfarbe meiner Alben geworden. Mit dem Schülerchor Hamburg-Lokstedt, geleitet von Hans Struck, kam 1986 einer der Gastchöre zu mir ins Studio, die mich bei Konzerten beeindruckt hatten. Lieder wie *Du gehörst zu uns* entfalteten so ihre ganze Energie. Mein bis heute kraftvollstes Chor-Lied *Drachen im Wind*, mit einem recht anspruchsvollen Arrangement, verdanken wir Dieter Teske mit dem Glinder Jugendchor, der zuvor die allererste Live-Aufführung von »Tabaluga und die Reise zur Vernunft« auf die Bühne des Glinder Schulforums gebracht hatte. Auf dem Album *Frag' mir doch kein Loch in'n Bauch* fanden sich aber weiterhin vor allem Lieder mit charismatischen solistischen Kinderstimmen von ganz sanft (*Ich bau mir eine Höhle* und *Kinder brauchen Träume*) bis poppig (*Ich hab einen Walkman* und *Mama ist in Panik*). Das nachhaltigste Lied auf dem Album sang ich allein (in einer späteren Aufnahme mit drei solistischen Mädchen): *Ich schaff das schon*. Die Zeit der kindlichen Lieder war für meine Freunde der ersten Jahre nun am Ausklingen. Auf dem nächsten Album spielten sie aber als Jugendliche noch einmal eine ihrem Alter entsprechende Rolle, und einige von ihnen kehrten ein paar Jahre später als Erwachsene in meine Studiowelt zurück.

Mit *Frühstück für Mama, Frühstück für Papa* kam 1988 ein Junge in meine Kindergruppe, der noch in manchen Liedern (*Es ist nicht leicht, ein Narr zu sein, Mami lass das Auto stehn*) mit seiner erfrischenden und selbstbewussten Vortragsart beeindruckte: Simon Rick, der Sohn des Bassisten meiner Schülerband the beAthovens – und mein Patenkind. Die Gedanken an ihn schmerzen, weil er bei einem Verkehrsunfall im Sommer 2019 ums Leben kam. Gerade fertig mit dem Studium der Jazzmusik, war er, inzwischen ein Ass in der Bluegrass-Gitarrenstilistik, dabei, eine Musikpädagogen-Laufbahn einzuschlagen. Der Verlust tut weh mit jedem Lied, in dem ich Simon singen höre. Das Album *Wir wollen Sonne* (später in *Sommerkinder* umbenannt) war sein Debüt für eine Reihe von prägenden Auftritten am Mikrofon und vor den Fernsehkameras.

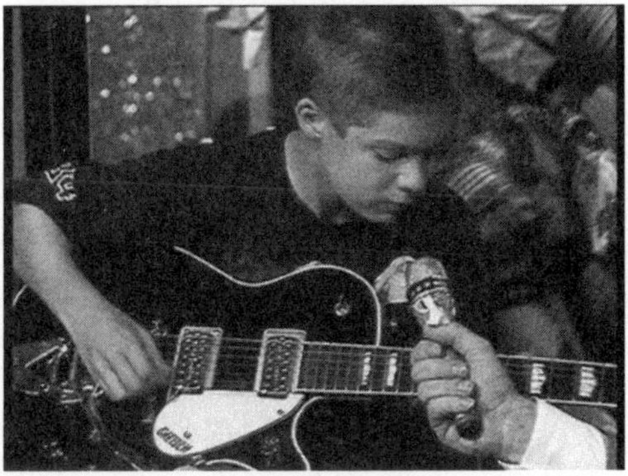

Simon Rick mit 14 Jahren bei seinem ersten Gitarren-Solo in der TV-Show »Gold-Million«.

Auf demselben Album nahm meine Tochter Anuschka Abschied von ihrer Kindheit. In dem Song *Ich flieg mit dem Wind* besang sie genau die Lebensstation, die wir gerade miteinander durchlebten. Anuschka, soeben 14 Jahre alt geworden, begab sich mit dem Jugendchor unserer Kirchengemeinde auf eine Reise in die USA. Noch einmal tat sie sich mit Sandra und Florian zusammen, für ein Lied über die Berge, die ich durch meine Schweizer Freunde so lieben gelernt hatte. *Hoch in den Bergen* wurde durch diese Jugendlichen zu einem Popsong ohne Heimatkitsch. Ein wahrer

Kinderliedklassiker fand auf dem Album auch seinen Platz: *Das eine Kind ist so, das andre Kind ist so.* In einer zunehmend multikulturellen Welt bekam das Lied einen immer größeren Stellenwert. Öfter wurden in späteren Jahren die Vornamen aus der Originalversion ausgetauscht, um der jeweiligen Kindergemeinschaft angepasst zu werden. Die Zeile »... jedes Kind will träumen und vor allem glücklich sein« hatte aber über all die Jahre Bestand und wurde zu einer zentralen Botschaft meines Lebenswerks. Eine nicht weniger gewichtige Botschaft schleuste ich mit einem Lied für Erwachsene in dieses Album ein: *Leben ist mehr.* Dass sich daraus mein erster größerer Radio-Erfolg jenseits der Kinderliederwelt entwickelte, eröffnete mir für die folgenden Jahre neue Spielräume, die ich bis heute zu schätzen weiß.

## Zeit für Starke Kinder

Eine neue Kindergeneration zog in meine Musikwelt ein, geprägt von der Popmusik, die immer früher und stärker auch in die Kinderzimmer eindrang. Zum Glück blieben viele Kinder trotzdem offen für verschiedene Stile, Melodien und emotionale Botschaften. Der Titelsong *Starke Kinder* im Stil von Motown-Pop war das Signal für unseren Aufbruch in eine neue Ära. Mit dem rockigen Song *Wir sind Kinder* hatte ich bereits 1982 erste Anzeichen für diesen Weg gegeben und ihn 1983 mit *Die Traumautomaten* fortgesetzt. Nun aber gab es mit *Die Kinder des Rock 'n' Roll* unüberhörbare Zeichen, wohin die Reise mit den größeren Kindern gehen würde. Dabei eine gute Balance zu finden, war die Herausforderung, denn meine jugendlichen Mitwirkenden mussten den Weg bei Balladen und verträumten Liedern mitgehen. Ich schrieb für sie das Lied *So wie du bist,* und sie sangen, nicht weniger überzeugend als bei den Pop-Songs, die Balladen *Manchmal wär ich gerne wieder klein* (Marieke) und *Ich glaub ich hab dich lieb* (Anuschka). Sie konnten sich in Quatschlieder wie *Ryrksnglynks* ebenso einfühlen wie in die Hymne *Kleine Europäer,* die mich schon bald auf ein neues Feld führte. Es war 1989, die Grenze nach Osten öffnete sich, und das sich wandelnde Europa wurde für mich ein großes Wirkungsfeld der nächsten Jahre.

Die »starken Kinder« blieben mein Thema, nicht zuletzt bei vielen Bühnenkonzerten unter diesem Titel und bei meinen Kinderfunksendungen im NDR. Für die kleineren Kinder entstanden in diesen Jahren vor allem jahreszeitliche Lieder, die mich schließlich 1992 zu dem Album *Die Jahresuhr* führten. Ich hatte als freier Mitarbeiter eine offene Tür beim NDR-Kinderfunk vorgefunden und in meinen »Mikado-Sendungen« Tipps gegeben, wie man den jeweils kommenden Monat mit allen Sinnen erleben und aktiv ausgestalten könne. Zur Einstimmung spielte ich jeweils den »Calendar Song« der Pop-Gruppe Boney M. Eines Tages kam mir dabei der Gedanke, dass es doch schöner wäre, wenn wir so eine Reise durch den Jahreskalender auf Deutsch einsingen könnten. Das Lied *Die Jahresuhr* war schnell geschrieben, die Wiederholung der jeweils vier

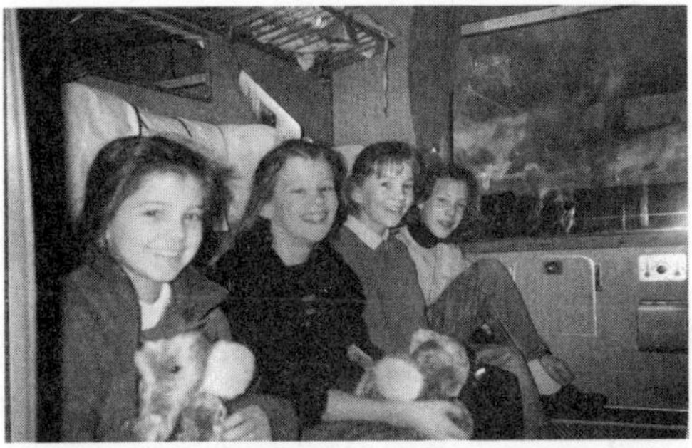

Auf auf dem Weg ins Fernsehabenteuer: Sabine, Carina, Anne, Marieke.

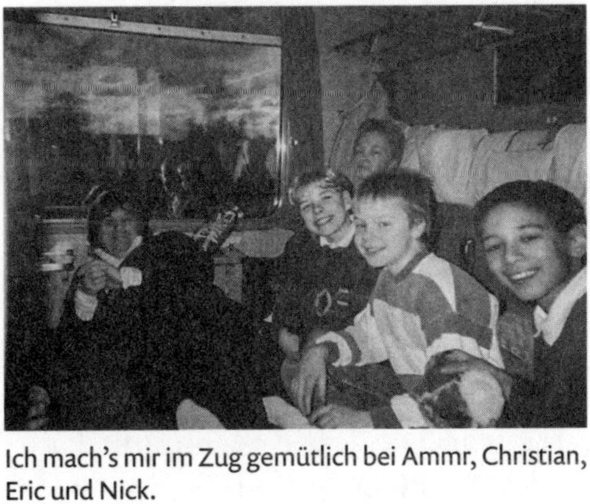

Ich mach's mir im Zug gemütlich bei Ammr, Christian, Eric und Nick.

Monate eines Drittel-Jahres machte den Kindern viel Spaß, ließ sie das Lied, und damit die Monate in ihrer Reihenfolge, schnell lernen und machte es über die Jahre zu einem meiner Klassiker.

War die Urfassung dieses Albums eine Reise durch die Stimmungen der Jahreszeiten, so entwickelte ich in Zusammenarbeit mit dem ZDF schon bald eine Liederfolge, bei der die Erlebnismöglichkeiten der Monate im Vordergrund standen. Unter dem Titel »Rolfs –Liederkalender« waren wir damit 1992 auf dem Bildschirm und bald auch in einem Video zu sehen.

Es lagen so viele Themen auf der Hand, die man aus der Sicht von Kindern, neu und frei von abgenutzten Klischees, besingen konnte. Ein »heimlicher« Superhit und Lieder mit besonders viel Herzblut finden sich auf dem nächsten Songalbum *Du brauchst ein Lied* von 1994 – eine bunte Mischung aus Liedern unterschiedlichster Stimmung für alle Altersstufen vom Schulkind bis zu den Großeltern. Das Album spiegelt meine Befindlichkeit mit Sicht auf die Kinder dieser Welt in der Mitte der 90er-Jahre auf vielfache Weise wider. Spaß an Albernheiten wie in *Als ich ein Baby war* (der Superhit mit inzwischen über 80 Millionen Klicks bei YouTube) gehörten ebenso dazu wie *Das Eine-Welt-Lied* über die Not, in der viele Straßenkinder weltweit leben. Mehr als 30 Jahre liegen nun auch hinter der Entstehung meines Liedes *Deutschland deine Kinder,* eine Frucht der deutschen Wiedervereinigung. In diesem Lied stellte ich Fragen, die nichts von ihrer Gültigkeit verloren haben: »... wirst du frei und offen bleiben, ihren Herzen Wege zeigen, wie man ohne Angst aus Fremden Freunde macht?« Die letzte Zeile des Liedes geht weit über die Kinderwelt hinaus: »Lass uns aus Vergang'nem lernen, gib der Zukunft deine Hand, friedlich über alle Grenzen, Mutter-, Vater-, Kinderland«.

Mit dem Album *Du brauchst ein Lied* verbindet sich auch der Start meines Labels »Musik für Dich« bei der Universal Music GmbH. Mein in Gemeinschaft mit dem Traditionshaus Sikorski betriebener Musikverlag hieß schon einige Jahre zuvor so. Ich konnte für das neue Label auf eine bewährte Zusammenarbeit mit der Schallplattenfirma bauen und hatte mit Thomas Sölter einen erfahrenen Verbindungsmann, dem ich 1999 die Leitung meines Büros anvertraute, als die Universal sich entschied, ihren Standort von Hamburg nach Berlin zu verlegen. Nun konnten auch meine Tonträger und Bildtonträger mit dem Etikett »Musik für Dich« und damit einer persönlichen Nachricht von mir versehen werden.

Der Gedanke *Du brauchst ein Lied* ist mit dieser Botschaft eng verbunden: Das richtige Lied zur jeweiligen Zeit, zur jeweiligen Stimmungslage, zum jeweiligen Anlass. Zeitkritische Fragen in Songs wie *Aber alles auf Video* haben sich über die drei Jahrzehnte seit Erscheinen dieses Albums noch verstärkt, andere Themen wie *Mami, jetzt trimm ich dich fit* werden gern und oft zeitgemäß umgetextet, etwa in *Papi, jetzt trimm ich dich fit.* Für mich und meine Frau ist zum Glück eine gesungene Wahrheit in dieser Liedersammlung auch nach drei Jahrzehnten immer noch gültig: *Oma liebt Opapa*. Im Duett mit meinem jüngeren Sohn Andreas wagte ich einen weiten, zuversichtlichen, aber auch mit Zweifeln behafteten Blick in die Zukunft: »Wenn dieses Lied ein Oldie ist, lebt ihr vielleicht gesünder, mit Sonnenkraft und reiner Luft für euch und eure Kinder«. Diese Zukunft ist nun längst Vergangenheit, und der kleine Junge von damals ist 2021 selbst Vater geworden. Mit welchen Gedanken mag er heute zwanzig Jahre vorausblicken?

Freundschaft wurde zum großen Thema des letzten Albums in der *Rolf und seine Freunde*-Geschichte. Die Kinder der ersten Generation waren nun alle erwachsen geworden, andere Kinder hatten die Gruppe jeweils ergänzt. Für das Album *Freunde wie wir* zog ich noch einmal alle Register, die sich seit *Radio Lollipop* 1981 entwickelt hatten, vom Schulhof-Lied zum Thema Aggressionen (*Wer macht denn sowas?*) bis zum ausgelassenen Party-Song *Dann traut euch* für den Polterabend. Immerhin hatten wir inzwischen die ersten Hochzeiten aus der »Rolf und seine Freunde«-Besetzung der frühen Jahre feiern können, auch das Vogelbaby aus der Urfassung meiner Vogelhochzeit, Katrin Albershardt, war nun Mama geworden.

Ein besonderes Kapitel tat sich mit diesem Album in der Zusammenarbeit mit einem Chor aus Recklinghausen auf, der mich bei einem Verkehrssicherheitskonzert in Dortmund schwer beeindruck hatte: der Musiktreck Essel. Geleitet und immer bestens vorbereitet von Heide und Dieter Scholz, entwickelten die Kinder einen ausdrucksvollen Chorgesang, außerdem bestach der Treck durch auffallend viele Einzeltalente. Die Kinder hatten auch eine überzeugende und natürliche Präsenz vor der Kamera, wie sich in mehreren Fernsehshows zeigte. Die Grundschule in Recklinghausen-Essel profitierte vom musikalischen und organisatorischen Engagement des Ehepaars Scholz und vieler Eltern und blühte weit sichtbar auf. Dass ich unsere Stiftung ein paar Jahre später »Kinder brauchen Musik« nannte, hatte viel mit dieser beeindruckenden Erfahrung zu tun. Heide Scholz war mehrere Jahre die Vorsitzende des Aufsichtsrates.

Mit *Hut ab*, gesungen von sechs Kindern und mir, fanden wir auf dem Album *Freunde wie wir* noch einmal eine beachtliche Resonanz in Radio und Fernsehen, nahmen 1995 dafür sogar die »Goldene Stimmgabel« in einer ZDF-Abendshow aus der Hand von Dieter Thomas Heck in Empfang. Ein Hauch von Wehmut (*Kleiner Cowboy*) wehte durch dieses Album, aber auch viel Humor und Ironie (*Die perfekte Familie*). Bei der Grundschul-Abschiedsfeier unseres dritten Kindes erklang zum ersten Mal das Lied *Alte Schule, altes Haus* und führte bei Lehrern und Eltern zu manch feuchtem Auge. Heute erklingt es wie eine Hymne in vielen Schulen des Landes oft zum Ende des letzten Grundschuljahres. Lachtränen flossen im VOX-Klangstudio von Volker Heintzen bei der Aufnahme des Liedes *Der Bär*, in dem alle mitsingenden Kinder unserer Gruppe wegen ihrer individuellen Eigenheiten humorvoll »auf die Schippe« genommen wurden. Ein Höhepunkt des Albums wurde der *Zahnlückenblues*. Wer mit der Zahnlücke englisch singt, hat das »th« perfekt auf der Zunge (»... teeth heißt Zähne und mouth heißt Mund ...«) und kann entsprechend selbstbewusst in jede Kamera lächeln. Im Hamburger Programm des NDR lief das Lied zeitweise mindestens einmal die Woche im Wunschkonzert – für Kinder, die gerade ihren ersten Zahn verloren hatten. Ein Taxifahrer meinte einmal zu mir: »Da haben Sie ja wieder einen dollen Hit gelandet mit die scheiß Zähne«.

# 3 Meilensteine und ein neues Label

Die goldenen »Rolf und seine Freunde«-Jahre gingen nach dem Album *Freunde wie wir* über in eine Epoche thematisch geprägter Alben mit wechselnden Kinderbesetzungen. In den 1960er- und 70er-Jahren waren Konzeptalben schwer angesagt. Sie trafen einen Nerv der Zeit, und die mediale Aufmerksamkeit war ihnen gewiss. Wie tief bin ich in Jeff Waynes »War Of The Worlds« eingetaucht, auch in »Tommy« von The Who und natürlich in »Sgt. Pepper's Lonely Hearts Club Band« von den Beatles! Die Liste der Konzeptalben, die damals entstanden, ist lang. Heute ist die Blüte dieser Album-Kultur leider längst vorbei. Mit dem Siegeszug der Streaming-Plattformen haben sich Hörgewohnheiten und das Nutzungsverhalten wesentlich verändert. Im Fokus stehen nunmehr Einzeltitel und Interpreten.

Das Prinzip Konzeptalbum inspirierte mich bei verschiedenen Veröffentlichungen, etwa der *Vogelhochzeit*, der *Schulweg-Hitparade*, verschiedenen Weihnachtsproduktionen und *Rolfs Liederbüchermaus*, und weitere sollten folgen.

Den Plan, meine liebsten Kindervolkslieder neu zu bearbeiten und wiederzubeleben, trug ich schon lange mit mir herum. Der Arrangeur, den ich dafür im Blick hatte, meinen seit *Radio Lollipop* bewährten Partner John O'Brien Docker, war jedoch über längere Zeit erkrankt, sodass sich die Umsetzung immer wieder verzögerte. Bei meinen Besuchen in seiner Reha musste ich feststellen, dass es nicht leicht sein würde, mit ihm in die Normalität der Studioproduktion zurückzukehren. Aber die melodiestarken

Kindervolkslieder schienen mir dafür besonders geeignet zu sein. 1996 war es schließlich so weit. Wir hatten die Idee, die Lieder in kleine Musikhörspiele einzubetten. Das war ganz nach Johns Geschmack, dessen typischer Humor dabei aufblitzte. Die Versionen von *Froh zu sein bedarf es wenig* und *Abendstille überall* als Telefon-Dialog mit einer Familie beim Frühstück und Abendessen sind schöne Beispiele dafür.

Die eigentliche Arbeit des Arrangeurs ist es, die richtigen Tonarten und Tempi für die unterschiedlichen Vokalisten zu finden, die Instrumentierung zu definieren und nicht zuletzt, all das adäquat an die ausführenden Musiker zu vermitteln. John O'Brien Docker war ein Arrangeur der alten Schule und schrieb klassische Partituren auf Papier. Die facettenreichen Arrangements für Band und Kammerorchester waren sehr anspruchsvoll, aber leider nicht frei von Fehlern. Glücklicherweise stand mein langjähriger Pianist Werner Becker, selbst erfahrener Arrangeur, John mit Rat und Tat zur Seite. Ich ziehe noch heute meinen Hut vor Adax Dörsam, Nils Tuxen, Ralf Denker, Benny Bendorff und ihren vielen Mitmusikanten für ihre Geduld in den teilweise recht heiklen Studiosituationen. Uns gelang dank dieser Gemeinschaftsleitung eine Aufnahme, die ich noch heute als besonderes Glanzstück meiner Studio-Alben empfinde. John kehrte nach dieser Session nicht ins Studio zurück, wir beschränkten uns auf vorbereitende Arbeiten und blieben bis zu seinem Tod im August 2017 gute Freunde.

1998 entstand in Zusammenarbeit mit Frank Oberpichler und Dieter Faber das Album *Tiere brauchen Freunde*. Dafür suchten wir Lieder von verschiedenen Autoren heraus, in denen Tiere nicht nur klischeehaft oder als Karikatur besungen werden, sondern die sie als unsere Mitgeschöpfe zeigen. Unser Anliegen war, dass die Kinder Empathie aufbauen und Mitverantwortung für die Tiere spüren. Den Titelsong und das humorvolle *Lied vom Hund* sang ich selbst, darüber hinaus kamen weitere Interpreten zum Einsatz, wie etwa Martha Münder (*Muschi Minka*), Marcel Blank (*Hans mein Igel*), die RINK-Familie (*Karl der Käfer*) und Ines vom Musiktreck

Essel (*Ich bin wie ich bin*). Als Stargäste konnte ich Nena (*Mary hat ein kleines Lamm*) und Die Prinzen (*Flatsch der Frosch*) gewinnen. Mit *Der dicke Bär will schlafen gehn* gab es einen Gast auf diesem Album, der mich ein Jahr später zu einem weiteren Konzept-Album führte, das meine aufwändigste Produktion werden sollte: Wolfram Eicke.

Ich dachte in diesen Jahren oft an die Zeit zurück, in der wir unsere damals noch kleinen Kinder auf langen Autofahrten in den Süden singend und mit Rätseln bei Laune hielten (u.a. mit »Das heitere Gerüche-Raten« und »Ich sehe was, was du nicht siehst«). Wenn uns ein Auto in einer bestimmten Farbe, ein bestimmtes Modell oder mit einem bestimmten Nummernschild überholte, kniffen wir uns gegenseitig. Oder wir erfanden neue Texte zu meinen Liedern. Und es gab natürlich das Autoradio und den Kassetten-Spieler. Smartphones und Tablets, die heute in vielen Autos flimmern und den Blick der Kinder auf den Bildschirm bannen, lagen noch in ferner Zukunft. Aus diesen Erinnerungen ging das Album *Gute Laune, gute Fahrt* mit dem Lied *Tage voller Glücksminuten* hervor, das wir im August 1998 zum Titel meines ersten Kinder- und Familienfestivals in Bernkastel-Kues an der Mosel machten.

Die Alben dieser Jahre hätten ihre Ausstrahlung nicht entfalten können ohne die Chöre, die ich bei meinen Konzerten kennengelernt hatte. Die Alsterfrösche, der Musiktreck Essel und die Finkwarder Speeldeel sind Beispiele dafür, wie man mit Power, Gemeinschaftsaktionen und vor allem Einfühlungsvermögen in die Kinderseelen eine singende Gemeinschaft über Jahrzehnte zusammenhalten kann.

## Lieder für die Sonnenkinder

Anfang des Jahres 1998 fragte die Deutsche Krebshilfe für eine CD mit Liedern zum Thema Sonnenschutz bei mir an. Die Zahlen von Hautkrebs bei jungen Erwachsenen seien besorgniserregend und man würde eine geplante Aufklärungskampagne gern mit Liedern für die Kinder und Eltern verstärken. Am liebsten hätte man von mir wohl einen Anti-Sonne-Song gehabt. Mein Respekt vor diesem, unser Leben überhaupt erst möglich machenden Stern ließ dies aber nicht zu. Stattdessen entstand die Hymne *Wie gut, dass es die Sonne gibt.* Dem Anliegen der Krebshilfe kam ich mit einer anderen Idee entgegen: Ich tat mich mit dem routinierten Hörspiel-Macher Rainer Gussek zusammen. Wir erfanden Geschichten um einen Seehund namens Nobbi, der immer nur kurze Zeit auftauchen darf, weil er sonst einen Sonnenbrand bekommt. Nobbi stellte den Kindern Aufgaben zum Thema Sonnenschutz, die sie im Stil von originellen Radioreportagen erfüllten.

Zwanzig Jahre später gab es vom Institut für Arbeitsschutz der Deutschen gesetzlichen Unfallversicherung eine weitere Anfrage zu diesem Thema. Ich war nach wie vor von seiner Wichtigkeit überzeugt und wollte gerne meinen Beitrag zur Aufklärung der Eltern leisten. Mein langjähriger Co-Produzent Dieter Faber tat sich in meinem Auftrag mit Wolfram Eicke zusammen. Heraus kam das Album *Cosmo und Azura – Das dunkle Geheimnis der Sonne* mit dem Maulwurf Cosmo (grandios gesprochen von Dieter Faber) als Hauptfigur und Nadine Sieben in der Rolle der zauberhaften Libelle Azura. Ich gab den Erzähler und sang das abschließende Lied *Abendgold.*

## Nur ein kleiner Tag?

Es begann im Sommer 1986 mit einem Höreranruf in meiner Glückwunschsendung »Sonntagskinder« auf der NDR-Welle Nord in Kiel. Ein Kind wollte von der Ostseeinsel Fehmarn aus seiner Oma übers Radio ein Lied zum Geburtstag vorsingen. In dem Telefonat stellte sich heraus, dass dieses Kind mit seiner Schulklasse gerade ein musikalisches Theaterstuck aufgeführt hatte. Ein »Kleiner Tag«, vom Sonnenaufgang bis zur Dämmerung, trat darin als Figur auf, die Handlung hatte die Lehrerin mit Liedern von mir ausgeschmückt.

Mir gefiel diese Idee, sie lief mir lange nach, und so entstand 1990 in der Morgendämmerung auf einer Autobahnfahrt aus dem Süden zurück nach Hamburg mein Lied *Im Osten geht die Sonne auf.* Das hatte, abgesehen von der traditionellen Spruchweisheit mit den vier Himmelsrichtungen, durchaus auch einen politischen Hintergrund, denn der November 1989 hatte die Wende in der DDR gebracht. In meinem Lied ging es ebenfalls um einen personifizierten Tag, der sich voller Neugierde auf seine Reise macht. Ich habe es 1994 auf der CD *Du brauchst ein Lied* veröffentlicht. Einige Jahre später fragte mich der mir damals noch unbekannte Wolfram Eicke aus Lübeck, ob ich etwas für seine Lieder tun könne. Seinem Brief legte er, als Zugabe zu seinen Demos auf Musikkassette, ein illustriertes Büchlein mit der Geschichte »Der kleine Tag« bei. Er hatte es bereits 1985 als Buchgeschenk für Erwachsene veröffentlicht. Ich erschrak, als ich den Titel las. Die in meiner Rundfunksendung mitwirkenden Kinder von Fehmarn hatten sich bei ihrer Schulaufführung ganz offenbar auf Wolfram Eickes Werk gestützt: Im Lichtreich, hinter den Sternen, lebt der »Kleine Tag« als Lichtwesen, so wie alle anderen Tage, die jemals waren oder noch sein werden. Jeder von ihnen kann nur ein einziges Mal zur Erde reisen. Der »Kleine Tag« nimmt sich vor, der berühmteste Tag aller Zeiten zu werden. Ob ihm das gelingt? Mein Lied *Im Osten geht die Sonne auf* war also so etwas wie ein unbewusster geistiger Diebstahl gewesen. Ich rief Wolfram Eicke noch am selben Abend an. Bezüglich der von ihm angebotenen Lieder müsse ich ihn leider enttäuschen, aber meine Begeisterung über seine beigefügte Geschichte sei riesengroß. Ich gestand ihm meinen ahnungslosen Ideenklau und schlug vor, aus seinem Werk mit ihm gemeinsam ein Hörspiel-Musical zu machen. Wir legten, zunächst jeder für sich, los und sammelten eifrig Ideen für Szenen und Lieder. Es gingen dann noch viele »kleine Tage« ins Land, bis wir 1999 mit unserem Traumprojekt endlich startbereit waren.

Das Werk entwickelte sich zu meiner komplexesten Produktion. Es wirkten mit: ein Freund Wolfram Eickes in Südafrika, ein Arrangeur in Berlin und ein weiterer in der Nordheide, eine Studioband in Bendestorf und ein Sinfonieorchester in Kaiserslautern mit einem Dirigenten aus Altenkirchen, eine Hauptdarstellerin aus Kassel, ein Gospelchor aus Hamburg, eine Schulklasse aus Bad Schwartau, ein in Würde ergrauter Star des Jazz- und Schlagergesangs, ein erzählender Grimme-Preisträger, ein charmantes Chanson-Duo aus Heidesheim, ein handfester Hamburger Musikkumpel und zahlreiche andere Solisten und Schauspieler. Dazu ein neu eingerichtetes digitales Studio, zwei Tonmeister und schließlich der das alles koordinierende Produzent, der offenbar die Grenzen seiner Möglichkeiten austesten wollte, also ich. Wer sich für die Organisation ungewöhnlicher Musikproduktionen interessiert, wird sich gleich die Augen reiben, alle anderen mögen bitte einige Absätze überspringen.

Die philosophische Tiefe des Stoffes erforderte eine reifere Komponistenhandschrift, als sie mir und Wolfram gegeben war. Zumal es zwei sehr unterschiedliche Handlungsebenen gab: das geheimnisvolle Lichtreich jenseits der Sterne sowie den hellen Tag auf der Erde mit all seinen nicht gerade sensationellen Begebenheiten. Wolfram schlug dafür seinen Freund Hans Niehaus vor, einen Musiklehrer aus Bad Schwartau, der mit seiner Familie für einige Jahre an die Deutsche Schule nach Johannesburg gegangen war. Als Hans nach Deutschland zurückkehrte, brachte er eine Reihe wunderschöner musikalischer Themen mit, die unsere schon vorhandenen Lieder für die »Erdenhandlung« ergänzten. Vor allem komponierte er aber die Melodien für die Szenen im »Lichtreich«. Die Arrangements übernahm Peter Schirmann, der mir seit unserer Tabaluga-Produktion 1983 in bester Erinnerung war. Für die Bandarrangements kam für mich kein anderer als der mit mir seit Jahren vertraute Werner Becker in Frage, der schnell einen optimalen Draht zu Peter Schirmann entwickelte.

Die Aufnahme der Band-Session (zum ersten Mal war mein Sohn Alexander als Bassist dabei) erfolgte im VOX-Klangstudio von Volker Heintzen in Bendestorf. Als Sinfonieorchester wählte ich das SWR-Rundfunkorchester unter der Leitung von Michael Luig, mit dem ich im Jahr zuvor bei meinem Festival »Tage voller Glücksminuten« an der Mosel das erste Konzert »Klassik für Kinder« gegeben hatte. Um Reisekosten zu sparen, mussten wir das Orchester im Rundfunkstudio Kaiserslautern auf die in Bendestorf eingespielten Bandplaybacks synchronisieren. Dummerweise war das SWR-Studio bereits digital ausgerüstet, das VOX-Studio arbeitete aber noch mit analoger Technik. Die Konsequenz: Wir mussten das Studio von Volker Heintzen erheblich aufrüsten. Mit den fertig synchronisierten Orchesteraufnahmen fuhren wir nach Hamburg zurück und vertrauten von da an der Hilfe von Florian Ihle, einem Hörspiel-Spezialisten vom NDR, der sich bestens auf die digitale und analoge Studiotechnik verstand. Mit Florian am Computer nahmen wir die Dialogszenen für den »Kleinen Tag« auf. Wir alle waren in der guten alten Hörspielzeit aufgewachsen und wollten in dieser klassischen Qualität produzieren, was einen enormen Aufwand bedeutete, uns aber auch großen Spaß machte. Ich konnte den in Film und Fernsehen sowie Hörspielproduktionen vielfach bewährten und mit dem Grimme-Preis ausgezeichneten Sprecher Günter Schoß mit seiner markanten Bass-Stimme für die Rolle des Erzählers gewinnen. Das Duo Balance (Christine und Peter Maringer-Tries) schlüpfte in die Rolle des Liebespaares (*Dies ist der Augenblick*), Peter Petrel erschien als martialischer »Kriegstag« und eine Reihe von Schauspielern der Hamburger Theaterszene als weitere »wichtige Tage« im »Lichtreich«. Besonders knifflig war die Besetzung der Hauptrolle des »Kleinen Tages«, der ein größeres Kind sein und von den Hörern nicht eindeutig als Junge oder Mädchen identifiziert werden sollte. Die Wahl fiel auf die damals 14-jährige Lucie Schäfer, die ich bei einem Konzert in Kassel als burschikose Duettpartnerin in meinem Lied *Was Spaß macht ist verboten* kennengelernt hatte. Lucie entpuppte sich als Idealbesetzung. Sie besaß große Strahlkraft und eine ansteckende Frische, die in dem Lied *Ich bin ich* besonders zur Geltung kam. Lucie wirkte später noch mehrfach als Sängerin in meiner Band bei Konzerten für Erwachsene mit.

Ein Traum ging für mich in Erfüllung, als Bill Ramsey mir für die Rolle des »Geheimnisvollen Tages« ohne jedes Zögern zusagte. Seine, dem »Kleinen Tag« zugewandte Mutmach-Ballade *Du bist du* wurde zu einem Highlight des Musical-Hörspiels. In Bill habe ich ein Vorbild und einen klugen Freund gefunden, der sicher und unbeirrt seinen Weg durch die Genres der Musik ging. Sein Balance-Akt zwischen Jazz und Comedy-Schlager war ihm über Jahrzehnte immer wieder gelungen.

Der Chor Fifty Voices Groove unter der Leitung von Detlef Bösche sang die vielstimmigen Massenszenen der unendlich vielen Tage im Lichtreich ein, eine Schulklasse von Hans Niehaus sang das Lied *Schule für Tiere*. Bunter geht's nimmer, und es dauerte eine Weile, bis ich diese Produktion gedanklich und körperlich verdaut hatte.

Den berührendsten Moment im Zusammenhang mit unserer CD-Produktion erlebte ich auf unserem Sofa zu Hause. Ich spielte Bill Ramsey und seiner Frau Petra das fertige Werk vor. Bei den letzten Takten mit der überraschenden Auflösung der Geschichte (der »Kleine Tag« entpuppt sich als der friedlichste Tag aller Zeiten) konnten sie ihre Ergriffenheit kaum verbergen. »Das ist das Schönste, was ich in meinem Künstlerleben mitgestalten durfte«, sagte der große Bill Ramsey, von dem wir uns im Juli 2021 für immer verabschieden mussten.

Die Nachbearbeitung der Aufnahmen nahm nochmals einige Wochen in Anspruch. In dieser Phase überraschte mich der Vater von Lucie Schäfer mit einem genialen Vorschlag: »Der Stoff gehört in die Planetarien!« Ich wäre darauf nie gekommen, aber es lag tatsächlich auf der Hand: Der »Kleine Tag«, der sich mutig durch das Dunkel des Weltalls auf die Erde fallen lässt und vor Einbruch der Nacht wieder zurück im Lichtreich sein muss, war wie für die Planetarien geschaffen. In München hatte die erste, von Thomas Kraupe konzipierte Multi-Media-Show unseres Hörspiel-Musicals zur Veröffentlichung der CD am 8. September 1999 Premiere. Seitdem läuft die Show mit beständigem Erfolg in mehreren Planetarien Deutschlands. Im Hamburger Planetarium, wo inzwischen eine ausgefeiltere Multimedia-Inszenierung entstanden war, feierten wir 2009 das zehnjährige Jubiläum der Veröffentlichung mit allen Mitwirkenden.

Auch Schulen und freie Theatergruppen wollten unser Hörspiel-Musical auf die Bühne bringen. Im Musikverlag Sikorski wurde darum mit großem Aufwand das Notenmaterial für alle denkbaren Aufführungsvarianten hergestellt. Inzwischen ist »Der kleine Tag« eines der meistgespielten deutschen Musicals im Kinder- und Jugendbereich, ein Stoff, der mit seiner Botschaft alle Generationen erreicht. Die bedeutendste Aufführungsserie fand aus meiner Sicht im Mai 2008 im Capitol Musical-Theater in Breslau statt. Die Botschaft des »friedlichsten Tages aller Zeiten« bekam in der vom zweiten Weltkrieg so schmerzhaft gezeichneten Stadt in der Übersetzung von Riczard Wojtila eine ganz besondere Wucht.

Leider mussten wir uns inzwischen nicht nur von Bill Ramsey, sondern auch von Wolfram Eicke und Michael Luig verabschieden. Sie sind im Lichtreich jenseits der Sterne angekommen. Mit dem »Kleinen Tag« haben sie Spuren hinterlassen, die unser Andenken an sie noch lange lebendig halten werden. Wenn die ersten Töne des Sternenmusicals im Planetarium erklingen, läuft vielen auch nach wiederholtem Anschauen ein Schauer über den Rücken. Vielleicht ist der »Kleine Tag« ja gar nicht so klein?

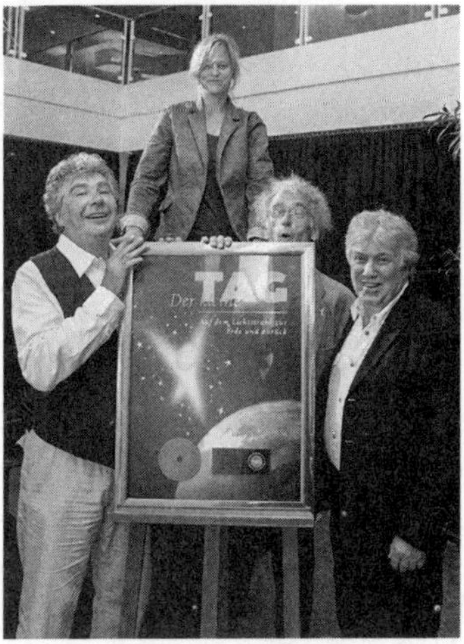


Die Goldene CD für Wolfram Eicke, den geistigen Vater des »Kleinen Tages« (2012) – mit Mitkomponist Hans Niehaus und Lucie Schäfer.

## Jetzt kommt die Osterzeit

Das nächste Themenalbum handelte wieder von einer kleinen Hauptfigur, dem Häschen in *Rolfs Hasengeschichte.* Ich hatte mich schon lange gefragt, warum ich einen musikalischen Zugang zwar zum Advent und zu Weihnachten, aber nie zu Ostern hatte finden können. *Stups, der kleine Osterhase* von 1981 war ein beliebtes Kinderlied, aber die eigentliche Botschaft des Osterfestes berührte es in keiner Weise. Ostern war ein schweres Thema. Kein Advent voller Vorfreude, sondern die ernste Karwoche; kein Kind, das geboren wird, sondern Kreuzigung, Tod und Auferstehung. Wie soll man das Kindern vermitteln?

Ein Brief aus Ostereistedt im März 1999 zeigte mir den Weg. In diesem niedersächsischen Ort der Samtgemeinde Selsingen hatte ich Mitte der siebziger Jahre eines meiner vielen Spielkreiskonzerte gegeben. Nun lud mich das Tourismusbüro der Gemeinde ein, mir mal die Briefe anzuschauen, die Kinder aus dem ganzen Land an Hanni Hase, den »offiziellen« Osterhasen in Ostereistedt, geschrieben hatten. Ich war überrascht von der Vielzahl der Briefe und Bilder, vor allem aber von der Ernsthaftigkeit vieler Fragen, die die Kinder dem Osterhasen stellten: Fragen zum Lauf der Jahreszeiten und den Geheimnissen der Natur, aber auch zu ganz persönlichen Lebensfragen und Sorgen, etwa bei Beziehungsproblemen der Eltern. Bereits auf der Heimfahrt durch die erwachende Frühlingslandschaft hatte ich die Idee für eine Liedergeschichte. Hier lag für mich der Schlüssel: die Kinder ernst nehmen, ihre Osterzeit nicht auf das Ostereierbemalen und -suchen reduzieren, sondern ihnen die Chance geben, sich mit dem Werden und Vergehen in der Natur und damit auch bei uns Menschen zu beschäftigen.

Ähnlich wie beim Schreiben der *Vogelhochzeit* Anfang der 1970er-Jahre fügte es sich so, dass alles ganz schnell ging. Nur handelte es sich diesmal nicht um das frisch gebaute Nest und ein Ei im Bauch, sondern um den Abschied von Menschen, die einem vertraut und lieb waren. Einige Monate vor meinem Besuch in Ostereistedt hatten wir innerhalb kurzer Zeit drei uns nahestehende Familienangehörige zu Grabe getragen. Nur langsam hob sich die Trauerglocke über der Familie. Gedanken wie »und wieder muss es weitergehn« lagen in der Luft. Mit meiner Hasengeschichte wollte ich Kindern helfen, sich mit solchen Fragen zu beschäftigen – Lebensfragen, vor denen wir sie auf die Dauer sowieso nicht bewahren können.

Über das Frühjahr, den Sommer und den Herbst des Jahres nahm die Geschichte mit ihren Liedern und Dialogen für mich Form an. Das kleine Häschen ist krank vor Traurigkeit, denn es hat in der Neumondnacht seinen Großvater verloren. Nun, drei Tage vor Ostern, wird es von seiner Familie und seinen Freunden Schritt für Schritt wieder fröhlich gestimmt. »Dein Großvater ist auf eine besondere Art immer noch bei uns«, sagt die Mutter mit dem großen Osterhasenbuch in der Hand, einem Buch, das die Generationen verbindet. Jedes Familienmitglied hilft dem Häschen auf seine Weise, die Lebensfreude wiederzufinden – singend, tanzend und Eier bemalend. Mit dem selbstbewussten Lied des Häschens *Ich bin stark* und mit dem großen gemeinsamen Finale *Frohe Ostern* ist die Trauer schließlich überwunden.

Ich konnte für die musikalische Umsetzung des Werkes, das wir im März 2000 produzierten, auf bewährte Kräfte und Partner zurückgreifen. Christoph Leis-Bendorff, der für mich schon manche Songs arrangiert hatte, tat sich mit dem Multi-Saiten-Künstler Adax Dörsam, Dieter Faber und meinem Sohn Alexander zusammen. Sie gaben der Hasengeschichte mit einer kleinen Orchesterbesetzung ein natürlich frisches Klangbild. Genial, diesmal am Akkordeon, Werner Becker im Zusammenspiel mit Adax bei dem Song *Ich bin stark,* aus dem ich letztlich den Titel des Albums ableitete. Die mitwirkenden Kinder kamen wieder vom Musiktreck Essel mit Hannah Rokitta in der Hauptrolle des kleinen Häschens. Dass meine Tochter Anuschka nun die Rolle der Hasenmutter übernehmen konnte, war für mich besonders bewegend. Für die liebevolle Ausgestaltung des Albums konnte ich wieder Julia Ginsbach als Illustratorin gewinnen. Das Titelbild mit dem kraftstrotzenden Häschen und dem erstaunten Hasenvater ist geradezu symbolisch für die Botschaft der Geschichte. Ihre Ausgestaltung der Handlungsfiguren wurde in vielen Bühnenaufführungen, zuerst in Bruchsal im März 2004, zur Kostümvorlage.

Ich hatte beim Erarbeiten der Hasengeschichte öfters den Gedanken, dass sich mit diesem Liederzyklus der Bogen rundete, der sich 1977 mit der *Vogelhochzeit* aufgetan hatte. »Wenn das mein letztes Werk für die Kinder sein sollte – es wäre gut so.« Mit solchen Gedanken ging ich ins Tonstudio. Zum Glück kam es anders, denn … *es geht immer noch ein bisschen weiter.*

## Meine kleine Nachtmusik

Frühling 2004. Inzwischen war unsere Anuschka Mutter eines dreijährigen Kindes. Was lag näher, als mit ihr gemeinsam ein Album mit *Liedern an der Bettkante* zu machen. Wir fanden dafür einige Lieder aus meinem bisherigen Repertoire und gaben ihnen mit Arrangements von Dieter Faber ein neues, sanftes Klangbild. Überlieferte Melodien wie *Wer hat die schönsten Schäfchen* rundeten die Liederfolge ab. Durch die neue musikalische Gemeinsamkeit mit Mama Anuschka fühlte ich mich auch zu neuen Liedern inspiriert. Ich erinnerte mich an die Zeit, als wir ihr gemütliches Kinderbett die *Heia* nannten. So gaben wir dem Album diesen Titel und in Anlehnung an W.A. Mozart den Untertitel »Rolfs kleine Nachtmusik«. *Das war mein Tag*, gesungen von Björn Gieß, brachte mit vielen kleinen Erlebnissen ans Ohr, was wir mit unseren eigenen Kindern im Vorschulalter dreimal erlebt hatten. *Hab ich mal Angst*, ein Lied meines Graubündner Liedermacher-Freundes Linard Bardill, besingt, dass Kinder vor dem Einschlafen mit ihren kleinen Sorgen ernst

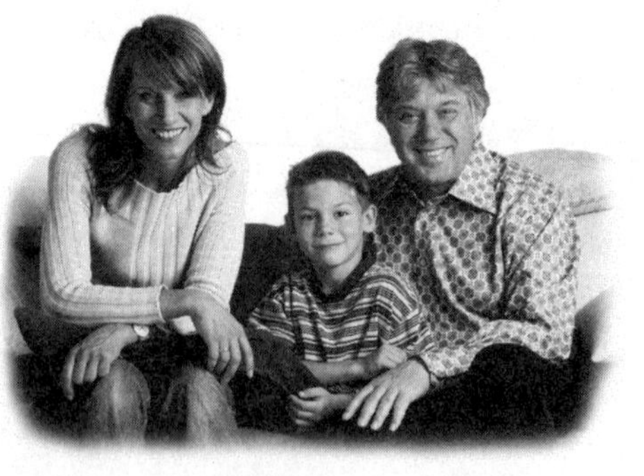

Anuschka war für das Album HEIA die Mama von Björn, ich durfte den Großvater spielen.

genommen werden wollen. Dankbar bin ich Stefan Remmler für seine Zustimmung zu einer neuen Version von *Turaluralu*, in der viel von meinen persönlichen Erinnerungen an die Abende als kleiner Junge eingefangen ist, wenn ich im Bett lag und nicht einschlafen konnte.

## Orchesterspaß für Ohrenspitzer

Bereits 1992 wurde ich von der Deutschen Grammophon Gesellschaft eingeladen, eine Auswahl von klassischen Werken für Kinder als Erzähler zu präsentieren. Sie erschien unter dem Serientitel »Das große Abenteuer Musik« und gab mir die Möglichkeit, vieles nachzuholen, was ich im Musikunterricht auf dem Albrecht-Thaer-Gymnasium verpasst hatte. Gemeinsam mit dem Dirigenten Michael Luig fand ich 1998 zu einer Auswahl von Werken, die wir unter dem Titel »Orchesterspaß für Ohrenspitzer« zu einem Glanzlicht meines Kinder- und Familien-Festivals in Bernkastel-Kues machen konnten, von dem ich im Konzert-Kapitel noch berichten werde.

Als »Ohrenöffner« unserer Klassik-Konzertreihe für Kinder bewährte sich neben dem Klassiker »Peter und der Wolf« eine von Heinrich Störrle arrangierte *Orchesterreise durch Rolfs Vogelhochzeit*. Als ich bei der Probe die ersten Töne meiner frühesten Kinderlieder in diesem reichen Klangbild hörte, durchströmte mich ein unvergleichliches Gefühl.

Die Erfahrungen, die ich bei mehreren auf das Festival folgenden »Klassik für Kinder«-Konzerten machte, waren mir Ansporn, gemeinsam mit Michael Luig und dem Arrangeur Jens Hoyer ein neues Programm zu entwickeln. Das Werk mit dem Titel *Das beflügelte Orchester* wurde im Juli 2005 mit der NDR-Radiophilharmonie in Hannover zur Premiere gebracht und für eine CD aufgezeichnet. Neben der Tonmeisterin am Mischpult zu sitzen, war eine neue Erfahrung. Sie hatte die Partitur vor sich liegen und gab über das Talkback-Mikrofon sehr dezidierte Anweisungen an die einzelnen Instrumentengruppen im Orchester. Hohe Schule. Ich bin, was das Notenlesen angeht, nie über die Solostimmen und Akkorde hinausgekommen und konnte meine Anmerkungen in der Regie immer nur mit Bezug auf die Melodie machen. Das wiederum erstaunte die Tonmeisterin sehr. »Ich habe noch nie jemanden erlebt, der so melodieorientiert ist wie Sie.« Die Inszenierung baute auf einer kleinen Spielhandlung auf: Eine Zugvogelfamilie, die auf der Reise von Italien nach Norwegen ist, macht eine Zwischenlandung mitten im Orchester. Die Vogeleltern möchten alles über die Instrumente herausfinden, und ihr putzmunteres Kind fordert das Orchester zu überraschenden Spielvarianten heraus. Die kostümierten Singvögel wecken die Neugierde der Kinder im Publikum, lenken ihren Blick zu den Instrumenten und vermitteln ihnen mit viel Spaß einen Zugang zu den Klangfarben des Orchesters. Die Hauptrollen sangen und spielten drei Kinder, die mich im Jahr zuvor auf meiner Wunschkonzerttournee beim spontanen Mitsingen auf der Bühne sehr beeindruckt hatten: Anna, Jessica und Fabian. Sie eroberten auch als Vogelfamilie die Herzen des Publikums.

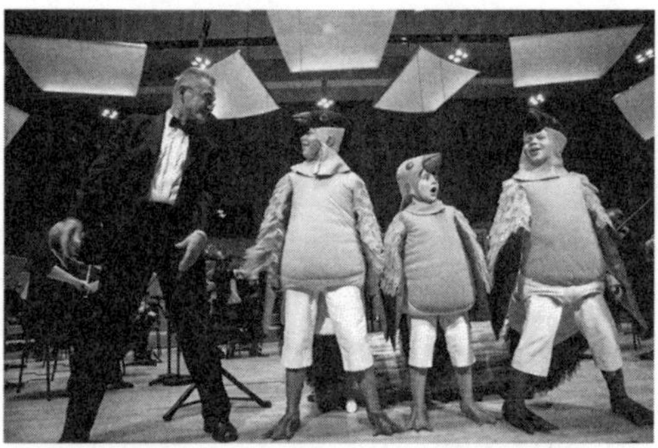

Prof. Michael Luig nimmt Tanzunterricht bei den Zugvögeln Jessica, Anna und Fabian im Klassikkonert der NDR Radiophilharmonie.

## Neue Talente – neue Wege

Eine besondere Freude ist es, mit jungen Künstlern neue Wege zu gehen, auf die ich allein nie gekommen wäre. So kam es 2011 zu einem weiteren Meilenstein durch einen Anruf meines Sohnes Alexander, der als Songwriter von seinem Kollegen Florian »Flo«

Sump, dem Ex-Drummer der Teenie-Band Echt gefragt wurde, ob er einen Kontakt zu mir herstellen könne. Flo hatte zusammen mit Lukas Nimscheck und Markus »Pauli« begonnen, Hip-Hop-Titel für Kinder zu produzieren. Die drei wollten ihre Band »Rolf Zukopfnick« nennen und fragten nach meiner Meinung dazu. Ich wurde neugierig und verabredete mich mit den Jungs in ihrem Home-Studio nahe der Hamburger Reeperbahn. Was ich dort zu hören bekam, war für mich so neuartig, dass ich zunächst keine rechten Worte dafür fand. HipHop und Rap waren bisher so gar nicht mein Stil gewesen. »Irgendwie cool«, sagte ich, ein Wort, das ich selten in den Mund nehme. »Lasst mich das noch mal hören!« Dann fiel bei mir der Groschen: Ich stand hier an der Wiege eines neuen Genres der Musik für Kinder, an das sich bisher niemand in Deutschland herangewagt hatte. *Wie schön, dass du geboren bist* war eines ihrer ersten »fetten« Demos, eine überraschende Annäherung an meinen Geburtstagsklassiker mit witzigen Hörspiel-Elementen. »Und ihr wollt euch ›Rolf Zukopfnick‹ nennen?« – »Hatten wir eigentlich vor, wenn du nichts dagegen hast«, war die Antwort. – »Davon möchte ich euch abraten. Ihr seid mit eurem Stil so eigenständig, dass ihr euch nicht an meinen Namen anketten solltet. Was ich hier heute gehört habe, klingt nach so viel mehr, dass ich euch gern auf dem Weg in die Eigenständigkeit ein paar Türen öffnen und ein Stückweit begleiten würde. Ich könnte mir sogar vorstellen, für euch ein neues Label einzurichten, ein Label für innovative Kindermusik.«

So gingen wir in bestem Einvernehmen auseinander. Meine Partner bei der Universal waren sofort angetan von der Idee eines neuen Labels, dem ich den Namen »nochmal!!!« gab. Florian »Flo« Sump, Lukas Nimscheck und Markus Pauli entschieden sich für den Bandnamen »Deine Freunde« und hatten mit ihrem ersten Album »Aus dem Häuschen« 2012 einen fulminanten Start. Heute zählt die »coolste Kinderband der Welt«, wie die Freunde sich ganz unbescheiden selbst nennen, mit bisher sieben Alben zu den erfolgreichsten Künstlern der deutschen Kinderkultur-Szene, nicht zuletzt, weil sie von Anfang an auch die Eltern einbezogen – mit gebührendem Respekt, aber oft auch mit einem ironischen Augenzwinkern. Meine Rolle als Berater wurde zunehmend weniger gebraucht, aber eine enge künstlerische Freundschaft ist geblieben. Eine regelrechte Hommage schenkten mir »Deine Freunde« 2021 zum 40. Jubiläum des Liedes *Du da im Radio*. Ihre zeitgeistige Version des Liedes vermittelte einen nostalgischen und auch kritischen Rückblick auf vier Jahrzehnte in der deutschen Radio-Landschaft. Talentförderung wurde mit »Deine Freunde« ein wichtiges Spielfeld meines Lebens, auf dem ich einiges bewegen konnte und für mich selbst so etwas wie einen Jungbrunnen fand.

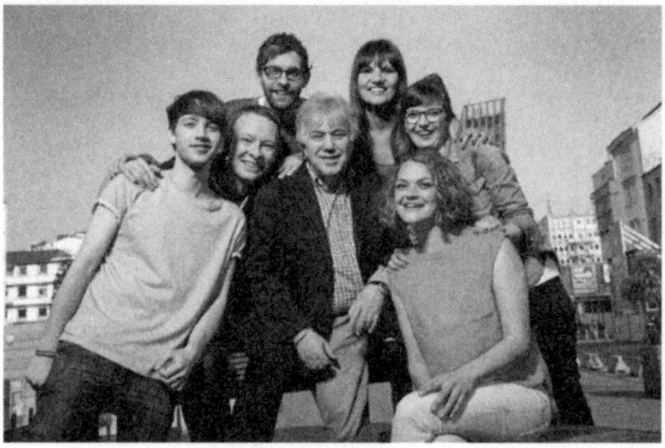

»Deine Freunde« - meine Hip-Hop-Freunde und das kreative Autoren-Trio von »Eule findet den Beat«.

Das nächste Projekt für mein neues Label »nochmal!!!« kam von drei kreativen Frauen – keine Sängerinnen –, die sich vorgenommen hatten, Kindern auf eine neue Art die Vielfalt der Musikstile und Genres zu vermitteln. Sie suchten meine Beratung, waren aber schon bald weitgehend eigenständig. Die Illustratorin Charlotte Simon hatte eine kleine Eule kreiert, die voller Neugierde in die Welt hinauszieht, um, mit vielen Ideen von Christina Raack, die bunte Welt der Musik zu entdecken. Mit der großen Energie und dem Vernetzungsknowhow von Nina Grätz (heute Addin), wurde ein Studio-Ensemble zusammengestellt, und es entstand das erste Album »Eule findet den Beat«. Es fand in der pädagogischen Landschaft aus dem Stand heraus großen Anklang und war der Auftakt zu einer mehrteiligen Serie, die heute zu den erfolgreichsten Kindermusik-Produktionen gehört. Live wurde es von einem kleinen Ensemble auf die Bühne gebracht, das die Kinder im Publikum mitreißend einbezieht.

Das Label »nochmal!!« bleibt meine Spielwiese, um Neues zu wagen, das nicht aus meiner Feder stammt, dem ich aber zutraue, spannende Impulse in die Kindermusikszene zu senden. Das ist zuletzt mit »Simon Sagt« geschehen, einem Sympathieträger mit modernen Kinder-Popsongs (»Popcorn für alle«) aus dem Braunschweiger Musical-Ensemble »JuMuBS«.

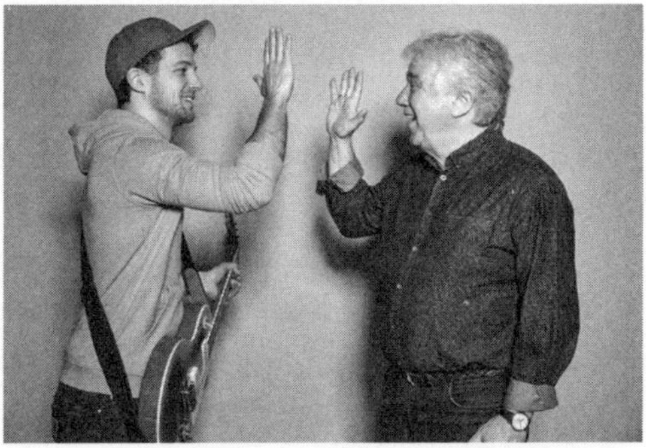

»Simon Sagt« schaffte es von der Braunschweiger Musical-Bühne auf mein neues Label.

Das Stichwort Musical führt mich zu einem Meisterwerk des Teams vom Hamburger Musical-Theater Schmidts Tivoli. Dort inszenierte Martin Lingnau mit Hannah Kohl und Carolin Spieß im Dezember 2018 die *Weihnachtsbäckerei* als Familienmusical – mit vielen überraschenden, turbulenten und auch besinnlichen Momenten. Ich wäre zu dieser großartigen Erweiterung meines beliebten Liedes selbst nicht in der Lage gewesen. Die opulenten Musik-Arrangements machten auch das Hörspiel-Musical ein Jahr später zu einem Schmuckstück des Labels »nochmal!!!«. Nach einer durchweg ausverkauften Tournee im Dezember 2019 musste das Musical 2020 und 2021 leider coronabedingt als Tourneeprogramm pausieren. Ich bin mir sicher, dass die *Weihnachtsbäckerei* als Bühnenmusical noch vielen Menschen quer durch die Generationen Freude bereiten wird, und bin als Gast im Publikum immer mal wieder mit großer Freude dabei.

## Vom Album zur Playlist

Der Zug der Zeit brachte seit 2010 neue Möglichkeiten, Lieder nach thematischen Kriterien zusammenzustellen, ohne eine CD produzieren zu müssen: Die Playlists der Streamingdienste laden dazu ein, sich in Kompilationen kreativ auszuleben. Ich habe das mehrfach getan und z. B. alle Lieder in einer solchen Liste gesammelt, an denen meine Tochter Anuschka seit ihrem achten Lebensjahr beteiligt war. Sie heißt *Überall ist Wunderland* und ist für mich wie eine Zeitreise voller Erinnerungen, die mein Herz heute noch höherschlagen lassen. Auch die Playlists zu dieser Auto-Biografie wären als »digitale Erweiterung des Buches« noch vor wenigen Jahren undenkbar gewesen.

# 4
# Zu viele Bilder?

*Zu viele Bilder* – unter diesem Titel habe ich im Jahr 2000 in einem Song die herrschende Bilder- und Informationsflut thematisiert und meiner Sehnsucht nach echten Impulsen, die die Seele berühren und das Herz mit Musik erfüllen, Ausdruck verliehen. Dass Musik und Bilder sich aber auch wunderbar ergänzen können, fand ich bei bildenden Künstlern heraus, mit denen ich bis heute gern zusammenarbeite. Das hatte ja schon 1977 begonnen, als ich die zwölf Motive zu meiner *Vogelhochzeit* von Peter Meetz vertonte.

Ein Jahrzehnt später kam es zu einer Zusammenarbeit mit Illustratorinnen. Es begann mit Julia Ginsbach, die mir 1993 einige ihrer Aquarelle hatte zukommen lassen. Das war zu einer Zeit, als ich mit neuen Konzepten beschäftig war, sodass sie zunächst auf einem Stapel landeten, der zunehmend größer wurde. Ich weiß noch nicht einmal, ob ich mich für die Zusendung bedankt hatte. Eines aber weiß ich sehr genau: 1995, nach Durchsicht des Stapels, griff ich spontan zum Telefon und rief bei ihr an. Damit hatte sie wohl gar nicht mehr gerechnet. »Mir fiel die Gabel aus der Hand«, beschrieb Julia die Situation in einem Fernsehinterview anlässlich meines 50. Geburtstages. Wir merkten schnell, dass wir auf einer Wellenlänge lagen. Julia war als zweifache Mutter mit meinem Repertoire gut vertraut, zu dem Lied *Oma liebt Opapa* zeichnete sie zum Beispiel mehrere Szenen mit jung gebliebenen Großeltern. Die Zusammenarbeit mit ihr führte zu einer Reihe weiterer Cover und Booklets, zu illustrierten Notenbüchern, insbesondere *Rolfs Liederbüchermaus,* vor allem aber auch zu CD-Bilderbüchern und der Buchreihe *Bunte Liedergeschichten*. Julia hat mit ihren Arbeiten meinen Liedern ein neues Gesicht gegeben. Auf gemeinsamen Signierreisen konnte ich mich auch daran erfreuen, dass Julia eine beseelte Sängerin und charmante Gesprächspartnerin ist. So wurden aus Signierstunden vielfach kleine Konzerte mitten im Buchgeschäft.

Mehr als zwei Jahrzehnte vergingen, bis sich die Zusammenarbeit mit einer weiteren Zeichnerin anbahnte. 2018 lernte ich Mareikje Vogler kennen. Ihr Ehemann hatte mir eine Illustration zugesandt, die zeigt, wie sie, mit einem Baby im Tragetuch an einem Briefkasten vorbeigeht, in den ich gerade Post einwerfen will. Das Bild sprach mich sehr an, und ich lud Mareikje auf einen Kaffee bei Bäcker Körner, an dessen Haus der betreffende Briefkasten angebracht ist, in unserem Hamburger Stadtteil ein. Schnell fanden wir eine gemeinsame Wellenlänge und hatten bald viele Ideen für Motive zu meinen Liedtexten aus dem Erwachsenenrepertoire. Wie wir damit mein Publikum überraschten, erzähle ich im Kapitel »Von der Homepage zum Account«.

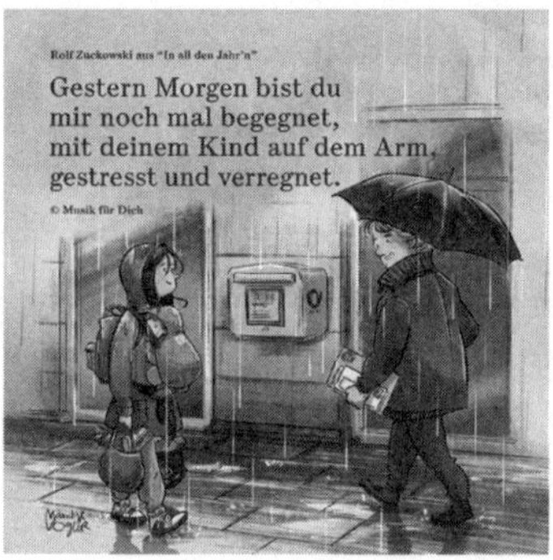


Im Herbst 2020 erreichte mich schließlich eine Anfrage der Illustratorin und Brillen-Designerin Sarah Settgast, die für ihren eigenen kleinen Verlag »Deutsche Pappebuch Gesellschaft« ein Bilderbuch zu meinen Liedern konzipieren wollte. Ihr sehr fantasievoller und detailverliebter Illustrationsstil machte mich neugierig. Nach einem Kennenlern-Telefonat kam es bald zu einem ersten Treffen bei mir zu Hause. Sarah schwebte ein Bilderbuch mit meinen beliebtesten Kinderliedern im Jahreskreis vor. »Davon gibt es schon einige Bücher mit zauberhaften Illustrationen von Julia Ginsbach«, gab ich zu bedenken. »Vielleicht sollten wir bewusst etwas mit Liedern machen, die noch nicht allzu bekannt sind.« So kamen wir auf den Titel *Rolfs Liedergeheimnisse* und erweiterten Sarahs ursprüngliche Auswahl um einige Lieder, in denen Geheimnisse schlummern, die sie mit ihren überraschenden Illustrationen ans Licht brachte. Das Buch mit zwölf Liedern für etwas größere Kinder zum gemeinsamen Lesen, Entdecken und Mitsingen wurde in Zusammenarbeit mit der Potsdamer High-Tech-Schmiede VOLUCAB ergänzt um eine innovative App, mit deren Hilfe man das jeweilige Lied durch Scannen des Bildes auf dem Smartphone erklingen lassen kann. Es war eine Freude, auf der Basis dieses Buches auch ein Video aufzunehmen. Der Titel *Überall ist Wunderland* brachte die Faszination dieses Projekts auf den Punkt. Unsere künstlerische Freundschaft führte bald darauf zu einer weiteren Zusammenarbeit mit einer Serie von dreidimensionalen Mini-Kunstwerken, von denen ich im Kapitel »Von der Homepage zum Account« ebenfalls erzähle.

# Meine Liedergeschichten 1975 bis 1990

## *Ein Lied wird geboren*

Die Entstehung eines Liedes mit einer Geburt zu vergleichen, mag etwas gewagt klingen, aber ich muss es so empfunden haben, als ich 1975, kurz nach der Geburt unseres zweiten Kindes, diese Zeilen schrieb:

> »Ein Lied wird geboren und es trägt mich zu dir
> es sind nur ein paar Töne und doch ein bisschen von mir.«

Sie waren zunächst 1978 unter dem Titel »Born To Be Music« auf dem Album »Memory Melody« des Schweizer Trios Peter, Sue & Marc erklungen, bald darauf entstand dann die deutsche Version.

»Ein bisschen von mir«, dieses demütige Staunen trifft bei neugeborenen Kindern für mich sehr zu, bei Liedern auf andere Weise nicht viel weniger. Ich hatte immer Schwierigkeiten, mich mit dem Wort »Liedermacher« zu identifizieren. Das klingt für mich zu sehr nach Handwerk (natürlich, ohne Handwerkszeug geht es auch in der Musik nicht), denn der erste Funke bei der Entstehung eines Liedes, der musische Impuls und die Energie, daraus mehr zu machen, das hat für mich immer etwas mit einem Glücksmoment zu tun. In der Regel empfange ich diesen Musenkuss von einem Gedanken, einem aufgeschnappten Wort oder Satz, in dem ich ohne bewusstes Komponieren die Kraft einer Melodie spüre. Und mitunter wird daraus dann ein ganzes Lied. Anregungen von außen, die Vorfreude auf besondere Ereignisse, auch der Nachklang schöner Erlebnisse, bilden den fruchtbaren Boden für solche Impulse. Text und Musik entstehen in aller Regel miteinander und scheinen mir untrennbar verbunden. Dass ich beim Erarbeiten eines Liedes immer zunächst leise, dann bald auch laut gesungen habe, hat sicherlich dazu beigetragen, dass die meisten meiner Lieder leicht mitsingbar sind.

Besonders gilt diese Beschreibung sicherlich für die emotionalen Themen, für Lieder wie *Ich schaff das schon*, *Dein kleines Leben* oder *Gemeinsam unterwegs*. Aber auch in den leichteren Liedern wie *In der Weihnachtsbäckerei* oder *Immer wieder kommt ein neuer Frühling* war ein Musenkuss am Werk, und ich bin dankbar für diese »Geschenke des Himmels«.

Auf die Melodie von *Ein Lied wird geboren* entstand nach einigen Jahren übrigens der Text *Zum Leben geboren*, womit der Vergleich zwischen der Geburt eines Kindes und dem Entstehen eines Liedes seine Abrundung gefunden hat.

## Sieh nur die Sterne – Dein kleines Leben – Lichter in der Dunkelheit

Lieder an der Bettkante, Schlaflieder, eine Gattung für sich. Wer bringt heute noch seine Kleinkinder singend in den Schlaf? Wer legt nicht nur eine CD ein oder klickt auf eine entsprechende Playlist im Stream, sondern singt tatsächlich noch selbst und schenkt dem Kind mit vertrauter Stimme das Gute-Nacht-Gefühl? Es mögen nicht mehr allzu viele Mütter und Väter sein, und welche Lieder mögen sie singen? Die traditionellen Schlaflieder wie »Guten Abend, gute Nacht«, »Weißt du wieviel Sternlein stehen« oder »Die Blümelein sie schlafen« haben immer noch ihre Berechtigung. Wir sollten sie und das Singen an der Bettkante lebendig halten. Ich konnte das Repertoire für die Eltern und Großeltern mit dem Schlaflied *Sieh nur die Sterne* aus meiner *Vogelhochzeit* erweitern. Es war von

Beginn an die Lieblingsmelodie vieler Mütter aus diesem familiären Liederzyklus. Am Ende der dritten Strophe geht der Blick weit nach vorn: »Bald bist du groß und kannst alles allein, aber bis dann schläfst du hier bei uns ein.« Das berührt die Seele.

Es gibt Schlaflieder, die direkt dem Kind gewidmet sind. Dazu zählt gewiss auch *Dein kleines Leben*, in dem ich versucht habe, die aufkommenden Ängste meiner etwa fünfjährigen Tochter vor dem Einschlafen und Hinübergleiten ins dunkle Ungewisse aufzugreifen und ihnen mein Urvertrauen entgegenzusetzen: »Allen Sternen wurde ihre Bahn gegeben. Wer immer sich alles ausgedacht, er wird es behüten Tag und Nacht und auch sein größtes Wunderwerk, dein kleines Leben.« Das Lied berührt viele Eltern tief im Herzen, wie ich aus zahlreichen Zuschriften weiß, denn in dieser Situation, in die viele Kinder und Eltern kommen, versagen wohlmeinende, kluge Worte, es zählt nur die Übertragung des eigenen Vertrauens auf das Kind.

Ähnlich und doch anders ist es mit dem Lied *Lichter in der Dunkelheit*, das bei genauerer Betrachtung eigentlich ein klingendes Selbstgespräch des Vaters an der Bettkante ist. Vermutlich wäre es auch gar nicht wünschenswert, dass das Kind jedes Wort des Liedes wörtlich nehmen würde: »Wirst vom Tisch die Decke reißen mit der Blumenvase drauf, Spielzeug an den Kopf mir werfen, all das nehm ich gern in Kauf.« Es ist ein liebevoll ironischer Rückblick auf Erlebnisse an vergangene Elterntage. Dennoch wird auch in diesem Lied am Ende ein tröstlicher Blick in die Zukunft gewagt: »Wirst vielleicht die Antwort finden bis zum Ende deiner Zeit: Alle, die dich liebten, waren Lichter in der Dunkelheit.«

## Ich wollte nie erwachsen sein (Nessaja)

Ein afrikanisches Sprichwort sagt: »Zur Erziehung eines Kindes braucht man ein ganzes Dorf.« Zur Geburt mancher Liedergeschichten braucht man ein ganzes Team. So kamen nach einem

Besuch in meiner RTL-Radiosendung »Moment mal« im Winter 1982/83 Peter Maffay, sein Freund und Manager Dieter Viering und ich in unserer Blankeneser Wohnung für ein Brainstorming zusammen. Peter wünschte sich, dass wir zusammen ein Weihnachtsalbum erarbeiteten, aber ich fand, außer zwei Liedern (*Auf der Suche nach Weihnachten* und *Wär uns der Himmel immer so nah*) dafür keinen Zugang.

Wenig später kam er mit seiner damaligen Frau, einer Lehrerin, erneut zu mir und schlug nun vor, ein Album für Kinder zu machen. Von dieser Idee war ich begeistert. Ein Rockstar will für Kinder singen? Das klang spannend. Er ließ mich nach einigen inspirierenden Gesprächen mit einem schwirrenden Kopf voller Ideen zurück. Heraus kam schon nach wenigen, sehr intensiven und kreativen Tagen der kleine, neugierige Drache Tabaluga, der von seinem strengen Vater Tyrion in die Welt hinausgeschickt wird, auf dass er endlich erwachsen und vernünftig werde. Eine von Peters legendären Demo-Kassetten spielte bei der Entstehung des abschließenden Liedes der Tabaluga-Geschichte eine besondere Rolle. Peter sang auf seine ganz eigene Art lautmalerisch, aber noch ohne Text eine wundervolle Melodie, die mich nicht mehr losließ. Er gab mir damit den Schlüssel zum Höhepunkt der Handlung. In dem Lederjacken-Rockstar und Harley-Davidson-Fan steckte ein weicher Kern, den es zu beschützen galt. Ich dachte dabei an ein Kind, das nicht wirklich erwachsen werden will, aber auch an den schützenden Panzer einer Schildkröte. Da lag also die Lösung: Damit Peter Maffay sich mit Tabaluga identifizieren konnte, musste der kleine Drache am Ende seiner Reise von der 200-jährigen weisen Schildkröte Nessaja diese Antwort bekommen: »Ich wollte nie erwachsen sein.«

Mit der Weiterentwicklung der Geschichte, von der ich den großen Handlungsbogen mit mehreren Figuren und Episoden entwickelt hatte, fühlte ich mich allein überfordert. Darum holten wir auf Peters Rat hin den Textdichter Gregor Rottschalk ins Boot, aus dessen Feder große Hits wie »Und es war Sommer« für ihn geflossen waren. Auf Spaziergängen an der Elbe ersonnen wir weitere

Szenen, in denen Tabaluga von allerlei Tieren und märchenhaften Wesen immer weiter in die Welt hinausgeschickt wurde. Der Arrangeur Peter Schirmann (er gab dem *Baum des Lebens* seine Melodie) und der Co-Produzent Peter Wagner komplettierten schließlich unser Team, und das Album wurde in erstaunlich kurzer Zeit zum Herbst 2003 fertig.

Das Rock-Märchen *Tabaluga*, ausgestattet mit den charismatischen Illustrationen von Helme Heine, wurde ein überraschend großer Erfolg. Für Peter eröffneten sich damit völlig neue Dimensionen. Die ihm eigene Power, mit der er *Tabaluga* in den Medien und auf der Bühne in immer neuen Varianten erfolgreich machte, setzt sich heute in seinem bewundernswerten Engagement für die »Tabaluga-Stiftung« für traumatisierte Kinder fort.

Ich habe mich nach dem ersten Album *Die Reise zur Vernunft* aus dem Tabaluga-Kosmos verabschiedet, meine eigenen Träume und Projekte hatten für mich Vorrang. Die Freundschaft zu Peter aber ist geblieben, und das Herzklopfen kehrt jedes Mal zurück, wenn meine Tochter Anuschka Nessajas Lied singt: *Ich wollte nie erwachsen sein*. Man hört es auf unserem Live-Album *Einmal leben*.

## Gemeinsam unterwegs

Eine der beeindruckendsten Erzieherinnen, die ich kennenlernen durfte, war Frau Pütz. Sie spielte eine Schlüsselrolle bei der Entstehung des Liedes, das heute bei vielen familiären Anlässen und in Gottesdiensten gern gesungen wird. Der Kindergarten in Kerpen-Manheim, in dem Frau Pütz arbeitete, hatte für mich von Beginn an eine ganz spezielle Ausstrahlung. Diese Frau schien über besondere Energien zu verfügen. Vor meinem ersten Besuch im Sommer 1982 schrieb sie mir: »Sie müssen unbedingt Sandra kennenlernen.« Aus der Gruppe von etwa 50 Kindern, die sich um mich herum auf den Boden setzten, war es nicht schwer, Sandra herauszufinden. Sie sang mit Hingabe, war geradezu erfüllt von den Melodien, kannte jeden meiner Texte auswendig. Und sie war blind. »Wir alle zusammen sind ihre Augen«, sagte Frau Pütz, und ich spürte, dass dies keine Phrase war, sondern praktizierte Inklusion. Nach meinem kleinen Konzert setzte ich mich mit Sandra allein hinter das Kindergartenhaus, an dessen Wänden große Sonnenblumen emporwuchsen. Sandra, damals sechs Jahre alt, wollte meine Gitarre Tweety kennenlernen, betastete sie, fühlte ihre Schwingungen. Sie sang mit mir ein Lied nach dem anderen, wusste alles über die Inhalte und fragte mich Löcher in den Bauch. Wir führten das intensivste Gespräch, das sich zwischen einem Kind und einem Erwachsenen denken lässt, es dauerte fast eine ganze Stunde. Als ich aufstand, um meine Gitarre einzupacken, berührte ich eine der Sonnenblumen, die uns die ganze Zeit von hinten über meinen Kopf hinweg zugeschaut hatten, und verharrte kurz. In diesem Moment wurden Sonnenblumen meine Lieblingsblumen. Ich verabschiedete mich von Frau Pütz, ihrem Team und allen Kindern, die sich vor dem Eingang des Kindergartens versammelt hatten. Mein letzter Blick fiel auf eine Inschrift über der Eingangstür: »Gemeinsam unterwegs« stand dort, kunstvoll in ein großes Holzbrett eingekerbt. Ich hatte die Tür meines Autos noch nicht ganz geschlossen, da begann ich, die ersten Zeilen eines neuen Liedes vor mich hinzusingen: »Wir sind gemeinsam unterwegs, auf einer Reise durch die Zeit.« Ich hatte Sandra, die ich noch mehrfach wiedersah und mit der ich bis heute Briefe austausche, dabei vor Augen, ebenso aber auch die Gemeinschaft der vielen Kinderaugen um sie herum. Über die Jahre wurde dieses Lied die leise Hymne unserer Familie, in guten wie in schweren Stunden, von der Taufe bis zur Trauerfeier. Die Lebensreise mit einer Schiffsreise zu vergleichen, liegt auf der Hand bei einem, der täglich auf die Elbe hinunterblicken kann. 30 Jahre später wurde *Gemeinsam unterwegs* zum Leitgedanken einer Ausstellung mit Bildern des Inselmalers Anselm von Langeoog. Nun reisen Anselms Bilder unter diesem Motto von Hospiz zu Hospiz durch das Land. Ein Bild von Anselm schmückt mein Album mit *Liedern im Herbst des Lebens*: »Am Ziel der Reise irgendwann kommt unser Schiff im Hafen an, wir laufen ein mit letztem Schwung, beladen mit Erinnerung.«

## Ich schaff das schon

Ich war mit unserem Andreas, er muss zwei, drei Jahre alt gewesen sein, auf einem kleinen Spaziergang im Blankeneser Treppenviertel unterwegs. Die zahlreichen Stufen dort sind uralt und ausgetreten. Andreas stolperte, ich wollte ihn aufheben. »Ich schaff das schon«, war die selbstbewusste Reaktion des kleinen Mannes. Dieser Satz begleitete mich auf dem weiteren Spaziergang und wurde, noch auf dem Weg nach Hause, zu meinem vermutlich wichtigsten Lied. Ich dachte an Menschen in meinem Umfeld, die gerade viel zu bewältigen hatten. Dazu gehörte auch Maike, ein munteres Mädchen im Rollstuhl, das ich in der Schule für körperbehinderte Kinder in Hamburg-Altona kennengelernt hatte. Sie gab mit ihrer ansteckend positiven Ausstrahlung dem Lied seinen Untertitel »Maikes Lied« (auch das Lied *Guten Morgen Sally* trägt ihre Spuren). Ich dachte aber auch an die erste alleinerziehende Mutter in unserem Freundeskreis, die sich in der letzten Strophe, wenn auch nur andeutungsweise, wiederfindet (»… die Wohnung ist nicht groß, in der die zwei zu Hause sind«). Dazwischen sind in zwei weiteren Strophen frustrierende Erfahrungen am Barren im Sportunterricht und die große Traurigkeit beim ersten Liebeskummer eingegangen. Ich habe dabei nicht an bestimmte Personen gedacht, es sind wohl auch meine eigenen Erfahrungen eingeflossen. Zu keinem meiner Lieder habe ich intensivere Rückmeldungen erhalten als zu *Ich schaff das schon*, etwa: »Ohne das Lied hätte ich meine Prüfung nie geschafft«, oder: »Ohne das Lied gäbe es mich vielleicht nicht mehr.« »Eine gesungene Affirmation« nannte Gunda Fleischhauer, die Leiterin des Erich-Kästner-Kinderdorfs, das Lied. Der Saarbrücker Vorsitzende der Psychotherapeuten-Vereinigung bat mich um ein Treffen. Beim Mittagessen in einem Hamburger Restaurant offenbarte er mir:

»Ich wollte unbedingt den Mann kennenlernen, ohne dessen Lied ich mir viele meiner Therapiesitzungen nicht mehr vorstellen kann.« Dass aus einer kleinen Spaziergangsepisode ein Lied von solcher Kraft erwachsen konnte, ist wie eines der Geschenke des Himmels, von denen ich schon sprach. Ich hoffe, dass es noch vielen Menschen Mut macht, auch wenn sie es nur leise in sich hineinsingen.

## *In der Weihnachtsbäckerei*

Ein Weihnachtsengel begleitete mich offenbar im späten November 1985, als ich von einem Konzert in Bochum auf der A1 nach Hause fuhr. Die Autobahn war frei, es war früher Abend, die Gedanken waren schon zu Hause. Vor der Abfahrt hatte ich von meinem ersten gemieteten Autotelefon daheim angerufen. »Ich fahr jetzt hier los. Was macht ihr denn so?« – »Wir backen Plätzchen«, war die Antwort, und im Hintergrund klang es entsprechend geschäftig. – »Also dann, viel Spaß! Ich denk an euch und freu mich auf's Probieren.« Nun war ich bei ruhigem Verkehr wenigstens in Gedanken bei ihnen. Autofahrend und vor mich hinsingend entstand das Lied *In der Weihnachtsbäckerei*. Da ich alles andere als ein guter Bäcker bin, kam dabei nicht gerade ein perfekt gesungenes Rezept heraus. Wie sich über die Jahre bei vielen Konzerten und in Fernsehsendungen zeigte, war wohl gerade das ein Erfolgsrezept. Ich kam nach Hause, die Wohnung duftete, die Plätzchen und ein Pfefferkuchenhaus waren fertig, mein Lied auch – dachte ich und sang es in unserer kleinen Küche der Familie zum ersten Mal vor. Unser Andreas, damals knapp zwei Jahre alt, nahm es mit in sein Kinderzimmer und sang es auf der Treppe ins Obergeschoss und noch in seinem Bettchen mit einer leicht veränderten Melodie weiter. Die letzten Töne des Refrains wiederholte er am Anfang. »Morgen bringe ich es ihm richtig bei«, nahm ich mir vor. Pustekuchen! Der kleine Mann setzte sich und seine Melodie durch. Ihm verdankt sich die Volkstümlichkeit des Liedes. Und das kleine Mozart-Zitat am

Anfang? Wolfgang Amadeus würde sicherlich darüber lächeln. Ich war mir dessen jedenfalls beim Schreiben nicht bewusst und habe es erst 15 Jahre später bemerkt.

## *Leben ist mehr*

Eine Episode aus dem Jahr 1987, als mein Terminkalender völlig aus den Fugen geraten war: zu viele verlockende Angebote, zu viele Verpflichtungen, keine Struktur in der Planung, zu wenig Verschnaufpausen. Ich komme von meiner wöchentlichen Sendung »Sonntagskinder« bei der Welle Nord des NDR in Kiel nach Hause, es ist Nachmittag, ich lege mich für ein Nickerchen aufs Sofa – seit Wochen zum ersten Mal. Ich schlafe schnell tief ein und wache auf wie nach einem Kurzurlaub. Ein bisschen spielen mit den Kindern, Abendessen, Familienleben. Nach dem Essen höre ich routinemäßig meinen Anrufbeantworter ab. Eine verzweifelte Kindergärtnerin aus Kuhstedt in Niedersachsen hat dreimal angerufen. Der Saal des Gasthofs sei voll, das ganze Dorf versammelt, Kinder, Eltern, Großeltern – wo ich denn nur bliebe? Ich zucke zusammen. Konzert vergessen! »Dürfen wir noch mit Ihnen rechnen? Die Leute werden unruhig.« Der letzte Anruf endet mit den deprimierten Worten: »Ich schicke die Leute dann mal nach Hause.« Meine Kurzerholung weicht purer Panik. Nachdenken über eine Entschuldigung für das vergessene Konzert, Wiedergutmachung … Um Mitternacht bringe ich einen Brief zum Hauptpostamt Hühnerposten in der Hamburger Innenstadt, nachts schlafe ich schlecht. Als Wiedergutmachung gebe ich kurze Zeit später zwei Konzerte, eines im Kindergarten und eines für das ganze Dorf. Man verzeiht mir. Aber noch lange danach kann ich sonntags nicht auf dem Sofa liegen, ohne vorher einmal in den Kalender zu schauen. Das Lied *Leben ist mehr* (als Rackern und Schuften) musste einfach entstehen, und es entstand kurz nach dem Fauxpas auf einer weiteren sonntäglichen Fahrt von Kiel nach Hamburg, offenbar eine inspirierende Autobahnstrecke.

# 5
# »Kinderliedermacher?« – Meine Alben für Erwachsene

1984. Eine eigene Samstagabend-Sendung, die »Große Show für kleine Leute«, versprach auch eine große Chance zu werden. Die gemischte Resonanz darauf brachte mich aber ins Zweifeln. Wie sollte es weitergehen? Sollte ich unbeirrt an immer neuen Kinderlieder-Alben arbeiten, oder was waren mögliche Alternativen und Ansätze für die kommenden Jahre? Seit Anuschkas Geburt im Juni 1971 hatte ich immer wieder Lieder aus dem Blickwinkel der Eltern geschrieben (»Eltern sind dann und wann einfach nur Frau und Mann« ist eine Zeile aus dem Lied *Bis ans Ende der Welt*), auch nachdenkliche Lieder wie *Was braucht ein Kind noch mehr?*, die zunächst in der Schublade gelandet waren, weil sich für sie auf den überwiegend Kindern gewidmeten Alben der Jahre 1982/83 kein Platz fand. Nun holte ich diese »erwachsenen« Lieder aus der Schublade heraus, nicht ohne Gewissensbisse und manch schlaflose Nacht. Ich wollte mein Publikum nicht enttäuschen. Wie würde es diese Lieder aufnehmen? Im ersten Halbjahr 1985 entstanden unter ständigen Zweifeln weitere Lieder, die ich schließlich auf dem Album *Zeit für Kinder, Zeit für uns* veröffentlichte. Bei der Schallplattenfirma wurde es nicht gerade bejubelt, man hätte dort weiterhin lieber den Rolf für die Kinder, den Mann mit *Du da im Radio*, *Papi wach auf* und *Meine Mami* gehabt. Aber der Produktmanager Rainer Schmidt-Walk stand zu mir und sah eine Entwicklung voraus, die mir noch viele neue Türen öffnen sollte.

Es dauerte einige Jahre, aber auch dieses »erwachsene« Album erreichte schließlich Gold-Status, nicht zuletzt dank einer Kooperation mit der *Hörzu*. Vor allem erhielt ich jede Menge Post zu diesem Album. Ich hatte das Lebensgefühl vieler Eltern offenbar musikalisch auf den Punkt gebracht, einschließlich so selbstkritischer Töne wie *So wollt' ich doch nie sein*. Das Lied *Überall ist Wunderland* erwies sich als besonders beständig und wurde zu einem Meilenstein für mich. Für mich persönlich bleibt bis heute *Lichter in der Dunkelheit* das intensivste Lied auf dem Album.

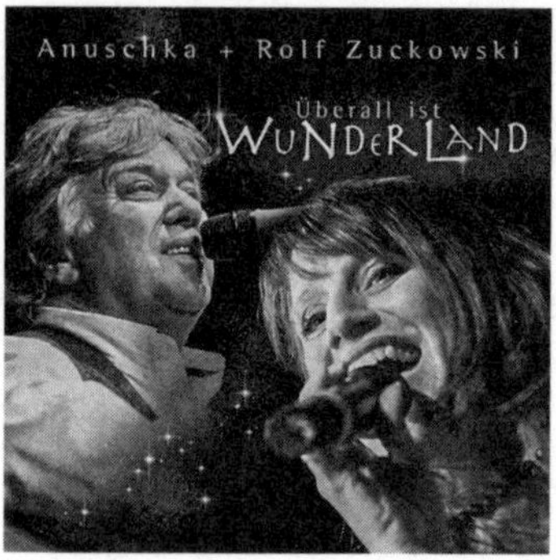


Es drückt alles aus, was ich meinen kleineren Kindern an Zuversicht mit auf den Weg geben wollte. Mag es auch wie ein Lied zum Einschlafen klingen, ist es doch mehr ein Selbstgespräch an der Bettkante, wenn das Kind längst in seinen Träumen angekommen ist.

Mein Repertoire für Erwachsene war in den 80er-Jahren noch nicht ausreichend, um mich an Abendkonzerte heranzuwagen. Aber ich ließ das ein oder andere Lied, zum Beispiel *Sternenkinder*, regelmäßig in meine Kinderkonzerte einfließen und machte so auf mein erstes Album für Eltern aufmerksam.

Um 1990 herum schrieb ich ein Lied, das mir vom Titel her eine gute Brücke zwischen den Kindern und Eltern in meinen Konzerten zu sein schien: *Ganz nah*, gewidmet meiner Frau. Es spiegelte die Gedanken und Gefühle eines Tourneekünstlers wider und wurde auch von den Kindern aufgrund seiner Melodie und des eingängigen Refrains gut angenommen. 1991 waren wieder genügend Lieder entstanden, um ein zweites Album für die Erwachsenen zu veröffentlichen.

Im Jahr des Mauerfalls und der Wende in der DDR entstanden auch Lieder vor dem aktuellen politischen Hintergrund. Über *So wichtig bist du auch wieder nicht* kam es bei meinen Konzerten in der gerade zusammengebrochenen DDR zu etlichen Gesprächen. Auch *Es geht immer noch ein bisschen weiter* oder *... und dann kommt alles ganz anders* waren Wende-Lieder, soweit ich als Wessi die richtigen Worte dafür finden konnte. Meine groß werdenden Kinder wiederum gaben mir Anstöße für rockigere Töne, die ich auf den Kinderalben bisher nicht gewagt hatte. Mit Hilfe wahrer Studio-Cracks wie Werner Becker (Keyboards), Curt Cress (Drums), Peter Weihe (Gitarre) und Thissy Thiers (Bass) brachte ich sie nun aufs Band. Der Song *Willkommen in der Wirklichkeit* ist ein kraftvolles Beispiel dafür.

Nun hieß es also, zum zweiten Mal ein Album zum Erfolg zu führen, das mein Publikum nicht unbedingt von mir erwartete. In der Zwischenzeit waren immerhin die *Weihnachtsbäckerei* und manch anderes beliebte Kinderlied »geboren« worden. Mit *Ganz nah* hatte ich einen aus meiner Sicht idealen Tourneetitel, der sich auch als Titel für das Album anbot. Meine Plattenfirma war einverstanden, und so traten wir in die weitere Entwicklung ein. Es dauerte jedoch nicht lange, da erreichte mich ein Anruf von einer Polydor-Label-Managerin: »Das neue Album von Howard Carpendale soll ›Ganz nah‹ heißen, dann kann deines leider nicht denselben Titel haben.« Ich war konsterniert, zumal sich herausstellte, dass es auf Howies Album noch nicht mal einen Song mit dem Titel »Ganz nah« gab. Wie es in der Plattenfirma zu dieser Dopplung kommen konnte, ließ sich nicht recherchieren. Ich fühlte mich auch nicht in der Position, es zum Streit kommen zu lassen. Mir blieb nur, einen anderen Titel zu finden, und ich entschied mich für *Nahaufnahme.* Leider nicht annähernd so emotional wie *Ganz nah* und gewiss kein Tourneetitel. Dumm gelaufen. Aber die Geschichte geht noch weiter: 2005 rief mich Marius Müller-Westernhagen an: »Hallo Rolf. Mir ist da was ganz

Dummes passiert. Mein neues Album heißt ›Nahaufnahme‹. Es ist bereits draußen, und ich hab jetzt erst gesehen, dass du schon länger ein Album mit dem gleichen Titel hast. Das ist mir höchst unangenehm, Entschuldigung!« Ich konnte nur schmunzeln und fand es sehr ehrenwert von Marius, dass er in dieser heiklen Situation kein Management vorschob, sondern selbst zum Telefon griff.

Drei Lieder auf meinem *Nahaufnahme*-Album sind mir bis heute besonders wichtig: der Titelsong, in dem meine Frau durchs Telefon singt: »*Wo bist du? Hör mir zu!*« Das Lied *Hatten wir nicht das Paradies,* das ich mir auf der Urlaubsfahrt von Cadiz nach Marbella, mit dem Blick auf die afrikanische Küste, im Auto ausdachte, während sie neben mir auf dem Beifahrersitz schlief, und das Lied *Pic* über den philosophischen Clown mit den riesigen Seifenblasen im Roncalli-Zirkus, den ich als Reporter für meine Moment-mal-Sendung bei Radio Luxemburg in seinem Zirkuswagen besucht hatte. Er mag mein Lied sehr, wie ich von ihm persönlich weiß.

Am Abend vor der Hochzeit meiner Tochter Anuschka mit ihrem Markus am 9. Oktober 1998 saß ich mit ihr auf dem Sofa in unserem Wohnzimmer und sang ihr zur Gitarre ein Lied vor, das ich für diesen Tag aufgespart hatte: *Kinder werden groß*. Es war unvermeidlich, dass dabei ein paar Tränen flossen, aber die Vorfreude auf den nächsten Tag ließ sie schnell wieder trocknen. »Man hat sie lieb und lässt sie los«, das klang etwas anders schon 1978 in der *Vogelhochzeit* an: »Als der Tag kam, an dem der kleine Vogel davonfliegen wollte, nahm das Vogelmännchen sein Weibchen in den Arm, und beide winkten ihrem Kind noch lange nach.« Nun war es also so weit, die Vorahnung war Wirklichkeit geworden, unser erstes Kind war flügge. Das Lied wurde von den Rundfunksendern gut aufgenommen und gab meinem gleichnamigen, dritten Album für Erwachsene einen willkommenen Anschub. Ein weiterer Abschiedssong, *Wenn du gehen musst, dann geh* (nach einer Weisheit des römischen Philosophen Seneca), fand weniger Aufmerksamkeit, wurde für mich aber zu einem weiteren Meilenstein in der Zusammenarbeit mit Werner Becker, der hier als Arrangeur ganz neue Töne anschlug und einen sehr zeitgemäßen Groove fand. Dass ich dabei an eine Frau in unserem Lebensumfeld dachte, die gerade an einem Scheideweg ihres Lebens stand, hat sie nie erfahren. Vielleicht hat sie es beim Anhören des Albums jedoch vermutet.

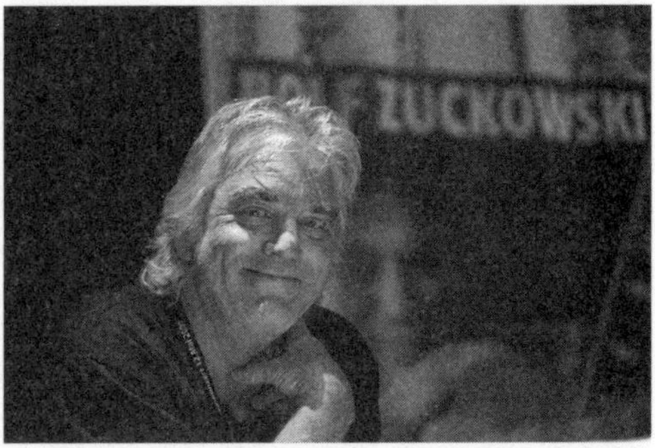


Werner Becker, den viele auch als Antony Ventura kennen.

Ein kleines Geheimnis sollte an dieser Stelle auch endlich aufgeklärt werden: Mein Lied *Lachende Augen* ist im Ursprung nicht meiner Frau gewidmet. Es entstand im VOX-Klangstudio ganz spontan nach einer Gesangsaufnahme (vielleicht war es das Lied *Meine Heimat ist ein kleiner blauer Stern*) mit Carina Kaiser und Sabine Meyer. Die beiden damals etwa 20-jährigen Sängerinnen waren eng miteinander befreundet und hatten nicht nur gesanglich einen besonders charmanten Klang entwickelt, sondern auch ein Lächeln, dem man sich kaum entziehen konnte. Als ich vom Aufnahmeraum, wo ich die beiden

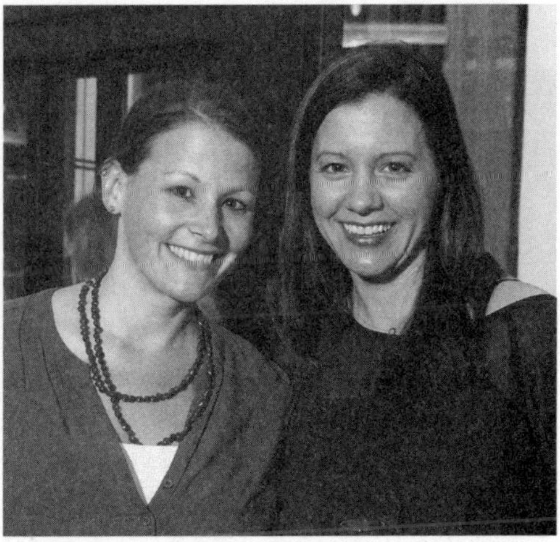

… und immer noch lachende Augen. Carina und Sabine beim Freunde-Treffen 2017

dirigiert hatte, in die Regie zum Mischpult ging, sang ich die Worte »Ich liebe lachende Augen wie deine …« spontan vor mich hin. Volker Heintzen zog alle Regler am Mischpult herunter und sagte: »Das Lied schreibst du jetzt erst mal zu Ende, vorher arbeite ich hier nicht weiter.« Ich folgte seinem Rat und vollendete den Refrain noch im Studio. Auf dem Heimweg im Auto wurde mir klar, dass ich in den Versen des Liedes eine Kurve einschlagen musste, um keinen falschen Verdacht in Bezug auf die jungen Damen zu erzeugen. Ich widmete das Lied einem Paar, das sich in seinen etwas reiferen Jahren kennenlernt. Meine Frau war inzwischen 50 geworden. Ihre lachenden Augen sind bei der Entstehung dieses Liedes für mich aber spürbar gewesen, und sie haben bis heute nichts von ihrer Magie verloren.

Ganz andere Farben haben die Lieder *Fahrt nur vorbei* und *Die Spitze des Eisbergs*. Das erste handelt von der Weisheit des Löwenzahns. Ich erzähle mehr davon in einer Liedergeschichte. Das zweite ist im wahrsten Sinne des Wortes eine Analogie mit Tiefgang zu immer wiederkehrenden Erfahrungen in der Gesellschaft, in der Politik und auch im privaten Leben, von Menschen, die man erst spät durchschaut und die uns manchmal erschaudern lassen: Wir sehen immer nur *Die Spitze des Eisbergs*.

Sechs bewegte Jahre vergingen, bis ich eine neue Liederpalette mit unterschiedlichen Stimmungen für Erwachsene erarbeitet hatte. Ein Zitat aus der Bibel (Prediger Salomo 3,1) eröffnete mir den Zugang dazu. Ich hatte es aus verschiedenen Anlässen mehrfach in Ansprachen und Andachten gehört: »Ein jegliches im Leben hat seine Zeit«. Auf Plattdeutsch klang das weniger gewichtig: »Hett allens sien Tied« (das gleichnamige Buch von Reimer Bull liegt auf meinem Nachttisch). Das klang schon eher nach einem Songtitel: *Hat alles seine Zeit*. Ich war, mit Blick auf meinen 60. Geburtstag, mit manchem Rückblick auf das Erlebte beschäftigt und hatte zum Glück noch allen Grund, zuversichtlich in die Zukunft zu schauen. Die Einstiegszeile »Ich liebe das Leben, ich hab nur das eine, es wurde mir sogar geschenkt«

drückt die Dankbarkeit aus, die ich empfand. Dass mich dabei ein sehr rhythmischer Gitarren-Groove vorantrieb, verdanke ich der Berührung mit neuer nordischer Rock-Folklore, mit Bands wie Harem Scarem, die ich auf unserer ersten Kreuzfahrt ins Nordmeer mit der MS Europa in einem CD-Shop entdeckte. (Musik-Souvenirs gehören für mich zu den schönsten Andenken an exotische Fernreisen. Ein Grund mehr, der guten alten CD nachzutrauern.)

Der Blick auf das nächste Lebensjahrzehnt führte mich zu dem Lied *Kind sein (Das Lied der Zukunft).* Kann es gelingen, auch jenseits der Mitte des Lebens (wo liegt die eigentlich?) kindliche Kräfte zu bewahren, das Träumen nicht aufzugeben, Fantasie zuzulassen? Peter Ustinov, der im März 2004 starb, war mir diesbezüglich immer ein großes Vorbild. Ich durfte ihn kurz vor seinem Tod bei einer UNICEF-Gala in Berlin kennenlernen und musste einfach die Gelegenheit ergreifen, mich bei ihm zu bedanken, wohl wissend, dass er mich und mein bisheriges Lebenswerk nicht kennen konnte. Auch Erich Kästner machte mir Mut, das Kind in mir nicht zu vernachlässigen: »Nur wer erwachsen wird und Kind bleibt, ist ein Mensch.« Zum 80. Geburtstag des Textdichters Hans Hee (»Sierra Madre del Sur«) sang ich das Lied zum ersten Mal für ihn vor seinen Gästen. Die Reaktion von Hans, dessen Frohnatur auch in diesem hohen Alter ungebrochen war, zeigte mir, dass ich mit meiner Botschaft richtig lag: »Kind sein kann man für ein ganzes Leben.«

Ein Liebeslied, von Werner Becker kraftvoll im 6/8-Takt arrangiert, gab dem Album *Hat alles seine Zeit* einen schönen Ausgleich zu den ernsten Stimmungen: Das Lied für meine Moni, *Frau, Weib, Lady (… und immer noch mein Mädchen).* Dass meine Frau auch nach nunmehr über 50 Jahren Ehe immer wieder diese vier Worte spürbar macht, ist mein ganz großes Lebensglück. Ich sehe noch das 16-jährige Mädchen vor mir, in das ich mich bei einem beAthovens-Konzert von der Bühne herab verliebt habe, und bewundere die Lady, als die sie ohne großes Geltungsbedürfnis manchen Anlass für mich zum unvergesslichen Fest macht (einmal sogar beim Wiener Opernball). Über das Weib verliere ich hier keine Worte, so viel Privatleben muss sein.

Mein Hamburg wurde schon in vielen Liedern besungen, auch von mir, insbesondere mit der Finkwarder Speeldeel. Eine moderne Liebeserklärung an meine Stadt, eine, die im Radio zu jeder Tageszeit gespielt werden kann, lag mir schon lange am Herzen. Mit *Ich liebe diese Stadt* gelang sie mir für dieses Album endlich. »Ich liebe diese Stadt zu jeder Zeit in jedem Licht und all die Sprachen, die man in ihr spricht«, mein Bekenntnis zu kultureller Vielfalt, dezent, aber deutlich genug. Ich singe es heute aus gegebenem Anlass immer noch gern.

Im Oktober 2004 starb nach Monaten schwerer Krankheit meine Mutter. Das Lied *Einen Schritt voraus* habe ich für sie geschrieben. Es ergänzt das Lied *Drüben.* Wie hatte doch einst ein junger Konzertbesucher auf meine Frage, wann man kein Kind mehr sei, geantwortet? »Wenn beide Eltern gestorben sind.« Wie weise. Ich war nun kein Kind mehr. Es in meinem Inneren zu bewahren, wurde mir umso wichtiger, auch für meine Mutter, die mir mit ihrer Sangesfreude in der Kindheit so viel ins Herz gelegt hatte, was mein ganzes Leben prägen sollte.

Wieder vergingen sechs Jahre bis zum nächsten »erwachsenen« Album. Sein Titel entsprang erneut einem Wortspiel: Von Lautstärke war überall die Rede, aber wer erkannte die Kraft der *leiseStärke*? Der Titelsong ist ein gesungenes Portrait meiner Frau. Sie nimmt diese Hommage allerdings nur mit einem schmunzelnden Schulterzucken an. Ein zweites Liebeslied, das mit ihrem persönlichen Melodie-Summen beginnt, nimmt sie zum Glück ohne Schulterzucken an: *Vogel ohne Flügel.* Ich habe dieses Lied meines Schweizer Freundes Peter Reber aus dem Schwyzerdütschen ins Hochdeutsche übertragen dürfen. Peter hatte es auf seinem Segelboot »Cindy« auf hoher See für seine Frau Livia geschrieben. Nun finden sich die zwei Frauen, zwei Freundinnen, in diesem Lied wieder, und ihre Männer singen es, auch wenn viele andere zuhören, nur für sie.

Mit *Für Dich* war noch einmal ein Lied meiner Mutter gewidmet, nun mit viel Lebensmut und Zuversicht. Aber mit *Heimweh* gab es auch eine Erinnerung an ihre zunehmend melancholische Stimmung in den letzten Lebensjahren: »Heimweh nach der Kindheit, Heimweh nach Zuhaus, Heimweh nach den Träumen, die zerronnen sind. Heimweh nach der Zukunft, die so viel versprach.« Meine Tochter hatte mir als längst erwachsene Frau auf einer gemeinsamen Autobahnfahrt den Anstoß zu diesem Lied gegeben, wobei sie eigentlich an das kindliche Heimweh dachte, das ihr als Mädchen bei einem Reiterhof-Aufenthalt so sehr zu schaffen gemacht hatte.

So ganz leise wurde das Album dann allerdings doch nicht. Das Lied *Weltmeistersommer* entstand 2010, als Deutschland in Südafrika Dritter wurde und ich begeistert war von der überschäumenden Freude der Menschen und den vielen Fahnen in den Straßen von Berlin. (»Wann kommt mal wieder so ein Weltmeistersommer? Weltmeistersommer! Wo Dritter sein noch siegen heißt und alles leichter scheint, die Welt zu Gast bei Freunden ist, im Sommerglück vereint.«) Mit *Willkommen im Zirkus* ertönt danach eine ebenso kraftvolle Allegorie auf den »Kapital-Zirkus« an der Wallstreet und die globale Finanzkrise 2007/2008. Nicht viele werden diese Assoziation verstanden haben, darum erschien das Lied einige Jahre später im Rahmen meiner »Zeitgeistreise« *Willkommen in der Wirklichkeit* unter dem Titel *Giganten*.

Wie aus *leiseStärke* große Kraft wird, kann man recht gut in meiner Hommage an die Elbe verfolgen. *Mein Fluss* kommt als Bächlein aus dem tschechischen Riesengebirge und wird dank starker Zuflüsse von Moldau, Saale, Havel und vielen anderen Flüssen bei Hamburg zum breiten Gezeitenstrom. Die Kraft des Wassers haben wir als Anwohner der Elbe im Laufe der Geschichte in jeder Hinsicht kennengelernt. Leben spendend, aber auch

Leben nehmend. Meine musikalische Reise von der Quelle bis zur Mündung entstand, nachdem ich im Mai 2010 an meinem Geburtstag mit Freunden aus dem Elbkinderlandverein die Elbquelle oberhalb von Spindlermühle besuchte. Man darf dieses Lied getrost als Liebeserklärung verstehen. Welche Breite und Tiefe meine Beziehung zur Elbe hat, beschreibe ich in einem eigenen Kapitel.

Die Zeit der Exklusiv-Alben war mit *leiseStärke* bis auf weiteres vorbei. Ich konzentrierte mich auf Zusammenstellungen zu Themen und Anlässen, die mich beschäftigten. Ganz besonders lagen mir die Alben am Herzen, die ich gemeinsam mit meiner Tochter konzipierte. Nachdem sie mit *Am Anfang der Zukunft* als erwachsene Solistin mit eigenen Songs gezeigt hatte, welche Ausdruckskraft sie besaß, brachten wir ihre und meine Lieder auf dem Album *Dein kleines Leben* zusammen. Diese Vielfalt konnten wir auch in Abendkonzerte einbringen, bei denen Anuschka als gleichberechtigte Künstlerin neben ihrem Vater stand. Wir beide haben uns auch mit anderen Künstlern zusammengetan und auf diese Weise das inhaltliche und musikalische Spektrum über das eigene Repertoire hinaus erweitert. Besonders intensiv wurde das bei zwei zusammengestellten Alben spürbar: *Du kleines großes Wunder* und *Zum Leben geboren* mit Künstlern wie Reinhard Mey, Herman van Veen, Sarah Connor, Pur und Silbermond. So konnten wir das Lebensgefühl und die Emotionen junger Eltern in einer großen Bandbreite ausdrücken.

Nicht um die Eltern-Kind-Beziehungen, sondern um den letzten Lebensabschnitt und das Leben nach dem Abschied geliebter Menschen ging es bei *Deine Sonne bleibt* aus dem Jahr 2016. Mit Liedern und sanfter Klassik begleitet, stärkt dieses Album Hinterbliebene in den Wochen und Monaten nach dem Tod. Die intensive Beschäftigung mit der Endlichkeit des Lebens erforderte einigen Mut, aber es hatte inzwischen viele Abschiede gegeben, die mich lehrten, dass es bei diesem Thema auch für einen

Liedkomponisten kein Drumherum geben darf. So konnte ich auch für diese schweren Lebenslagen Töne finden, die aus tiefster Seele kamen. Mit den Liedern zum Abschied von meiner Mutter hatte ich ja auch schon eine große Schwelle überwunden.

# 6
# Eine Zeitreise durch mein Tonträger-Archiv

Im Folgenden tauchen viele technische Begriffe auf – sicherlich nicht jedermanns Sache. Aber es geht mir vor allem um die kreativen Menschen in den Tonstudios, ohne deren Leidenschaft für ihr Metier meine Lieder nie so viele Ohren erreicht hätten.

Bitte folgen Sie mir! Im Keller unseres Wochenendhauses hinter dem Elbdeich lagern all die Schätze, die ich seit 1977 nach getaner Arbeit im Tonstudio mit nach Hause nehmen konnte. In den oberen Räumen klingt es für mich immer noch nach Live-Musik, seit wir hier 1981 begannen, mit all meinen Studio-Kindern und später mit meiner Band, für Ton- und Fernsehaufnahmen zu proben. Im Keller-Archiv stehen die letzten meiner Zweispur-»Schnürsenkel«-Masterbänder (Laufgeschwindigkeit 38 Zentimeter pro Sekunde). Viele andere habe ich nach ihrer Digitalisierung mit gemischten Gefühlen entsorgt. Ein paar von den Metallkernen (Bobby), auf die die Tonbänder aufgewickelt wurden, habe ich als Kapselheber für Bierflaschen aufbewahrt. Daneben finden sich 16- und 24-Spur-Tonbänder, jedes etwa vier Kilo schwer (viele weitere lagern bei dem Audiotechnik-Urgestein Hans-Joachim Dethlof, dem Tontechniker von »Die drei ???«, zur Digitalisierung). Ein Regal weiter liegen stapelweise CDs, einige DAT-Kassetten mit Zwischenstadien der großen Produktionen, wie z.B. *Der kleine Tag*, und seit ein paar Jahren auch Festplatten, die immer kleiner wurden, schließlich USB-Sticks mit Datenmengen, die wir auf analogen Tonbändern niemals hätten festhalten können. Dass hier neben den Tonaufzeichnungen auch noch jede Menge Bildtonträger lagern, vom professionellen Betacam-SP-Format über VHS-Kassetten bis zur DVD unserer Tage, sei nur am Rande erwähnt. Ich möchte in dieser kleinen Zeitreise die Erlebnisse mit Audio-Formaten schildern, denn dabei werden Erinnerungen wach, die aus dem Epizentrum unseres Traumberufes heraus immer noch kleine emotionale Nachbeben auslösen.

1967 – die Nachwuchsband the beAthovens nimmt im Kellerstudio von Joe Menke, aus dem sich später das berühmte Studio Maschen entwickelte, ihr Album »Happy To Be Happy« auf. Am Mischpult der Tonmeister Horst Andritschke. Das Aufzeichnungsgerät: eine 6-Spur-Tonbandmaschine von Telefunken. Diese Technik erlaubte eigentlich nur so etwas wie »live on tape«-Aufnahmen, jedenfalls bei unserem kleinen Budget. Kleinere Fehler kommentierte Joe Menke mit den Worten: »Das ist nur ein Fisch, der macht es menschlich«, was uns nur wenig tröstete. Die Beatles hatten damals bereits ein raffiniertes, aber zeitraubendes Verfahren mit Mehrfachaufnahmen sowie internen Zwischenmixes der Spuren entwickelt, von dem wir nur träumen konnten. Als Nachwuchsband hatten wir eine knappe Woche zur Verfügung. Umso stolzer kamen wir mit einem Schnürsenkel-Masterband aus dem Studio. Unser Traum vom ersten eigenen Album wurde wahr. Bei der Pressung der Vinyl-LP im Werk der Firma Miller International (Label Summerset) in Quickborn entstand ein kultiges Foto. Solche Schnürsenkel-Masterbänder, bei denen Korrekturen nur mit viel Fingerspitzengefühl durch Bandschnitt und Zusammenkleben möglich waren, trugen wir noch viele Jahre als kostbare Ernte der Aufnahme-Sessions nach Hause. Wenn man heute am letzten Tag zum Tonmeister sagt: »Spiel mir das Master mal per WeTransfer rüber«, wird einem die ganze Dimension des technischen Wandels deutlich. Die Mehrspur-Aufnahmetechnik wandelte sich früher als das Format der Schnürsenkel-Masterbänder. Aus dem 6-Spur-Gerät wurde bald die 8-, dann die 16-, und schließlich die 24-Spur-Maschine, zu zweit gekoppelt später auch mit 48 verfügbaren Spuren. Heute haben die Produzenten bei der digitalen Aufzeichnung beliebig viele Spuren zur Verfügung, was die Übersicht nicht unbedingt leichter macht, und mit einer Produktionswoche für ein ganzes Album kommt kaum noch jemand aus. Die Möglichkeit, aus vielen Aufnahmen ein und derselben Passage die optimale auszuwählen oder digital zu editieren, hat, wie auch die Vielfalt der digitalen Klang- und Stimmbearbeitungsmöglichkeiten, bei deutlich geringerem Materialeinsatz zu ausgereifteren Produktionen geführt. Spontanität ist allerdings heute seltener das Maß der Dinge.

Mein Weg führte mich zehn Jahre nach dem Kellerstudio von Joe Menke in die Villa von Otto Waalkes. Seinen Manager, Hans-Otto Mertens, hatte ich als Jugendfreund unseres beAthovens-Bassisten Michael Rick kennengelernt. In Ottos Villa hatte Walter Quintus eine Studio-Situation eingerichtet, bei der das Mischpult mit dem 16-Spur-Tonbandgerät im Wohnzimmer, die Mikrofone in Ottos Schlafzimmer standen. Hier entstanden die ersten Demo-Aufnahmen meiner *Vogelhochzeit*, und hier nahm meine Freundschaft zu Otto ihren Anfang. Etwa zur gleichen Zeit hatte ich die ersten Aufnahmen mit Peter, Sue & Marc im Sinus-Tonstudio an der Münstergasse in Bern mitgestaltet, ebenfalls in der 16-Spur-Technik, an einem beeindruckenden Studer-Mischpult. Die vielen Stunden in diesem Studiokeller, mit Peter Reber und dem Tontechniker Eric Merz oft bis in den frühen Morgen hinein, hatten ihren Preis. Wir mussten jeden Tag die gesamte Kleidung wechseln, denn das Studio im Gewölbe unter der Altstadt von Bern hatte seinen ganz eigenen Geruch, den wir auch durch das damals noch exzessive

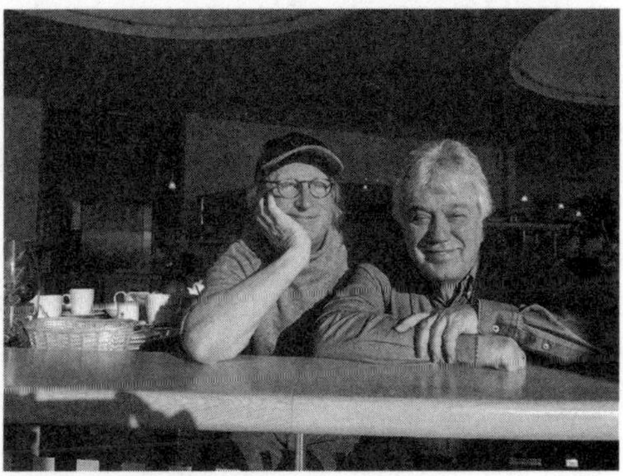

Gute Freunde, seit 1977

Rauchen nicht überdecken konnten. (An meinem Geburtstag am 12. Mai 1981 rauchte ich hier meine letzte Zigarette – mit Ausnahme der allerletzten im Jahr 2002 mit den Bühnenarbeitern bei meinem Besuch in Shanghai).

Um 1977 herum hatte Otto sich mit seinem Studio professionalisiert. Unter dem Namen Rüssl-Tonstudio war er in den Stadtteil Eidelstedt übergesiedelt und fand mit Hans-Jürgen Steffen einen Studio-Manager, der heute noch die Seele des Hauses ist. Ich konnte dort ein deutlich größeres MCI-Mischpult (mit Mixdown-Automatik) bestaunen, das von Walter Quintus, Thomas Kukuck und Gero von Gerlach routiniert und mit viel Fingerspitzengefühl eingesetzt wurde. Hier produzierte ich die finale Aufnahme der *Vogelhochzeit* und ein Jahr später meine *Schulweg-Hitparade.* Mehrere Songs mit erwachsenen Inhalten, die ich im Rüssl-Studio mit einer Studioband einspielte, erblickten nie das Licht der Welt. Einige wie *Sie kriegt ein Baby* bekamen zwei Jahrzehnte später eine zweite Chance auf meinen Alben für Erwachsene. Die Studioräume waren so großzügig aufgeteilt, dass man sich hier über mehrere Wochen und bis in die Nacht hinein wohlfühlen konnte. Ein Billard- und Kicker-Tisch im Aufenthaltsraum waren nicht nur bei den Kindern die Attraktion, ein Päuschen auf dem Dach über dem 4. Stockwerk mit einem traumhaften Weitblick über Hamburg bot in heißen Sommernächten eine willkommene Erfrischung (eine Klimaanlage ließ noch einige Jahre auf sich warten). Das Rüssl-Studio wurde auch für die Aufnahmen von Peter, Sue & Marc zur ersten Wahl. Mit den besten Hamburger Studio-Musikern, unter ihnen Benny Bendorff, Dieter Horns, Werner Becker, Herbert Bornholt, Peter Hesslein, Nils Tuxen und Peter Weihe, produzierten wir die Instrumentalaufnahmen, die Peter auf den schweren Mehrspurbändern mit in die Schweiz nahm. Dort nahmen wir dann die Gesänge auf und fertigten am Ende das Master-Mix. Seit 1988 heißt das Rüssl-Studio Gaga-Studio. Mit Hans-Jürgen Steffen, nun als Eigentümer, ist es in Deutschland eines der letzten angesagten Großstudios mit der Creme de la Creme der deutschen und internationalen Rock-Pop-Szene im Haus. Die Künstler-Liste auf der Homepage des Studios ist beeindruckend. Ich hatte die Freude, hier noch mehrfach aufnehmen zu können und die zeitgemäßen Produktionsmöglichkeiten sowohl analog wie auch digital zur Verfügung zu haben.

Aber zurück in mein Keller-Archiv. Zu den Schätzen, die ich dort in die Hand nehmen kann, gehören auch die ersten Master-Bänder meiner Gruppe »Rolf und seine Freunde«. *Radio Lollipop* wurde 1981 im Polydor-Studio auf dem Gelände des Studio Hamburg aus der Taufe gehoben. In den heiligen Hallen, die auch schon den Klang der Orchester von James Last und Bert Kaempfert gehört hatten, erfand ich mit John O'Brien Docker als Arrangeur und Gert Hauke am Mischpult den »Piratensender für Kinder«. Alle Musikaufnahmen wurden live eingespielt, zunächst mit einer Rhythmusgruppe, wie sie auch schon im Rüssel-Studio aktiv gewesen war, dann mit Solisten an Trompete, Geige, Flöte und anderen Einzelinstrumenten. Es ist nicht möglich, hier alle Menschen aufzuzählen, die für uns am Mikrofon aktiv wurden. Aber Bob Lanese (Trompete) und Herb Geller (Flöte und Saxophon) zu nennen, ist mir eine besondere Ehre. Die beiden zählen zu den ganz Großen der internationalen Jazz- und Bigband-Szene, und sie veredelten auch meine Kinder-Produktionen. Hier im Polydor-Studio entstand Ende 1981 auch unsere Version des Liedes *Ich mag* von Volker Lechtenbrink. Die Orchesteraufnahme wurde einige Monate zuvor produziert, und ich durfte sie einfach so übernehmen. Ich war ihm sehr dankbar dafür, und wir spürten in guten Gesprächen manche Gemeinsamkeiten, auch noch, als wir beide uns 30 Jahre später im honorigen Kreis der Hamburger »Ehrenschleusenwärter« wieder begegneten. Volkers Lebensreise endete im November 2021. Meine Erinnerung an ihn und seine warme, unverwechselbare Stimme wird bleiben. Die Lechtenbrink-Tonart war für meine Kinder eigentlich ein paar Töne zu tief, aber Sandra, Anuschka, Julian, Florian und Niels packten es ganz gut, wie der große Erfolg von *... und ganz doll mich* zeigt.

Wir nahmen im Polydor-Studio noch zwei weitere Alben auf *(Wir warten auf Weihnachten* und *Was Spaß macht),* immer mit einer Hamburger Top-Musiker-Besetzung aus dem Umfeld von James Last, den Les Humphries Singers und der NDR-Bigband. Die Studiotechnik blieb längere Zeit unverändert, aber im Studio zeichnete sich schon der große Umbruch der nächsten Jahre ab. Ein Musik-Computer von der Größe eines Kleiderschranks, mit dem experimentelle elektronische Musik aufgenommen wurde, stand im Aufnahmeraum. Ich war von dieser Musikentwicklung meilenweit entfernt, hatte aber mit Frank Hieber (heute Oberpichler) für den Song *Lieder, die wie Brücken sind* den ersten Oberheim-Synthesizer OB8 im Einsatz. In der Originalversion aus dem Jahr 1982 spielt Frank darauf das markante rhythmische Vorspiel, eine erste Ahnung von Popmusik im Kinderzimmer. Noch aber waren wir ganz in der bodenständigen Folkmusic-Stimmung, zu der John O'Brien Docker mit seinen englisch-irischen Wurzeln ganz wesentlich beitrug. Das Album *Wir warten auf Weihnachten* wurde fast wie Hausmusik im Polydor-Studio eingespielt. Die Musiker waren nur durch Akustik-Trennwände auf Abstand gehalten, um möglichst isolierte und damit gut abmischbare Tonsignale aufnehmen zu können, ihr Blickkontakt zueinander war aber immer möglich und von großer Bedeutung für das Musiziergefühl. Die Rhythmusgruppe, u.a. mit Michael Reinecke, dem Komponisten von *Ich mag* an der Gitarre, bildete die harmonische Basis für die Solo-Instrumente und die Streichergruppe, die später als Overdub aufgenommen wurden. Die damals noch analogen Aufzeichnungsmedien bewahrten das warme, familiäre Klangbild. Wenn ich in meinem Archiv heute die Vinyl-LPs jener Jahre in die Hand nehme, fühle ich mich gleich wieder mittendrin in dieser beseelten Musikantengemeinschaft.

Mit meinem ersten Polydor-Album für Erwachsene *Zeit für Kinder, Zeit für uns* 1985 wechselte ich in das 1972 erbaute große Studio Maschen von Joe Menke und startete meine Zusammenarbeit mit Volker Heintzen. Warum, kann ich nicht mehr genau sagen, vielleicht ergab es sich einfach aus Terminproblemen, vielleicht, weil ich gegenüber der Plattenfirma vertraglich unabhängiger geworden war. Es wurde jedenfalls ein Umzug auf Dauer. Im Studio Maschen war die Gruppe Truck Stop zu Hause, »Frl. Menke« hatte von hier aus ihren ersten Neue-Deutsche-Welle-Hit »Treetboot in Seenot«, und Stars wie Roger Whittaker vertrauten auf das Gespür von Volker Heintzen für ausgewogene und charismatische Klangbilder, insbesondere für den Sound der Stimme. In den 70er- und 80er-Jahren gab sich in dem von Truck Stop im Lied »Der wilde Westen« so erfolgreich besungenen Studio »gleich an der Autobahn« die deutsche Schlager- und Pop-Elite die Klinke in die Hand. Ich trommelte für mein Album *Zeit für Kinder, Zeit für uns* meine bewährte Studioband der vorigen Jahre zusammen, hinzu kam der Top-Drummer der deutschen Pop-Szene Curt Cress. Sein Handy (es war das einzige im Studio) lag auf einem Stand-Tom immer bereit – so ist es, wenn man dermaßen gefragt ist. Die Arbeit an diesem Album jenseits meiner Kinderliederwelt betrachte ich heute als Meilenstein auf meinem künstlerischen Weg. »Ein bisschen Mut« gehörte schon dazu, aber auch das Glück, so gute Musiker und Tontechniker an der Seite zu haben. Für vier weitere Alben, *Frag' mir doch kein Loch in'n Bauch, Winterkinder, Wir wollen Sonne* und *Starke Kinder,* wurde das Studio Maschen unser musikalisches Camp, in dem sich auch die Kinder so richtig wohl fühlten, der Kicker-Tisch im Aufenthaltsraum trug wie schon im Gaga-Studio entscheidend dazu bei.

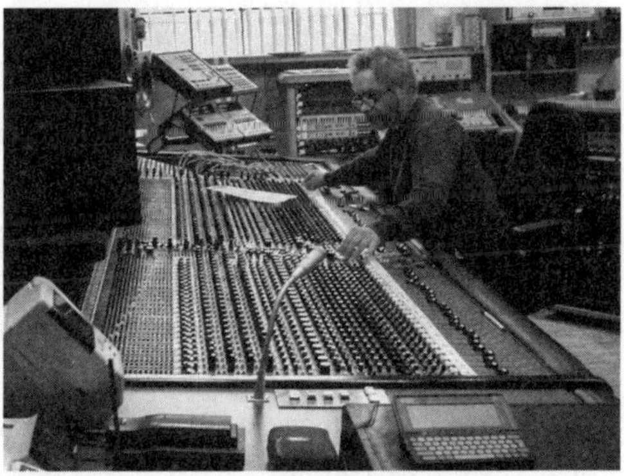

Volker Heintzen in seinem VOX Klangstudio. Technisch ganz weit vorn und auch als Wohlfühlwelt für uns alle.

Was will mir mein Keller-Archiv noch erzählen? Ab 1990 tauchte auf meinen Master- und Mehrspurbändern immer öfter der Name VOX auf. Volker Heintzen hatte sich vom Studio

Maschen gelöst und zehn Kilometer weiter im Luftkurort Bendestorf ein neues Studio gebaut, mit sehr viel Eigenleistung, für die ich ihn grenzenlos bewunderte. Mein erstes Album in seinen neuen Räumen (*Nahaufnahme*) war wieder ein Projekt in bewährter Band-Besetzung. Noch produzierten wir auf die herkömmliche Weise mit einem 24-Spur-Tonbandgerät, aber die Zukunft stand schon vor der Tür. Die ersten kleineren Studios waren in der Lage, Basis-Aufnahmen zu erstellen, die dann im großen Studio erweitert werden konnten, z.B. mit Streichorchester und Chorgesang, um dort schließlich zum Master abgemischt zu werden. Eine solche »Zulieferung« erstellte ich mit Christoph Leis-Bendorff als Pianist und Drummer für mein Lied *Ich bin sauer,* aufgenommen im Kellerstudio seines Vaters Benny. Christoph wagte ein paar Jahre später den großen Sprung zu einem eigenen Studio, eher klein, aber technisch und mit seinem musikalischen Knowhow als Drummer, Keyboarder und exzellenter Sänger »ganz weit vorn«. Dort entstanden mit ihm und verschiedenen Musikern Klangbilder, die man zuvor nur in den großen Studios realisieren konnte. Mein Lied *Kinder werden groß* ist ein schönes Beispiel dafür. Christoph Leis-Bendorff hat bis heute ein geniales Gespür für einen musikalischen Fluss, den insbesondere die Musikredaktionen bei Funk und Fernsehen zu schätzen wissen.

Bei Christoph konnte ich einen weiteren Wandel in der Produktionsweise hautnah miterleben. Sein Bruder Florian spielte 1999 für mein Lied *Zu viele Bilder* einige virtuose Solo-Gitarren-Passagen in einem Hotelzimmer, weit weg im Süden. Christoph empfing die Daten über das Internet und fügte sie in die Mehrspur-Studio-Aufnahme ein. Heute eine Standard-Arbeitsweise, seinerzeit sensationell. Es dauerte nicht lange, da nahm ich aus Christophs »Grassgroof«-Studio keine Tonbänder mehr mit nach Hause, sondern selbstgebrannte CDs, eine Innovation, über die man heute nur noch schmunzeln kann. Meine erste industriell gefertigte Musik-CD *Dezemberträume* war 1992 aus dem Presswerk der Deutschen Grammophon Gesellschaft in Hannover gekommen. Nun konnte man mit Hilfe kleiner CD-Brenner oder auch auf digitalen

Kassetten (DAT) seine eigenen Archiv-Exemplare herstellen. Für uns war es ein kleines digitales Wunder, dem man nicht sofort trauen mochte, sodass wir noch einige Zeit CDs und herkömmliche Masterbänder zur Sicherung unserer Audio-Schätze parallel anfertigten. Dieses Stadium der Musikspeicherung war allerdings nicht von Dauer. Bei Christoph sah ich Ende der 90er-Jahre die erste Festplatte.

Einen ähnlichen Weg wie Christoph gingen der Keyboarder Frank Oberpichler und der Gitarrist Dieter Faber. Beide hatten in den großen Studios bei vielen meiner Band-Sessions mitgewirkt. Nun bauten sie sich ihr eigenes Studio. Der Trend hin zur Produktion in kleinen Studios, die überall entstanden, war nicht mehr aufzuhalten. Das große, zunehmend digitalisierte Mischpult wurde ergänzt, später ersetzt durch das virtuelle auf dem Bildschirm. Diese Studios spielten noch einige Jahre vor allem die Rolle des Zulieferers von Basistracks für die großen Studios, wurden aber dank der rasanten Entwicklung digitaler Aufnahmemöglichkeiten zunehmend autark und die großen Studios zu Dinosauriern der Musikproduktion. Nur wenige konnten sich halten. Heute ist vor allem das Studio von Dieter Faber mein musikalisches Zuhause. Dieter und Frank produzierten u.a. gemeinsam meinen zeitkritischen Pop-Titel *Alle wissen alles, keiner weiß Bescheid.* Das konnte ich für die beiden nicht wörtlich nehmen, denn sie erkennen bis heute immer die Zeichen der Zeit.

Im VOX-Klangstudio von Volker Heintzen wagten wir 1999 den ganz großen Sprung. Für das Musical-Hörspiel *Der kleine Tag* investierten wir gemeinsam in eine aufwändige Digitaltechnik und verkoppelten zwei analoge 24-Spur-Bänder mit den digitalen Aufnahmen des Südwestdeutschen Rundfunks. Das VOX-Studio war in seiner dualen Ausstattung damit für einige Zeit vielen anderen ein gutes Stück voraus. Noch sicherten wir das Ergebnis auf zahlreichen DAT-Kassetten und CDs, aber der nächste Schritt vollzog sich fast parallel: Die Sicherung auf der ersten noch etwas unhandlichen, Festplatte. Eine rasante Entwicklung liegt seitdem hinter uns, Daten werden auf immer kleineren Trägern mit enormen Kapazitäten gespeichert oder unabhängig vom jeweiligen Arbeitscomputer in eine Cloud ausgelagert. Per Internet-Transfer werden auch große Datenmengen minutenschnell versendet und können bei Bedarf in anderen Studios weiterverarbeitet werden. Tonbänder sind längst Vergangenheit, ich kann sie zum Glück in meinem Kellerarchiv noch in die Hand nehmen und in Erinnerungen schwelgen.

Im Jahr 2011 kam zum letzten Mal meine Studioband im VOX-Klangstudio zusammen, um den Song *Willkommen im Zirkus* für das Album *leiseStärke* einzuspielen. Bald darauf, nach Ende seines Mietvertrages, schloss Volker Heintzen für immer die Tür seines Studios. Mit den Räumen, in denen heute ein sehenswertes Filmmuseum untergebracht ist, verbinde ich mit die schönsten Erinnerungen, die meinen Beruf zur Leidenschaft werden ließen. Hier wurden meine Träume hörbar, hier entstanden in vielen emotionalen Aufnahmephasen dauerhafte Freundschaften, hier wurden aus Kindern Erwachsene, die durch ihre Musikerlebnisse im Studio einen Schatz für ihr ganzes Leben in sich tragen.

# 7
# Vom Kindergarten zum Arena-Konzert

Kann man in einem Lebensbericht wie diesem nach über 40 Jahren auf der Bühne seinem Publikum, allen Mitwirkenden, Partnern und Förderern gerecht werden? Nun, den Menschen gerecht zu werden, die an mich geglaubt haben, mit denen ich zusammenarbeiten durfte, die mich als Fans begleitet haben, von den ersten Kindergarten- und Schulkonzerten bis zur voll besetzten Color Line Arena in Hamburg, heißt für mich nicht, sie hier alle aufzuzählen (das wäre unmöglich). Ich trage sie in meiner Erinnerung und lasse die gemeinsamen Zeiten gern und oft Revue passieren, gedenke der Freundschaften, die über all die Jahre entstanden sind. Der produktive Austausch und die Proben brachten uns einander näher. Die Konzerte, die oft voller Überraschungen waren, und die Glücksgefühle, die das gemeinsame Musizieren mit sich bringt – all das erfüllt mich mit Dankbarkeit.

Die Jahresuhr meines Lebens sagt mir, dass die längste Strecke hinter mir liegt. Als Optimist freue ich mich aber auf das, was noch kommen mag.

Aus dem Kinderhaus Iserbrook-Sülldorf bis hinaus in die großen Konzertsäle und Arenen führten mich viele kleine Schritte. Einen Sprung kann ich im Rückblick nicht erkennen, ein Sichvortasten war und bleibt meine Gangart (»Ein bisschen Mut, ein bisschen Glück«). Auch wenn ein finanzieller Engpass der Auslöser meiner ersten Kindergartentournee gewesen war, machte es mir doch von Anfang an einen Riesenspaß, mit den Kleinen zu singen. Nach mehr als hundert Konzerten in Kindergärten und Spielkreisen fragte ich 1978 in Buxtehude-Nord, wo ich bereits zweimal Klasse für Klasse die neuen Schüler der Orientierungsstufe begrüßt und dabei meine Stimme überstrapaziert hatte, ob ich es vielleicht einmal mit zwei Schulklassen gleichzeitig probieren dürfte. Die Schulleitung war einverstanden, und es ging besser, als ich gedacht hatte. Der Bann war gebrochen, ich spielte ab da vor versammelten Schulgemeinschaften, wie zum Beispiel in Tostedt in der Nordheide, wo der kleine Lockenkopf Niels mit seiner strahlenden Stimme aus der Menge herausstach. Er erfreute uns bald danach mit seinem *Du da im Radio* und dem *Bananenbrot-Song*.

Ein weiterer Bann war zu brechen: In meiner Kindergartenkonzertzeit hatte ich mir als Outfit gestreifte, später rote und gelbe Latzhosen ausgedacht. Ich fand, das würde mir eine besondere Nähe zu den Kindern schaffen und konnte mir lange nicht vorstellen, dass mich die Kinder auch ohne Latzhose akzeptieren würden. Schließlich fühlte ich mich damit aber nicht mehr wohl, gab mir einen Ruck und verzichtete auf mein Outfit. Verblüfft stellte ich fest, dass kein Kind nach meiner Latzhose fragte. Nur ein paar Mütter und Kindergärtnerinnen registrierten die »wagemutige« Entscheidung.

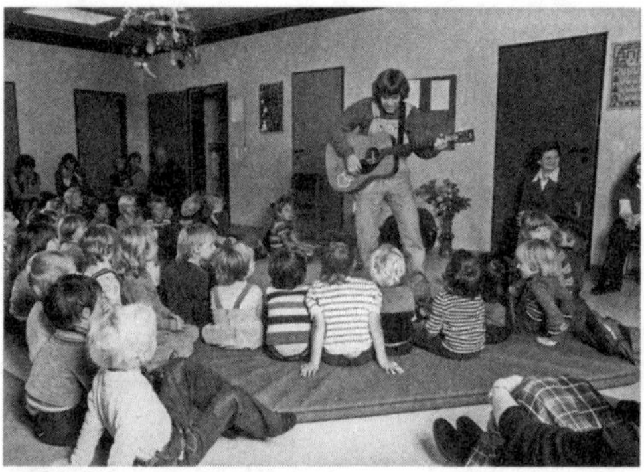

Ich gab wohl mehr als hundert solcher Konzerte in Kindergärten und Spielkreisen.

Nachdem ich mich auf diese Weise äußerlich emanzipiert hatte, begann ich zu ahnen, welch große Freiheit vor mir lag: Kindergärten, Schulen, Dorf- und Stadtfeste, Gemeindesäle und Turnhallen, Aulen und Kirchen, Freilichtbühnen und Festzelte – eine ganze Welt stand mir offen. Aber würde ich mein immer größer werdendes Publikum auf Dauer als Sänger mit Gitarre erreichen?

Noch agierte ich mit Tweety ja allein auf der Bühne. Ihren Namen verdankte meine Gitarre einer Idee meines Sohnes Alexander (»wenn deine Gitarre dein Freund ist, muss sie auch einen Namen haben«). Die Schulkameraden von Niels in der Tostedter Grundschule hatten sie im Rahmen einer Umfrage so getauft.

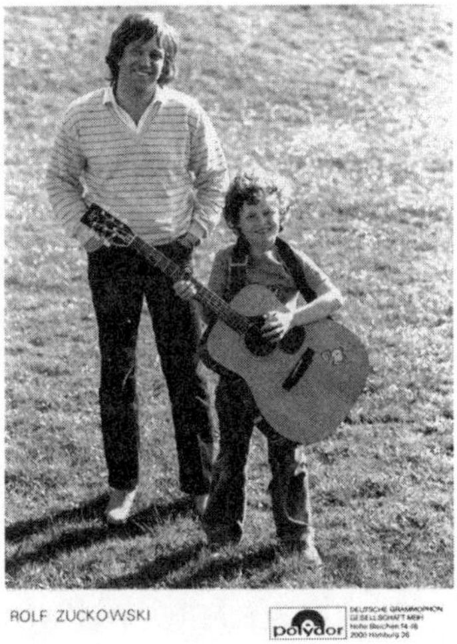

Kleiner Niels, große Tweety

Aber es war nicht nur eine akustische Frage, denn ich empfand immer mehr das Bedürfnis, meine Auftritte mit gestischen Einlagen und spontanen Interaktionen mit meinem Publikum anzureichern, mich mitten unter die Kinder zu mischen. Als der an das Mikrofonstativ gebundene Gitarrenmann stieß ich dabei an meine Grenzen.

## Ende der One-Man-Show

In der Finkwarder Speeldeel hatte ich 1982 einen Akkordeonspieler kennengelernt, einen, den die Kinder mochten, weil er sie mochte: Michael Gundlach. Anlässlich der Vorbereitung meines bis dahin größten Konzerts – einer Verkehrssicherheitsshow mit den Verkehrslehrern der Polizei in der Hamburger Sporthalle vor 3000 Zuschauern, darunter viele Grundschulklassen – kam ich mit Michael ins Gespräch. Ich hatte, organisiert von den Polizei-Verkehrslehrern Erich Weigt und Lutz Steinmann, eine ähnliche Veranstaltung in der Hagener Ischelandhalle erlebt und war, bei aller Begeisterung der Kinder, mit meinem Sound und der musikalischen Vortragskraft als Sänger zur Gitarre nicht recht zufrieden. »Ich spiele auch Orgel«, sagte mir der Speeldeel-Akkordeonist. Für mich gehörte eine Orgel in die Kirche oder zur

Tanzmusik im Seniorenheim. »Meine FX-1 klingt wie ein kleines Orchester«, versuchte Michael mich zu überzeugen. Ich willigte zögerlich ein: »Aber ich bringe meine Oberheim-Rhythmusmaschine mit.« Auf diesen Deal ließ sich Michael ein, was bezeichnend für seine Bescheidenheit ist. Denn seine »Yamaha-Orgel« war meiner Rhythmusmaschine haushoch überlegen – sie hat nach unserem ersten gemeinsamen Auftritt in der großen Hamburger Verkehrssicherheitsshow nie wieder eine Bühne gesehen. Wer sie noch einmal hören will, gönne sich die Aufnahme *Wenn der Sommer kommt* vom Album *Sommerkinder* (ursprünglich: *Wir wollen Sonne*).

Mit der Hilfe von Michael überwand ich meine Hemmungen, mich an größere Auftritte heranzuwagen. Seine den Studioaufnahmen meiner Lieder genial nachempfundenen Orgel-Arrangements gaben mir und allen Mitwirkenden auf der Bühne den nötigen Halt. Die Rhythmusabteilung der FX-1 (später Electone) wurde je nach Bedarf ein- und ausgeschaltet, um Tempo- und Intensitätsschwankungen der singenden Kinder aufzufangen. Textaussetzer? Tonartsprünge? Kein Problem! Michael reagierte stets einfühlsam und machte meine Konzerte durch seine Flexibilität und Ausstrahlung noch kinderfreundlicher. Konzerte bei Sommerfesten, in Kliniken und Kirchen gehörten bald ebenso selbstverständlich in unser Reiseprogramm wie viele weitere große Verkehrssicherheitsshows mit zahlreichen Schulklassen, Kindergärten und Chören im ganzen Land.

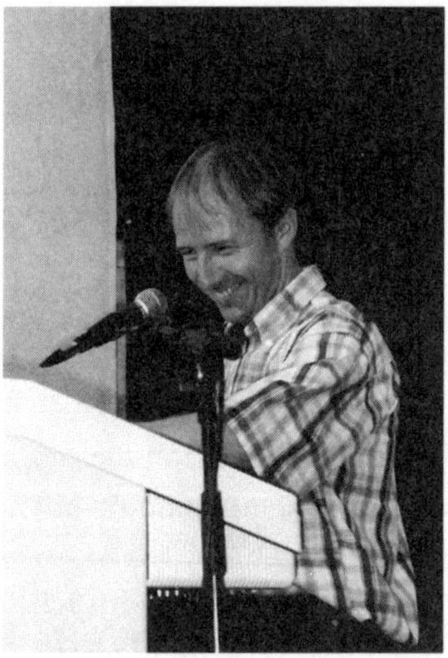

Michael Gundlach, Meister an 88 Tasten und mehr, mein Ein-Mann-Orchester.

Die Fernsehpräsenz in den 1990er-Jahren brachte willkommene neue Anstöße, aber die Intensität des Mittendrinseins auf Konzerten war von deutlich größerer und nachhaltigerer Bedeutung. Die Ideen sprudelten dabei nur so und brachten manche Herausforderung für unsere Veranstaltungspartner. Unvergessen die halbe Stunde, in der ich mit Michael auf der Spielfläche der Hamburger Sporthalle in einem Riesenosterei während der Einlasszeit versteckt ausharren musste. Das Ei war frisch lackiert worden, auch von innen, und wir rangen an einem kleinen Loch im Boden nach Luft, bis mit der Opening-Musik die Erlösung kam und das Ei sich öffnete, sodass wir leicht benommen heraustaumelten. Wirklich dramatisch wurde es bei einem Konzert in Westfalen, wo ich mit dem Moderator von der Hallendecke in einem Hubschrauber aus Eisenstangen und Pappe herunterkommen sollte. Die Probe hatte gut geklappt, wir stiegen aus, der Hubschrauber wurde wieder zur Decke gezogen – und krachte mit einem Riesenknall auf die Fläche. Die Trageseile waren gerissen. Zum Glück war der Saal noch leer, niemand kam zu Schaden. Aber so dramatisch wurde es nur ausnahmsweise. Meist hatten wir und unser Publikum einen Riesenspaß, sogar der trockene Begriff »Verkehrserziehung« schreckte uns nicht ab, sondern bekam einen neuen, lebensfrohen Klang. Ich verdankte den Verkehrslehrern der Polizei und den Mitarbeitern in der Verkehrswacht sogar die erste große Verbreitung meiner Lieder.

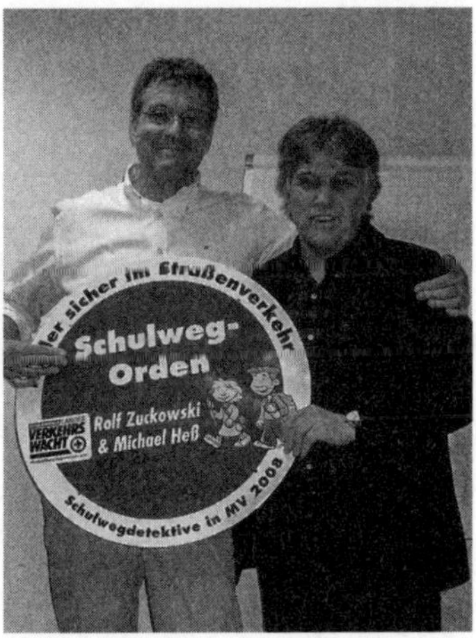

Mike Heß, Verkehrssicherheit mit Kopf, Hand und Herz.

Nach vielen solcher Konzerte in Westdeutschland und einer Tournee mit den Verkehrsliedern durch die neuen Bundesländer entschied ich mich jedoch, von den Konzerten mit der *Schulweg-Hitparade* Abschied zu nehmen, um zwölf Jahre nach ihrer Erstveröffentlichung daran anzuknüpfen: Sie als *Neue Schulweg-Hitparade* an veränderte Erkenntnisse, aktuelle Entwicklungen und Vorschriften anzupassen, machte durchaus Sinn. Mein Organisator und Vortragspartner Michael »Mike« Heß vom Deutschen Verkehrssicherheitsrat, einer der führenden Experten für Weiterbildung und Medienkonzeptionen, verhalf mir in einer bundesweiten Serie von Seminaren mit Erzieherinnen und Grundschulpädagogen, dafür neue Einsichten zugewinnen. Gemeinsam fanden wir in diesem komplexen und sensiblen Themenbereich eine gute Balance zwischen Pädagogik und Unterhaltung.

## Hier bewegt sich was

Der bunte Flickenteppich meines Tourneekalenders hatte sich in diesen Jahren für uns zu einem wachsenden Problem entwickelt. Meine Familie, später auch die von Michael Gundlach, hatte sich darauf eingerichtet, mit uns als Musikvagabunden zu leben, dennoch wurden die Forderungen nach einer besseren Terminplanung unüberhörbar. Ich gewann meine Schwägerin Christiane Heitmann für die Reisekoordination, und wir brachten eine durchdachte Struktur in unseren Kalender. Außerdem fanden wir in Heidi Lindner aus Neumünster eine Partnerin für die Organisation im Vorfeld der Konzerte und die Abläufe auf der Bühne. Und ihr Talent reichte weit über das Organisieren hinaus, wie sich bald herausstellte.

Ich hatte Heidi über ihren Mann Mike bei einem Spielfest in Kaltenkirchen kennengelernt. Er schaffte es spielend, die Kinder von der Bühne aus zu animieren und in Bewegung zu bringen. Meine Einladung, diese Fähigkeit noch am selben Tag auch in meinem Auftritt einzubringen, nahm er spontan an. Nach einem Besuch von Heidi und ihren Kindern in meiner Kieler Radiosendung

»Sonntagskinder« kamen wir ins Gespräch, das in eine konkrete Zusammenarbeit mündete. Im Volkshaus in Neumünster hatten Heidi und Mike mit ihrem Verein, dem SV Tungendorf, bereits im Frühjahr 1989 meine Live-Ü-Wagensendung »Unterwegs mit Kind und Kegel« der Welle Nord organisiert. Die Resonanz war sehr ermutigend. Zur gleichen Zeit hatte Heidi schon eine weitere Idee: ein landesweites Treffen von Kinderturngruppen, die im Rahmen eines Wochenendes eine Turn-Show zu meinen Liedern vorbereiten sollten. Vorstellen konnte ich es mir noch nicht so richtig, aber ich vertraute Heidi und Mike. Die »Laternenshow mit Rolf & Co« wurde geboren. Dass diese Show in den Holstenhallen Neumünster mit über 3000 Zuschauern stattfinden sollte, konnte sich nun selbst Heidi nicht so recht vorstellen. Aber: Ein auf Anhieb ausverkauftes Haus, 300 mitwirkende Kinder aus 24 schleswig-holsteinischen Turn- und Sportvereinen und über 3000 glückliche Kinder und Eltern im Publikum sprachen für sich. Direkt im Anschluss wurde eine zweite Show für das weiter nördlich gelegene Harrislee beschlossen.

Welche Dimensionen die Zusammenarbeit mit Heidi annehmen könnte, ahnte ich, als ich die Live-Übertragung der Abschlussfeier des 1. gesamtdeutschen Turnfestes in Bochum im ARD-Fernsehen sah. 1500 Kinder, Eltern-Kind und Kinderturngruppen, Schulen und Jugendgruppen aus Bochum und Umgebung turnten auf einem »Regenbogen« zu meinem Lied *Wir sind Kinder*. Ich war hin und weg von diesen Bildern.

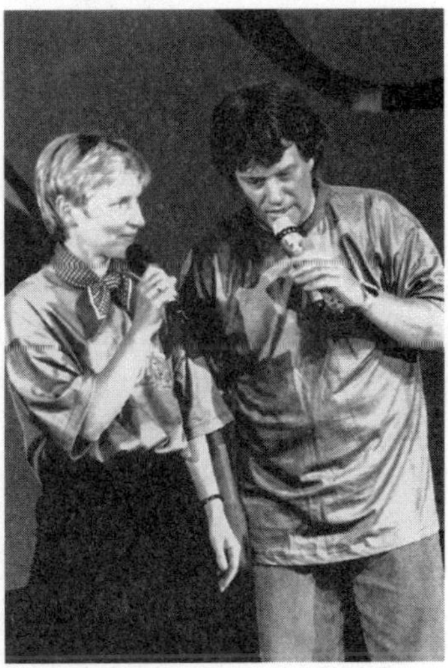

Heidi Lindner, die noch viel mit mir bewegen wird.

Mit Heidi Lindner war ich nun erst recht mittendrin. Unter 300 aktiv Mitwirkenden lief bei ihr gar nichts. Die bundesweite Verbreitung der

»KinderTurnshow« war ihr langgehegter Traum, den sie sich gemeinsam mit mir und meinen Liedern nun erfüllen konnte: Eltern-Kind- sowie Kinder- und Jugendturnen mit viel Spaß, ohne Wettkampfcharakter und dennoch mit guter Bewegungsqualität. Heidi konzipierte Anfang der 1990er-Jahre mit mir verschiedene »KinderTurnshows«: Die »Lichtershow mit Rolf & Co«, »Kinder & Turnuffel«, »Sternenkinder« und schließlich auch eine Winterkinder-Turnshow zu meinen weihnachtlichen Liedern.

## Die Jahresuhr steht niemals still

Mit diesen Erfahrungen und durch Heidis inspirierende Ideen wurden nun auch meine »normalen« Konzerte bunter, bewegter und spielerischer. Das zeigte sich in vielen Facetten auf der »Starke Kinder«-Tournee, die uns 1995 in größere Hallen und Open Air durchs Land führte. Sigi Zeller aus Ennigerloh hatte uns eine Jahresuhr mit gut fünf Metern Durchmesser und zwölf Monatsbildern nach Motiven von Julia Ginsbach gebaut, die für viele weitere Konzerte, auch noch nach dieser Tour, unseren Bühnenhintergrund bildete. Das Lied von der *Jahresuhr* durfte in keinem Konzert fehlen. In der Musik- und Kongresshalle Lübeck wollte es kein Ende nehmen: »…und dann und dann fängt das Ganze schon wieder von vorne an«, sang der Chor Musiktreck Essel mit dem Publikum immer wieder und immer lauter. Sie forderten Michael Gundlach und mich heraus, bis wir »für eine Kaffeepause« die Bühne verließen. Auch bei mehrfachem Zurück auf die Bühne hatte das Lied noch kein Ende gefunden. Ich gab zu, als Komponist einen kolossalen Fehler gemacht zu haben: »Das Lied hat einfach keinen Schluss, Entschuldigung!« Ich bat das Publikum, immer leiser zu singen, bis es letztendlich nur noch ein großes Gemurmel und Flüstern gab. Das war meine Chance. »Applaus!« Die Lage war gerettet.

In Lübeck, wie zuvor auch schon im Hamburger Kongress-Zentrum, hatte ich die Freude, mein Lied *Ich schaff das schon* in einer Choreografie zu erleben, die für mich zu den eindrücklichsten Bühnenerinnerungen meiner Konzertreisen gehört. Das Tanzstudio Odenthal aus Hürth gab dem Lied eine eigene Dimension des Miteinanders von Kindern und Jugendlichen in federnd getanzten Bildern. Da mein Bruder Pit in Zusammenarbeit mit dem NDR die Höhepunkte dieser Tournee auf Video festgehalten hat, kann man diese zauberhafte Inszenierung bei YouTube im Video »Live heißt lebendig« heute noch sehen.

## Jede Menge Glücksminuten

Nach 15 Jahren ununterbrochener Konzerttätigkeit meinte ich 1996, eine Tourneepause einlegen zu sollen, spürte aber bald schon wieder Lust und Mut, gemeinsam mit Heidi Lindner etwas noch Größeres zu wagen: Den Kindern und Eltern einer ganzen Region wollten wir im Verlauf einer Woche eine Vielfalt von Konzerten bieten. »Tage voller Glücksminuten« (inspiriert von meinem Lied *Glücksminuten*) hieß unser neues »Riesenbaby«, ein Kinder- und Familienfestival, das wir 1998 in Bernkastel-Kues aus der Taufe hoben. Veranstaltungswunschpartner war Hermann Lewen, Kulturverantwortlicher in Bernkastel-Kues: Er hatte es schon 1985 als Erster gewagt, mich über drei Tage für eine Konzertreihe in der Mosellandhalle zu engagieren. Und auch diesmal war er Feuer und Flamme. Das Festival entpuppte sich als ein Kraftakt für alle Beteiligten, wurde aber schließlich zu einem großen Erfolg und einem Meilenstein meiner Konzerttätigkeit. Ein holländisches Theater-Zelt mit 800 Plätzen war für ein neues Mittendrin-Gefühl geradezu ideal: drei Tribünen, die eine Arena bildeten und jedem Zuschauer, ob groß oder klein, eine gute Sicht auf die Bühne und gleichzeitig in die Gesichter auf den Plätzen gegenüber boten. Da schaukelte sich das Publikum gegenseitig zur Hochstimmung auf.

Das Zelt und das wunderbare Gelände auf dem Plateau von Bernkastel-Kues erlaubten uns nicht nur, Heidis KinderTurnshow »Kleiner blauer Stern«, »Rolfs Schulweg-Hitparade« und »Die Jahresuhr der Liederbüchermaus« auf die Bühne zu bringen, es gab mir auch die Möglichkeit, Rale Oberpichler, die »Mama« aus der *Vogelhochzeit*, mit ihrem Programm zur CD-Serie *Rales Musikmärchen* vorzustellen und Julia Ginsbach in Workshops ein Forum für ihre Illustrationskunst zu geben. Ich selbst betrat mit zwei Programmen Neuland. Mit »Peter und der Rolf« (mit dem SWR-Rundfunkorchester Kaiserslautern unter der Leitung von Michael Luig) brachten wir den Prokofjew-Klassiker und neue Orchesterversionen meiner Lieder auf die Bühne. Ein weiterer Meilenstein war das erste Abendkonzert »… und die Kinder schlafen« mit meiner aus Anlass des Festivals neu gegründeten Band. Die Mitglieder der Band waren einerseits meine nun erwachsenen Kinder Anuschka und Alexander und die ebenfalls erwachsen gewordenen Freunde der 1980er-Jahre Sandra, Nicola, Julian und Florian. Verstärkt wurden wir durch Jens Carstens am Schlagzeug und natürlich durch Michael Gundlach an der Yamaha-Orgel. Der Titel des Festivals »Tage voller Glücksminuten« hatte für mich persönlich inmitten dieser vertrauten und talentierten jungen Leute seine spezielle Gültigkeit. Das galt gewiss auch für meinen damals 14-jährigen Sohn Andreas, der hier zum ersten Mal als Gitarrist und Sänger auf die Bühne

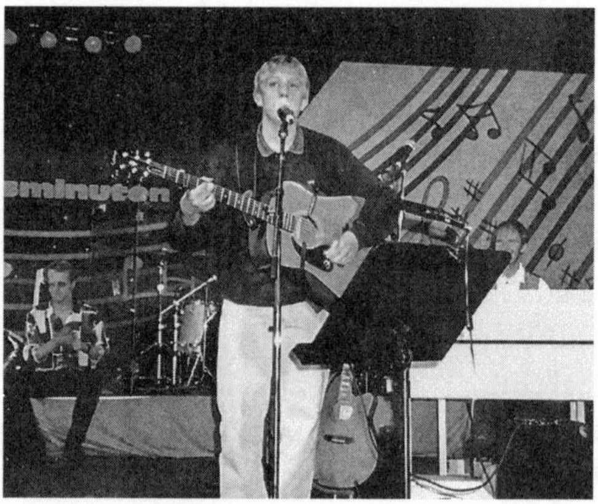

Andreas rockt das mit links.

trat, um den Titel »Wonderwall« von Oasis vorzutragen. Wir waren berauscht von den Gefühlen, die wir durch unsere Musik auslösten. Nach dem Konzert war Party angesagt, gemeinsam mit unserem Publikum. Wir improvisierten Rock-Oldies und aktuelle Hits. In diesen Tagen an der Mosel lagen musikalische Zukunftsvisionen für uns ebenso in der Luft wie glückliche Erinnerungen an die gemeinsame Vergangenheit, als die Bandmitglieder noch die »kleinen Freunde« waren.

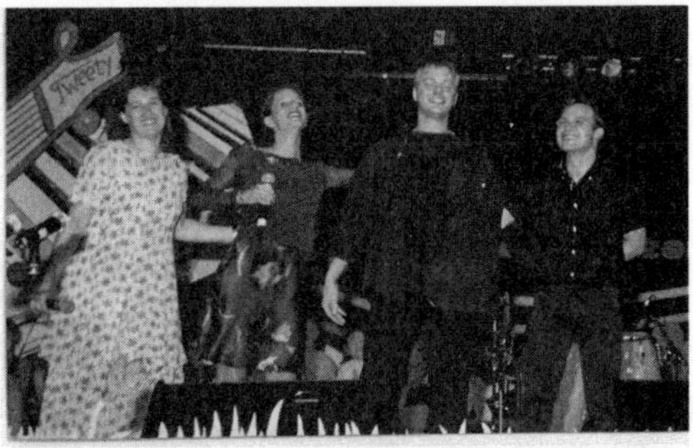

Glücksminute für Sandra, Anuschka, Julian und Flo 16 Jahre nach »... und ganz doll mich«.

Drei Jahre später, im Juni 2001, starteten wir aufgrund des großen Erfolgs eine Neuauflage der »Tage voller Glücksminuten«. Ich wagte mich abends in den Sporthallen der Rhön-Region an ein Solo-Programm für Erwachsene, und in Bad Kissingen gaben wir unter dem Titel »Kinder werden groß« ein Konzert mit meiner in Bernkastel-Kues aus der Taufe gehobenen Band. Unser Andreas stieg für den beAthovens-Song *Little Darling* in die Band mit ein. Heidi Lindners Sohn Kai, der einige Jahre später der Mann an den Tasten bei Johannes Oerding wurde, begleitete ihn am Keyboard.

Der Kurpark von Bad Kissingen hatte wohl selten ein so junges Familien-Publikum gesehen. Die mit Kindern gefüllte Königsloge im Konzertsaal des geschichtsträchtigen Regentenbaus bot einen bunten und fröhlichen Anblick. Die Stadt förderte unser Festival großzügig, verhalf es ihr doch zu einem verjüngten Image. Ob unser Impuls nachhaltig gewirkt hat, mögen die Menschen vor Ort beurteilen. Ich habe jedenfalls nur gute Erinnerungen an Bad Kissingen und begrüße die Aufnahme des Staatsbades in die UNESCO-Liste des Welt-Kulturerbes.

## Eine Nummer zu groß?

Seit Mitte der 1990er-Jahre kamen Angebote für die jeweils nächst größere Auftrittsdimension, und ich traute mich. Dazu gehörten Anfragen für die großen Live-Events der Radiosender (auch solcher, die kaum ein Lied von mir im Laufprogramm spielten). Als wir auf dem Sommerfest von Antenne Bayern in Schweinfurt vor 10.000 Menschen bei glühender Hitze spielten, hatte ich allerdings das ungute Gefühl, eine Grenze überschritten zu haben. Nicht musikalisch, nicht akustisch, aber menschlich. Es wurde mitgesungen, der Applaus war da, aber das Gefühl für die Kinder im Publikum ging unweigerlich verloren, der Blickkontakt beschränkte sich auf die vorderen Reihen. Für die Prinzen, die nach uns spielten, war das völlig normal, für mich war es eher unbefriedigend. Meine Ambitionen, bei den ganz großen Events dabei zu sein, hielten sich seitdem in Grenzen. Nur einige wenige Male haben wir uns später noch an die »ganz große Nummer« herangetastet, aber es mussten schon außergewöhnliche Gründe vorliegen. So gaben wir im Winter 2005 in der Hamburger Color-Line-Arena ein Benefizkonzert für die Opfer des Tsunami im Indischen Ozean und im Sommer 2013 auf dem Spielbudenplatz an der Reeperbahn ein weiteres nach der großen Elbflut von 2012. Zehntausend und mehr Menschen erreichen zu können, ist ein euphorisches Gefühl, es zu wollen, eine andere Sache.

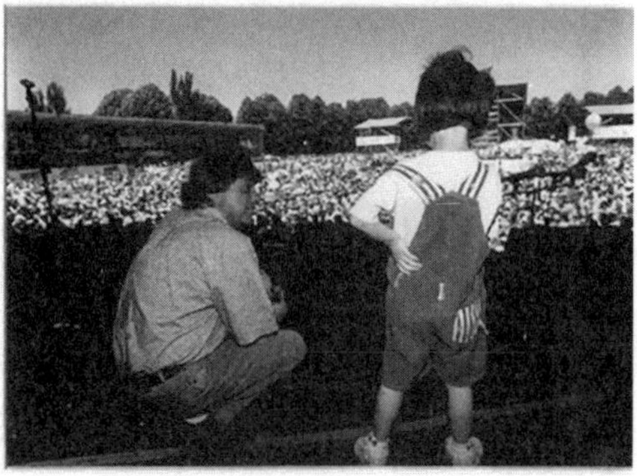
Diese Kleine kam ganz groß raus in Schweinfurt.

Meine größte Tournee führte mich 2002 durch das ganze Land: Rolfs Wunschkonzert »Sing mit uns dein Lieblingslied«. Ich sang, allerdings nicht allein, in mittelgroßen Hallen die Lieder, die vom jeweiligen Publikum gewünscht wurden. Ein Test für diese Konzertidee war bei unserem Festival »Tage voller Glücksminuten« erfolgreich verlaufen. Im Februar 2004 war es so weit: In Hamburg starteten wir mit dem ersten Wunschkonzert. Am Ende wurden es in drei Tourneeabschnitten 225 Konzerte mit rund 5000 mitsingenden Kindern und über 200 Geburtstagsfeiern auf der Bühne. Die Kinder und deren Eltern nannten im Verlauf der Reise über 300 verschiedene Titel als »mein Lieblingslied von Rolf«. Die Wünsche wurden jeweils auf einer Stimmkarte notiert und von Helfern vor dem Einlass im Foyer eingesammelt. Daraus ermittelten wir für jedes Konzert (nachmittags und am frühen Abend) eine aktuelle Hitparade. Es gab keine Vorgaben oder Einschränkungen für die Nennung des Lieblingsliedes, mein gesamtes Repertoire stand zur Auswahl. Michael Gundlach und ich waren auf etwa 300 Lieder gut vorbereitet, ganz außergewöhnliche Liederwünsche erfüllten wir mit Hilfe meiner Songbooks, die in Großkopien auf der Bühne bereitlagen. Die große Zahl der unterschiedlichen Lieblingslieder hat mich wirklich überrascht. Zwar konzentrierte sich das Gesamtergebnis der Tournee auf etwa 20 Spitzenreiter, aber ein stark besetztes Mittelfeld zeugte von den recht differenzierten Vorlieben meines Publikums. Die Konzentration auf die Top Twenty der Gesamttour war im Norden und Westen viel ausgeprägter als im Osten und Süden, wo die Streuung der Lieblingslieder deutlich breiter ausfiel. Fröhliche Lieder dominierten meine Charts, aber auch der Song *Ich schaff das schon* landete in der Gesamtauswertung aller Konzerte auf Platz sechs.

Bei näherer Beschäftigung mit dem Zustandekommen der Wunschlied-Hitparaden kamen wir zu einigen interessanten Erkenntnissen: Die Jahreszeiten spiegelten sich in den Vorlieben der Kinder immer noch stark wider. Ein Lied wie *Kommt, wir woll'n Laterne laufen* hat etwa zwei Wochen lang Saison. *Es schneit* kommt auf etwa drei Monate. Romantische Weihnachtslieder wie *Dezemberträume* spielen im Leben der Familien erst ab Mitte November eine Rolle, die *Weihnachtsbäckerei* wird aber auch noch bei 30 Grad Hitze am Nordseestrand in die Top Ten gewählt. Ähnlich geht es *Stups, dem kleinen Osterhasen*, der bis auf einen kurzen Winterschlaf ganzjährig heiß geliebt wird. Mit deutlichem Vorsprung war *Die Jahresuhr* mein beliebtestes Lied bei den Kindern, noch vor *Wie schön, dass du geboren bist* und *In der Weihnachtsbäckerei*.

Familienlieder und solche, die das individuelle Lebensgefühl besingen, spielten im Kinderleben eine große Rolle: *Oma liebt Opapa* gehörte ebenso dazu wie *Meine Mami* und *Papi, wach auf*. Die Radio-Hits spielten dagegen eine kleinere Rolle, als man hätte vermuten können. Zwar gehörte *Du da im Radio* gerade noch zu meinen Top Ten, andere Funk- und Fernseherfolge der 80er-Jahre waren dagegen im Mittelfeld zu finden, erstaunlicherweise auch *… und ganz doll mich*, unser größter Single-Hit. Quintessenz: Die Kinder lieben Lieder, mit denen man singend etwas erleben kann; haben sie eine sich selbst tragende, von einer Begleitung unabhängige Singmelodie, so können sie lange jung bleiben. Medienerfolge nach Schlagerart verflüchtigen sich dagegen schneller, mit etwas Glück werden sie zu »Oldies«.

Besonders spannend wurde es in meinen Wunschkonzerten, wenn Kinder einzeln oder in kleinen Gruppen auf der Bühne mitsangen. Wir nahmen das Motto »Sing mit uns dein Lieblingslied« wörtlich und gaben den Kindern die Möglichkeit, ihren Mitsingwunsch durch ein Kreuz auf ihrer Stimmkarte mitzuteilen. Kinder, die auf der Bühne singen wollten, mussten sich vor dem Konzert an einer kleinen Extrabühne im Einlassbereich melden und wurden dort von meiner Helferin gefragt, ob sie ein paar Zeilen ihres Lieblingsliedes vorsingen könnten. Wenn dafür schon an der kleinen Bühne vor nur wenigen Leuten der Mut oder jegliche Textsicherheit fehlte, wurden diese Kinder und ihre Eltern davon überzeugt, den Mitsingwunsch doch lieber zurückzuziehen. Viele Eltern überschätzten offenbar die gesanglichen Stärken ihres Kindes, das in der vertrauten häuslichen Umgebung oder im Auto munter zu meinen CDs mitsingen mochte, nicht aber sicher

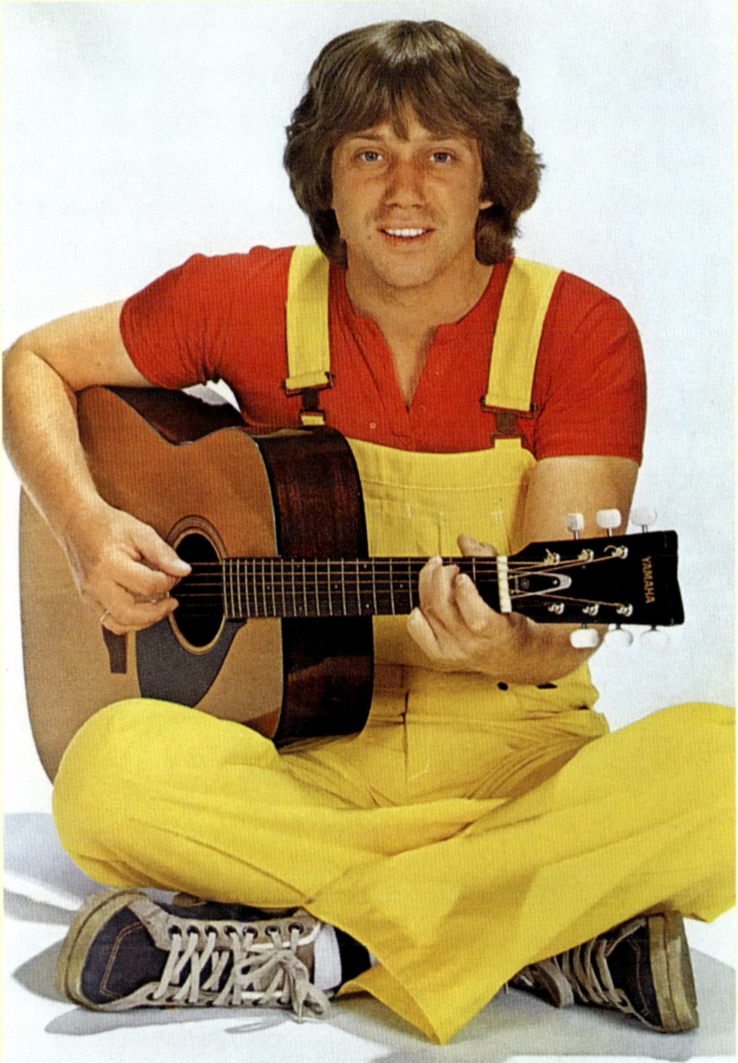
YAMAHA

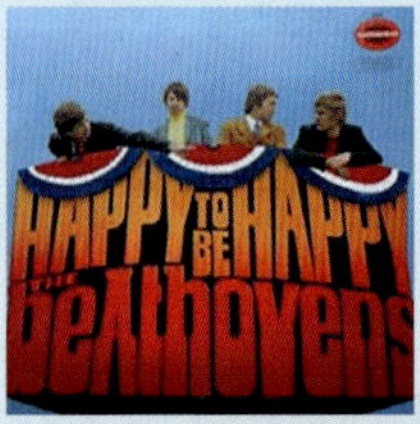


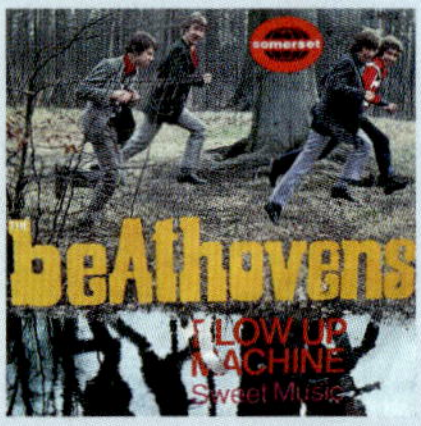


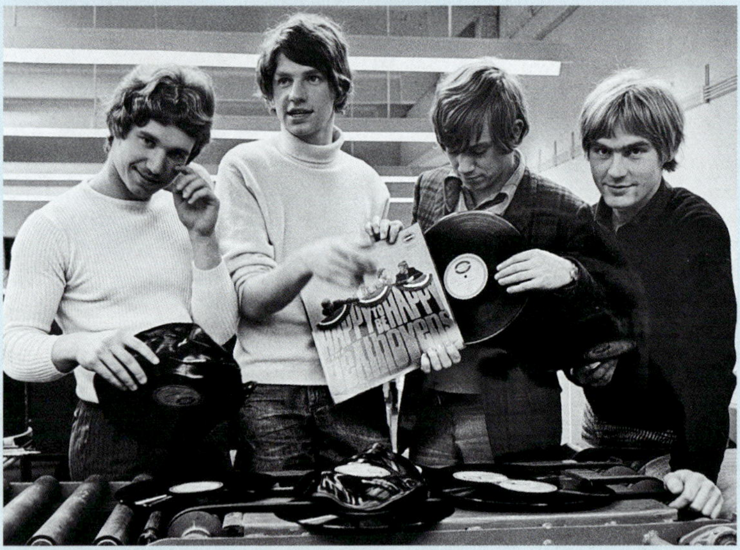

**Von der Schülerband zur eigenen LP:**
**Peter Meetz, Joachim Pauly, Rolf, Michael Rick.**

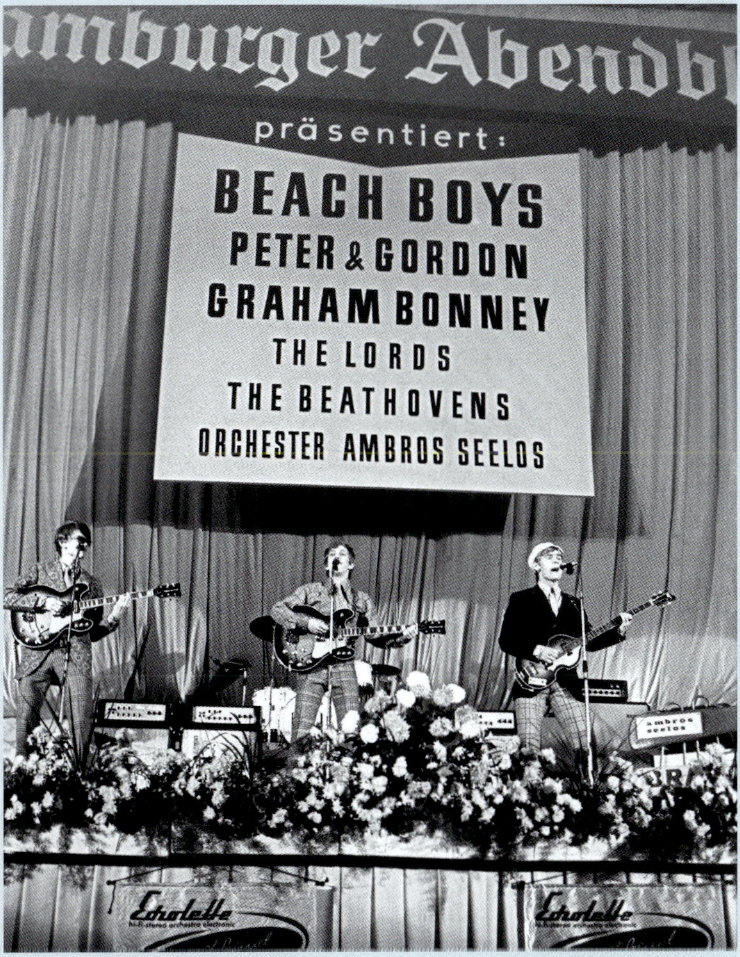


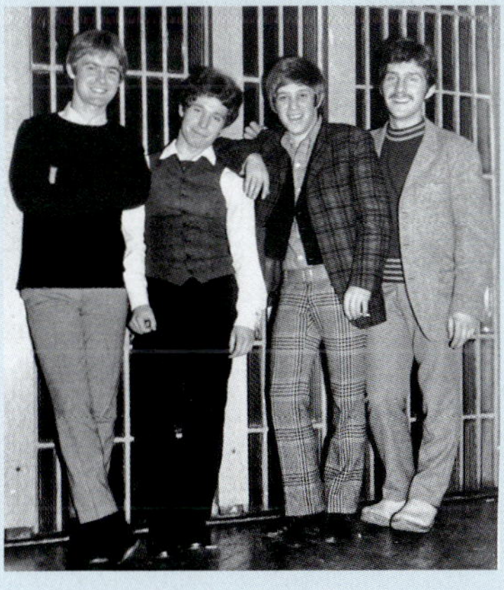

**Oben: Das Konzert war ein Teil des Preises für den Gewinn der »Silbernen Box« des Hambuger Abendblattes als beste Beat-Band der Stadt.**

© Wolfgang Isser

**Links: zweite Chance mit Harmony in Company, nun mit Michael Fischer an der Solo-Gitarre (rechts).**

© privat

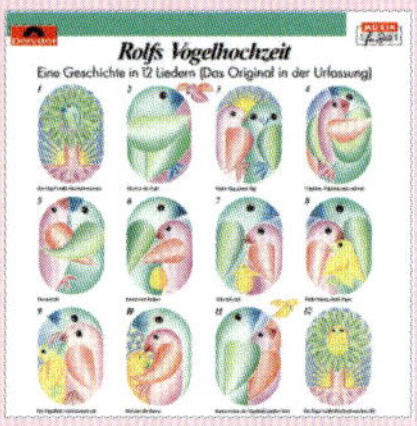


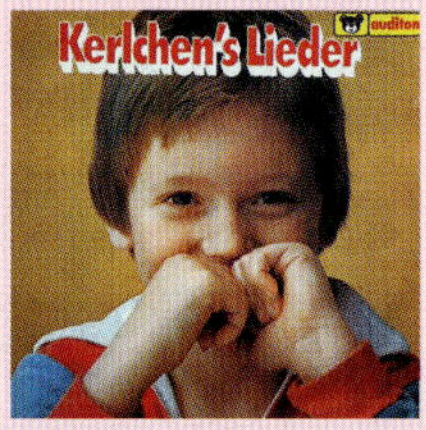


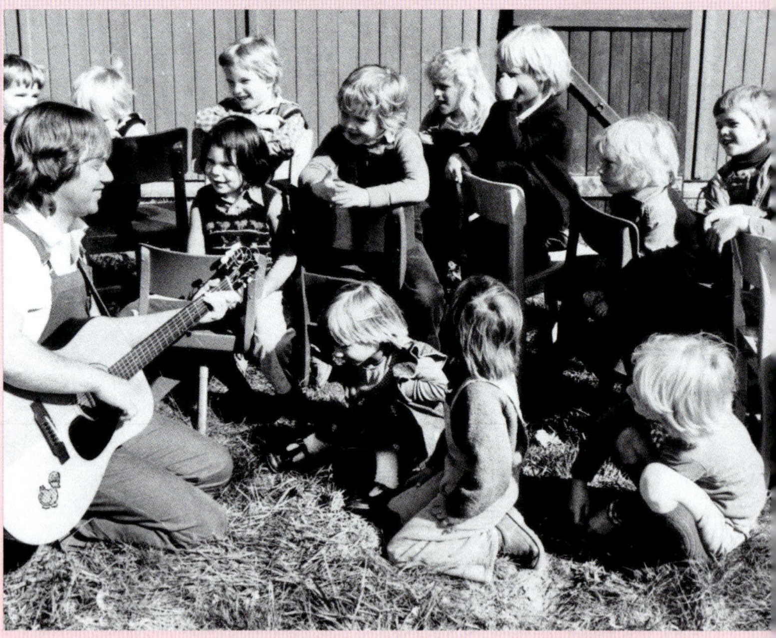

**Eines der ersten Mini-Konzerte mit unseren Kindern im Kinderhaus Iserbrook-Sülldorf im Sommer 1978.**

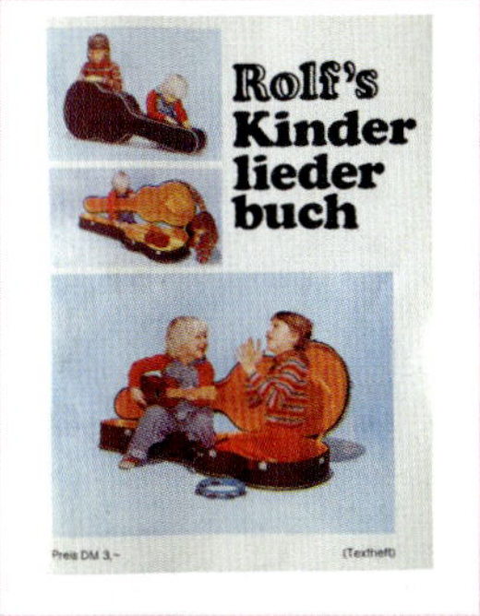


Mein erstes, selbst verlegtes Liederbuch.

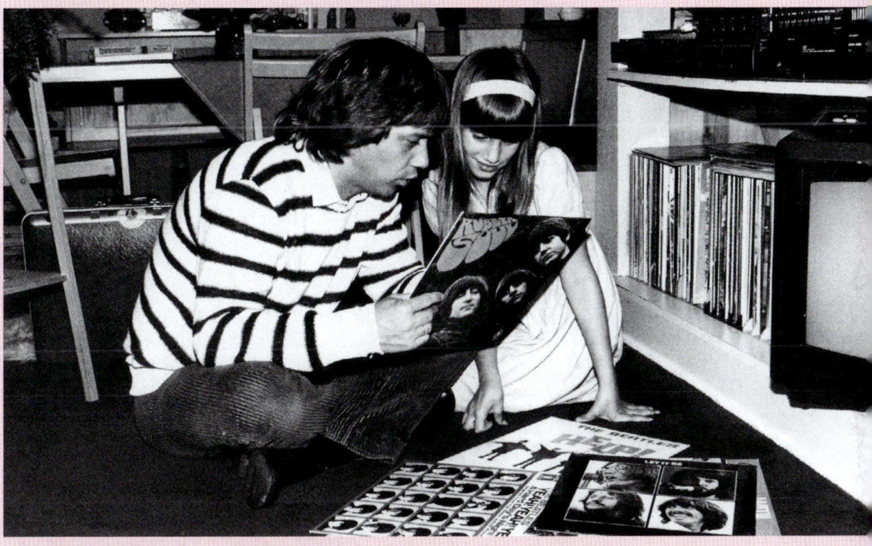

Beatles für Anuschka – musikalische Muttermilch.

Früh übt sich – Alexander entdeckt die Gitarre.

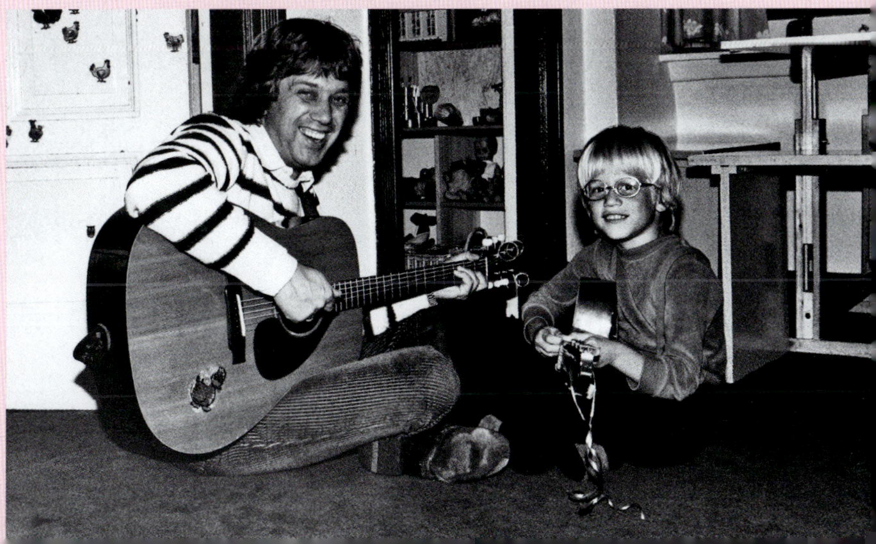

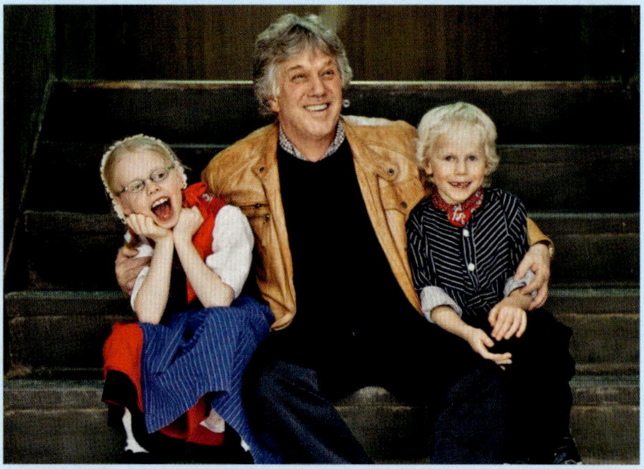

Twee seute Kinner von de Lütt Finkwarder Speeldeel.

© Stephan von Löwis

© Archiv Finkwarder Speeldeel

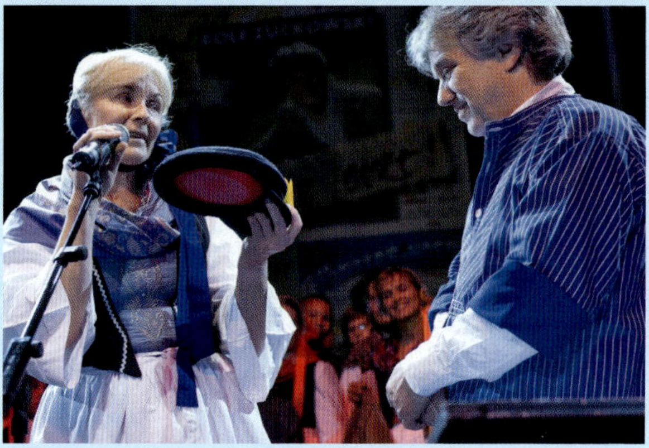

Das ging unter die Haut: Christa Albershardt überreicht mir die Schippermütze ihres verstorbenen Mannes, Speelboos Adi.

© Archiv Finkwarder Speeldeel

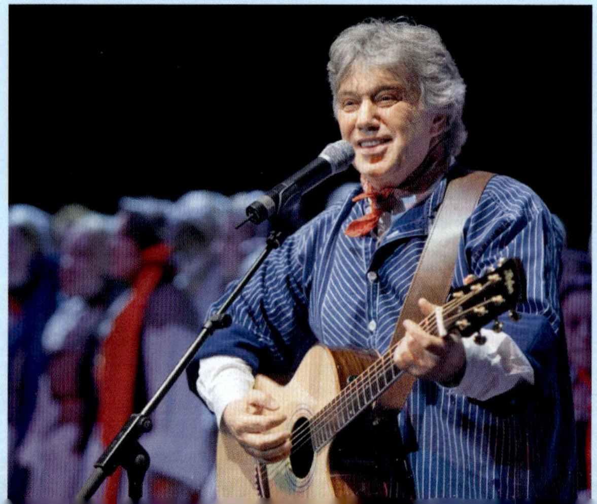

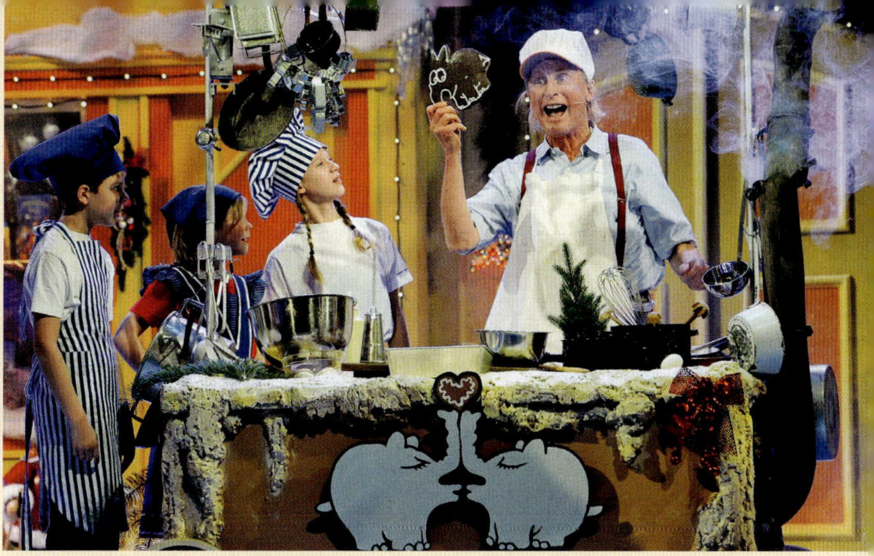

**Weihnachtsbäckerei mit ganz großer Kleckerei beim »Adventsfest der 100.000 Lichter«.** © Jürgens TV/Beckmann

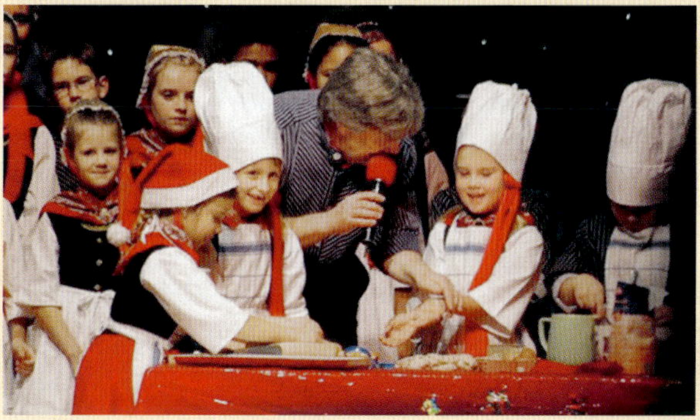

**»Sind die Finger rein?« Meine ersten Weihnachtsbäcker auf der Bühne waren die Kinder der Lütt Finkwarder Speeldeel.**

© Archiv der Finkwarder Speeldeel

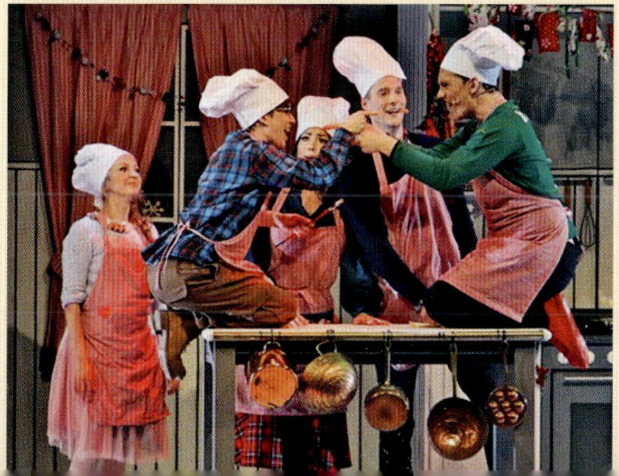

**Weihnachtsbäckerei auf der Musical-Bühne im Schmidts Tivoli.**

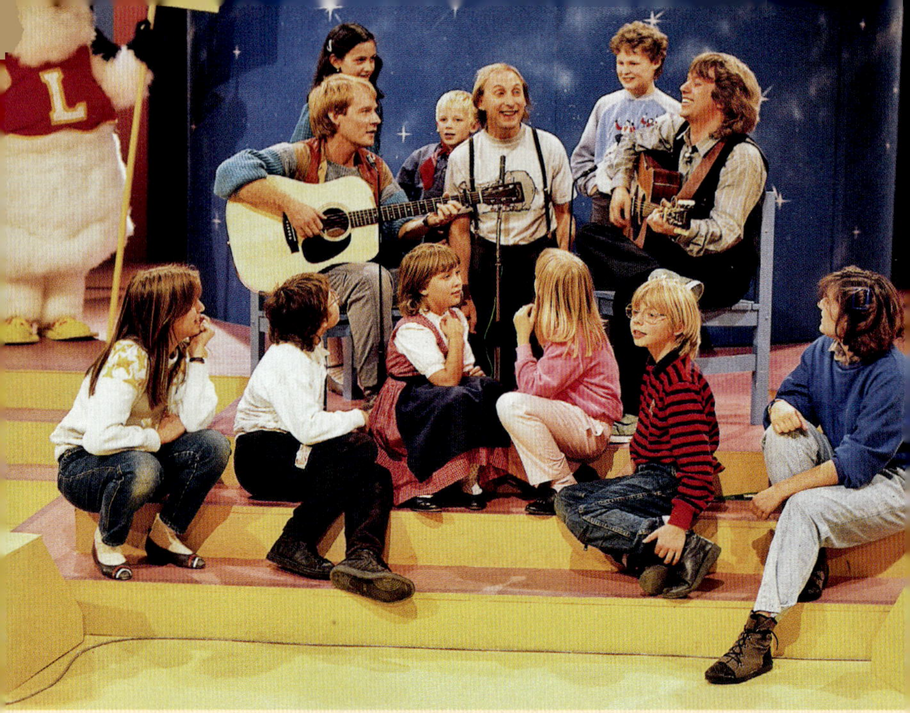

**»Große Show für kleine Leute«: …** ***und ganz doll noch einmal*** **mit Otto Waalkes und dem Komponisten des Liedes Michael Reinecke.** © ZDF

***Freunde wie wir*** **– die Kleinen, die Großen und unsere Band 1999 im ZDF-Fernsehgarten.** © ZDF

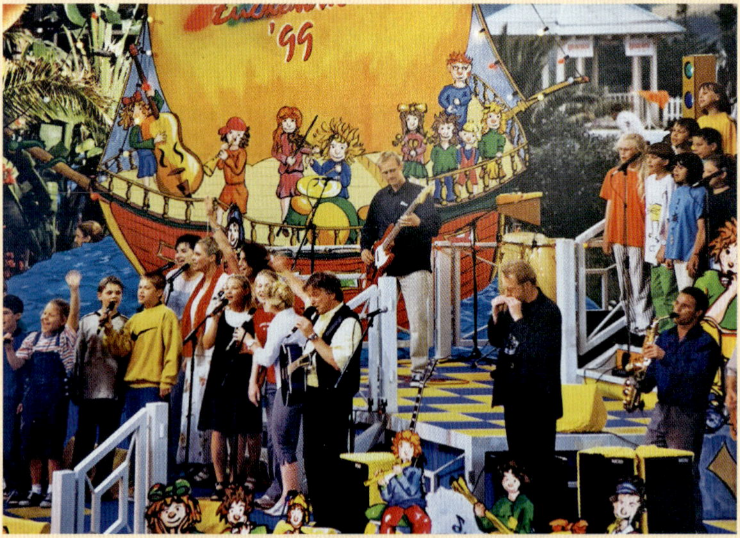

Juni 1982 – Unglaublich! Wir sind auf Platz 1 der ZDF-Hitparade! © ZDF

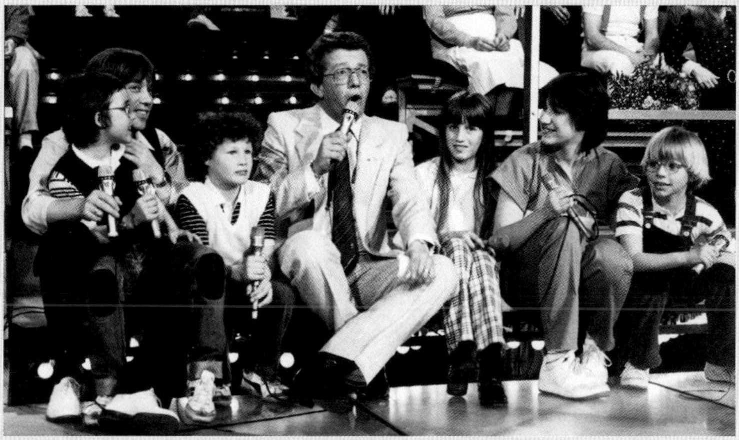

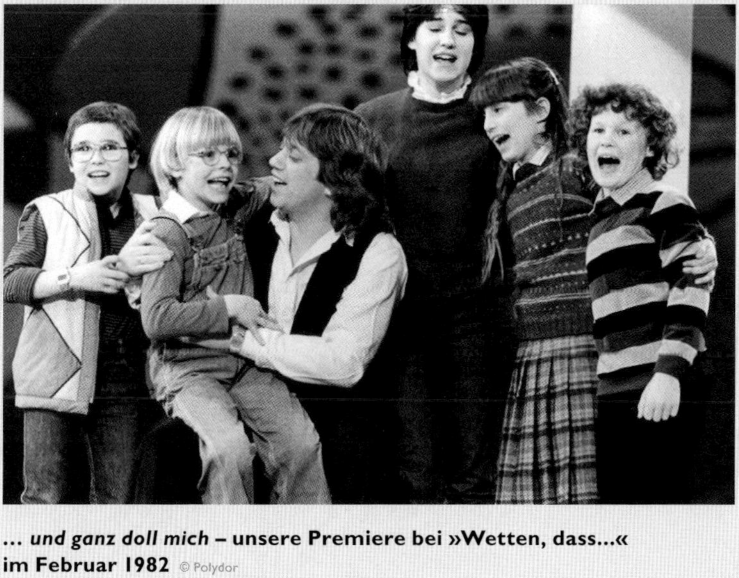

… *und ganz doll mich* – unsere Premiere bei »Wetten, dass…« im Februar 1982 © Polydor

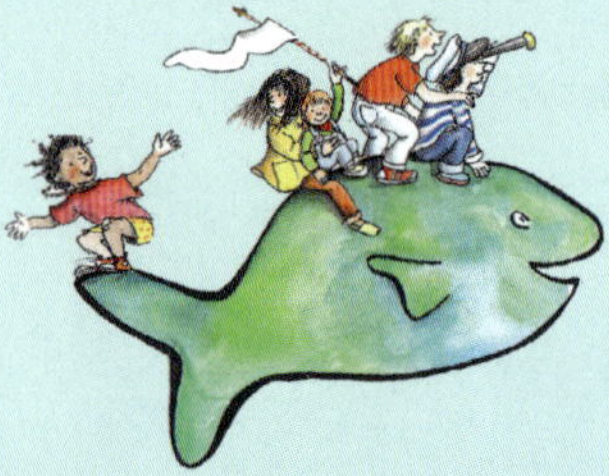

**Das Symbol der reisefreudigen Elbkinder: Danke Julia Ginsbach und Stephan von Löwis!**

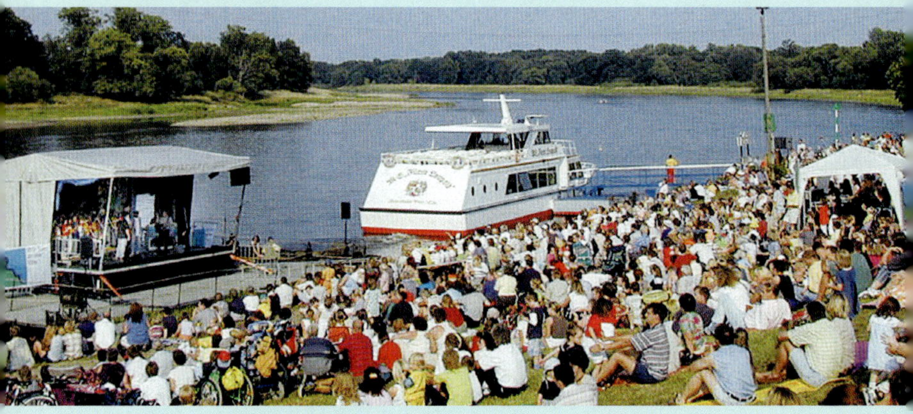

**Elbtour 2000: Die Bühne schwimmt, wir singen *auf* der Elbe vor dem Kornhaus in Dessau.**

**Geschafft! Das Elbtour-Team 2000 enstpannt sich bei einer Fahrt unterhalb von Burg Schreckenstein.**

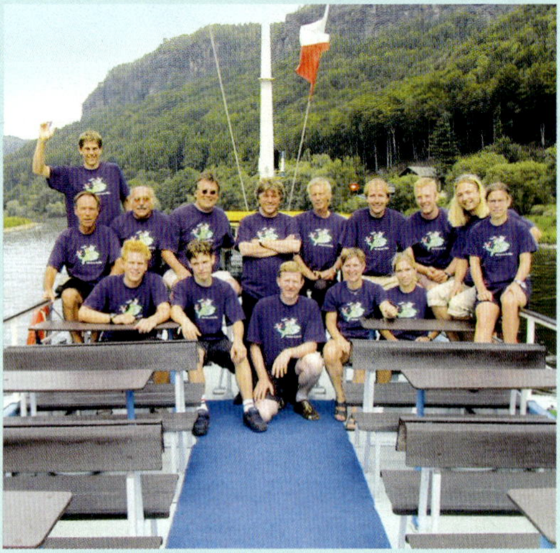

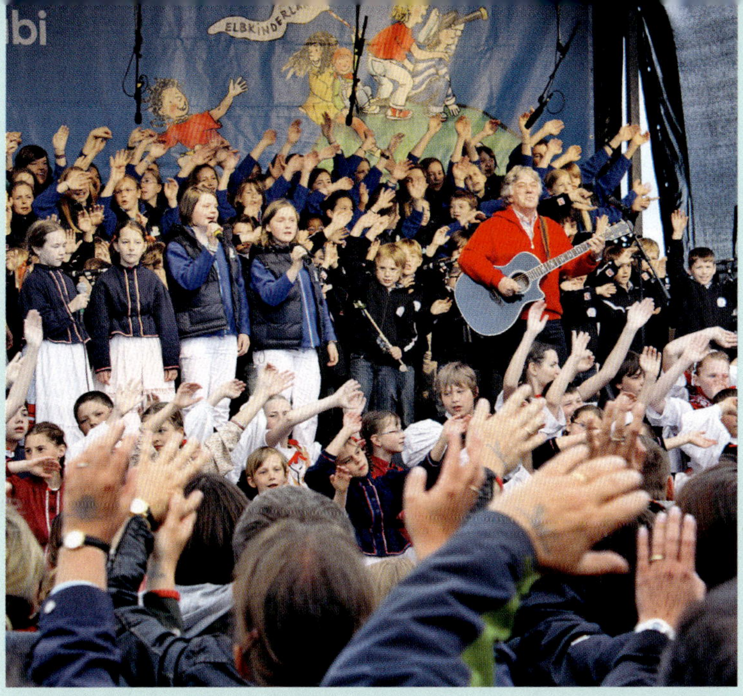

**Großes Miteinander der Elbkinder in Hamburg-Finkenwerder.**

**Immer dabei, immer gut drauf: Michael Gundlach.**

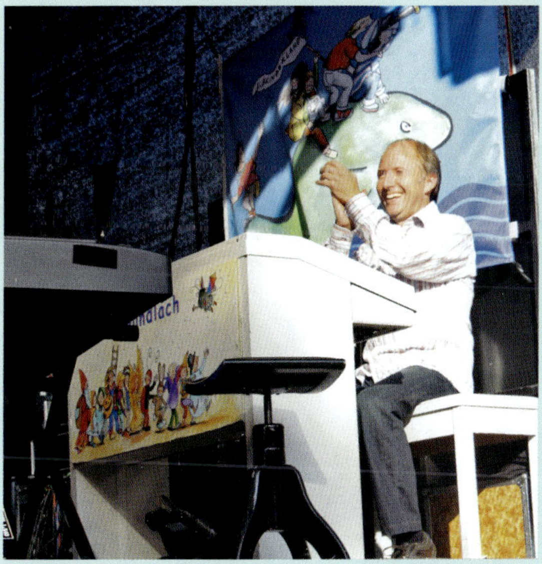

**Besuch aus Guatemala. Der Chor Kikotem mit den Alsterfröschen vor dem Hamburger Rathaus.** © privat

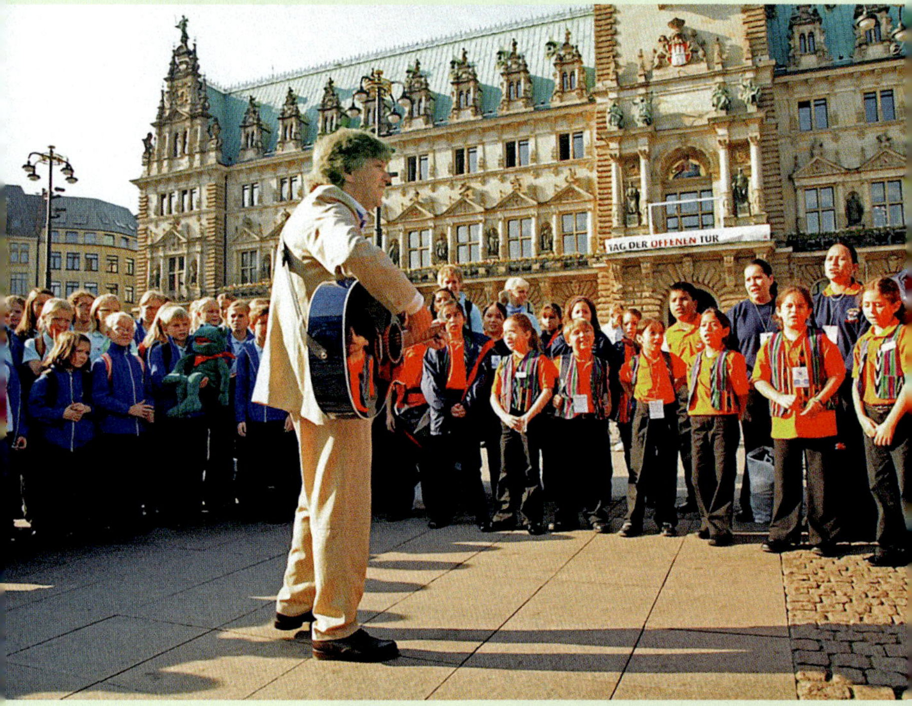


**Die Vogelkinder der Froebel-Schule in Guatemala-City.**

© privat

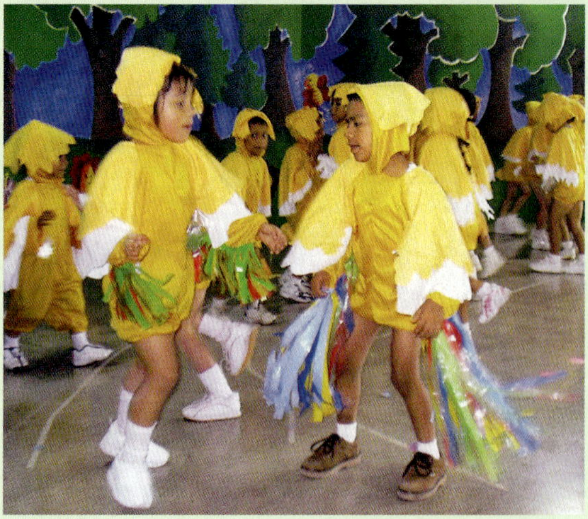

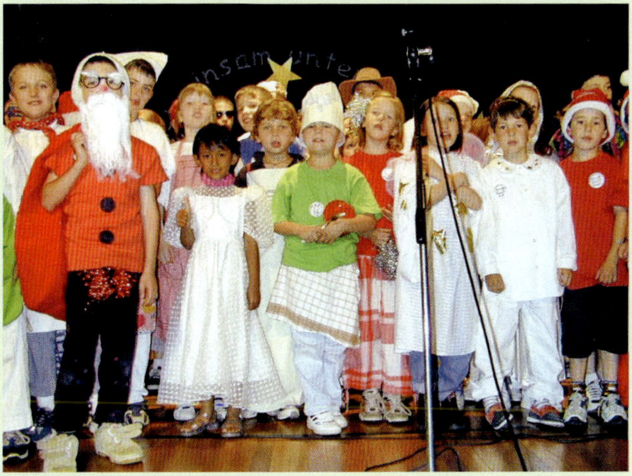

**So bunt wie meine Jahresuhr: Australische Kinder in Sydney.** © privat

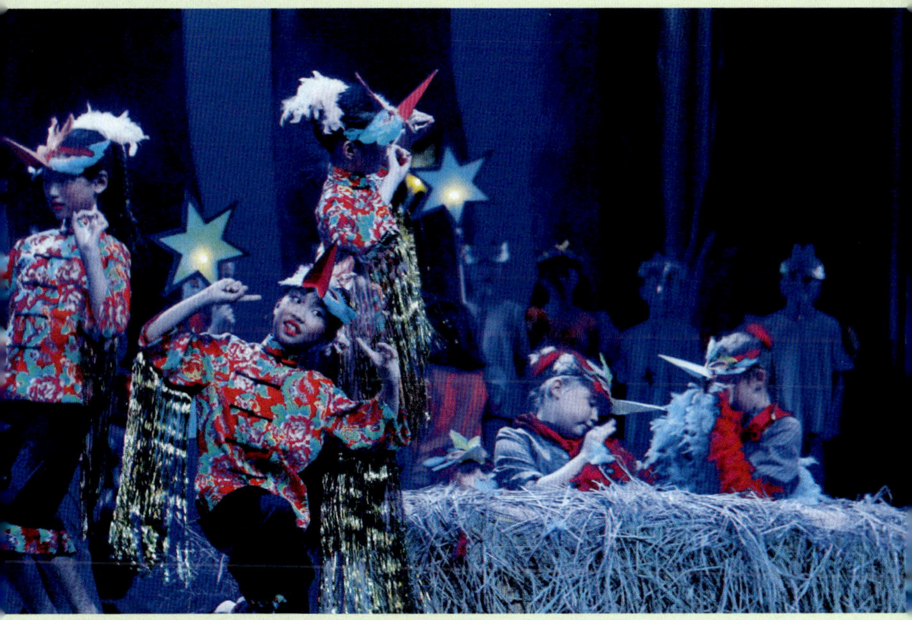

**Nächtlicher Zauber mit der Vogelhochzeit in Shanghai.** © Stephan von Löwis

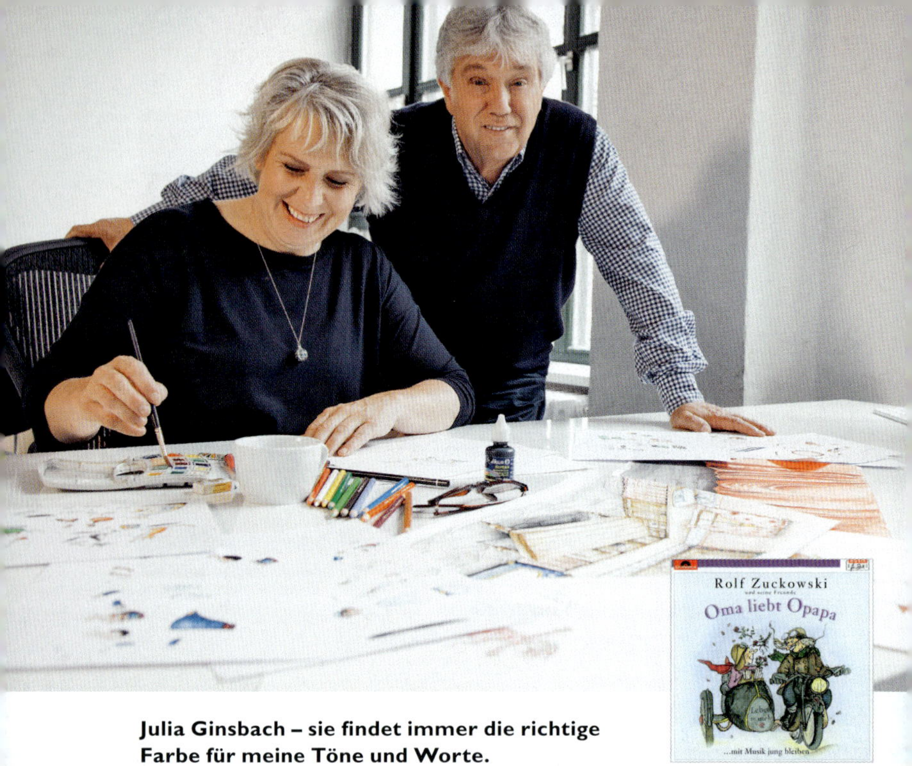


**Julia Ginsbach – sie findet immer die richtige Farbe für meine Töne und Worte.**

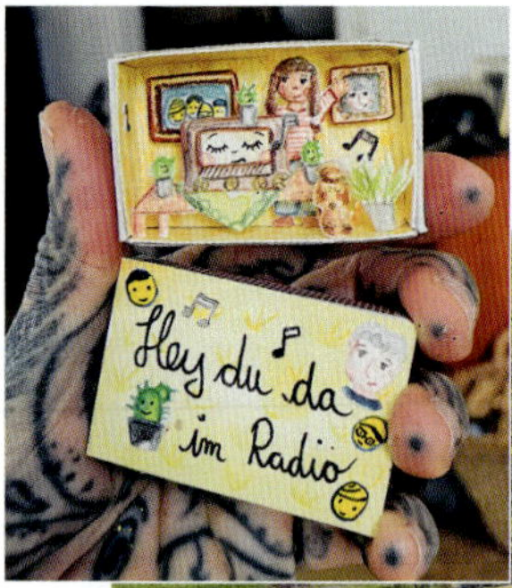


**Sarah Settgast – sie findet auch die kleinsten Geheimnisse in meinen Liedern, sogar in einer Streichholzschachtel.**

© Sven Slazenger

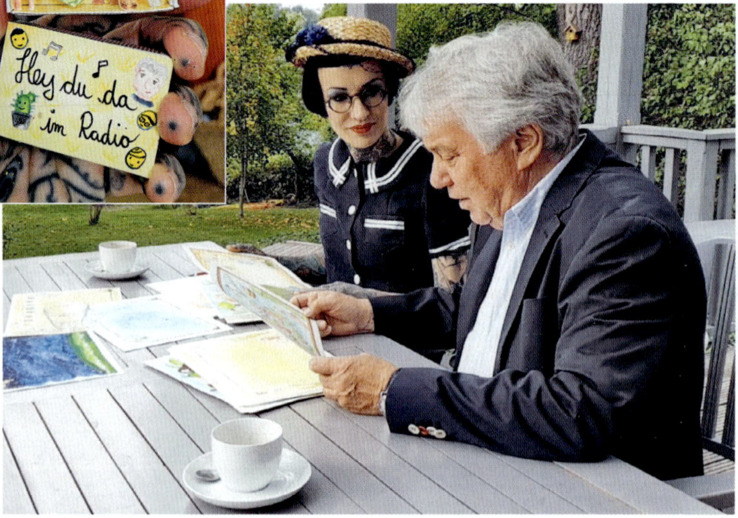

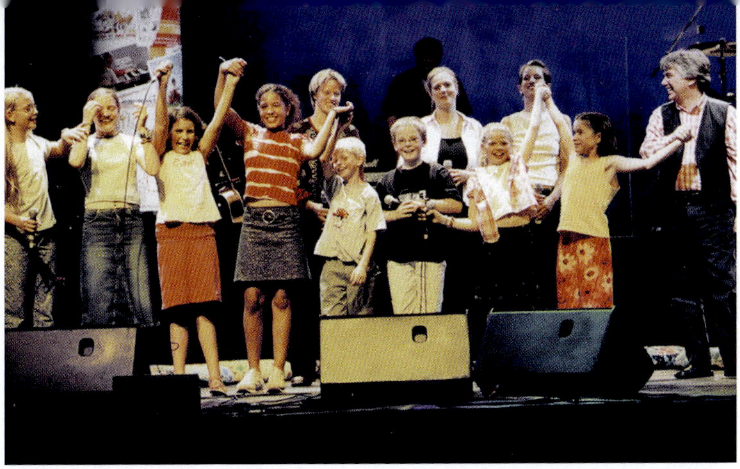

**Ina, Lisa, Dilan, Nona, Lucie, Philipp, Joannes, Nicola, Hannah, Ariana und Anuschka 2002 in der Mainzer Phönixhalle. Wir feiern »25 Jahre Vogelhochzeit«.** ©Stefan Malzkorn

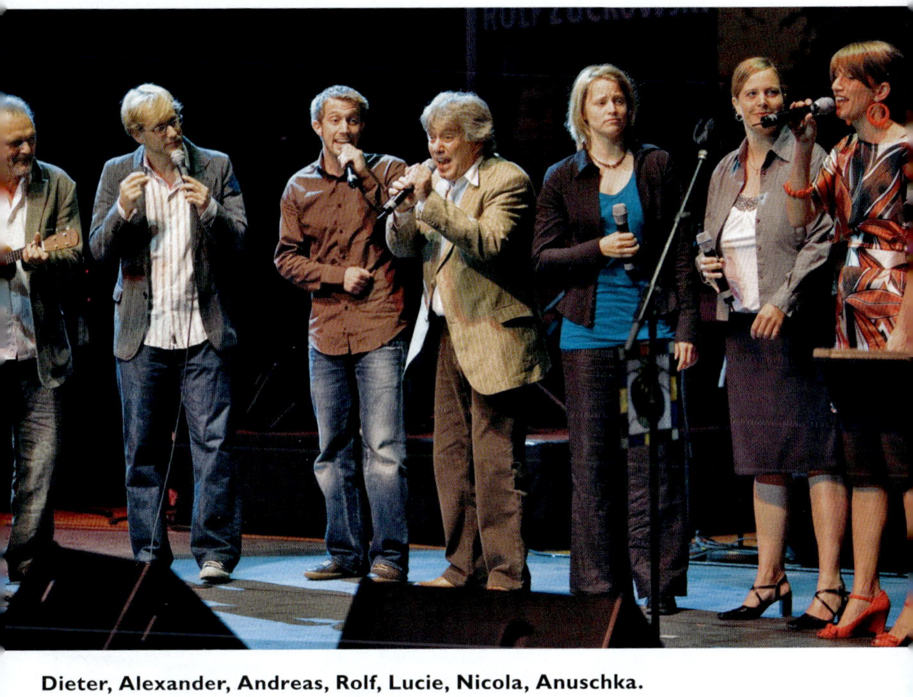

**Dieter, Alexander, Andreas, Rolf, Lucie, Nicola, Anuschka. Alexander hatte zu meinem 60. Geburtstag ein A-capella-Medley für die großen Freunde arrangiert.** © Stefan Malzkorn

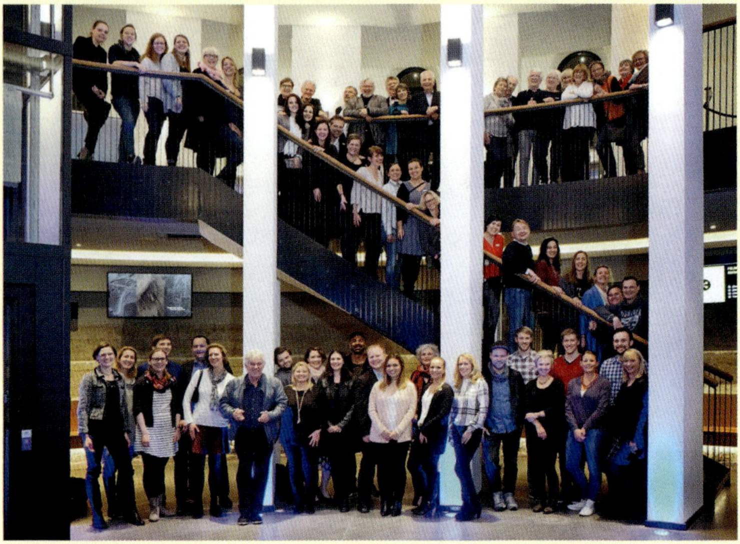

**Das große Wiedersehen mit den Freunden der 80er-Jahre im Hamburger Planetarium.**

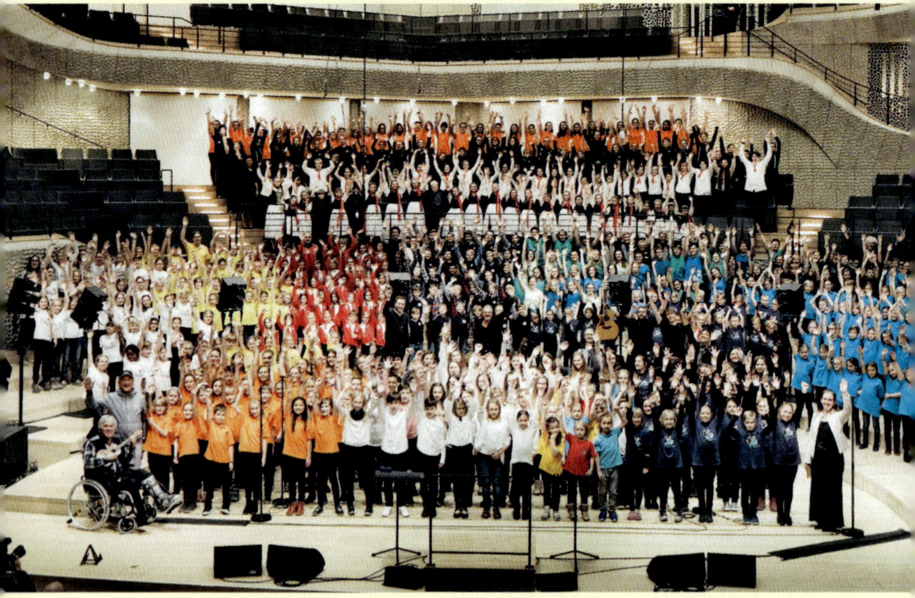

**Das große Finale meiner 40-Jahre-Tour mit fast 500 Kindern aus dem Elbkinderland und Otto Waalkes in der Elbphilharmonie.**

genug war für einen Auftritt im Scheinwerferlicht und mit einem Mikrofon vor dem Mund. Diese Kinder wollten wir natürlich schützen und sie nicht vor großem Publikum demütigen. Aus den angekreuzten Mitsing-Karten losten wir vor dem Publikum aus, wer auf die Bühne durfte, und erlebten beeindruckende Beiträge mit einer musischen Substanz, die unser Publikum sehr würdigte. Jeder bekam seinen ehrlichen Applaus, einige Kinder erzeugten wahre Begeisterungsstürme, dazu mussten sie gar nicht immer jeden Ton treffen. Für ergreifende Momente auf der Tournee sorgte das oft erstaunliche Vortragstalent von Kindern und Jugendlichen mit Behinderungen. Es gab immer wieder auch Erwachsene, die sich zum Mitsingen anmeldeten und auf der Bühne mitwirkten. Viele erzählten mir, sie hätten sich das schon als Kind gewünscht und nicht mehr geglaubt, dass ihr Traum einmal in Erfüllung gehen würde.

## 40 Jahre RolfMusik

*Hat alles seine Zeit* heißt mein Album aus dem Jahr 2005. Auch mein Leben auf der Bühne war einem Wandel unterworfen, dem ich mich nicht entziehen konnte. Von Jahr zu Jahr kamen immer mehr Eltern mit Kleinstkindern in meine Konzerte (wohl auch, weil sie selbst in ihrer Kindheit mit meiner Musik groß geworden waren). Sie machten mir damit aber, ohne es zu ahnen, die Programmgestaltung immer schwieriger, denn die Konzentration der meisten Ein- bis Dreijährigen reicht nun einmal nur für 20 Minuten, wenn für die größeren Kinder der Spaß erst so richtig losgeht. Die Kleinen sind ohnehin mit der Dimension der größeren Konzerthallen und mit den vielen Menschen überfordert und reagieren mit Unruhe. Im Saal umherspringende und krabbelnde Kleinkinder lenken nicht nur das interessierte Publikum ab, sie stören auch die Konzentration auf der Bühne, vor allem, wenn dort Kinder mitwirken. Das Bühnenprogramm deswegen nur nach den Bedürfnissen der Kleinsten auszurichten, hätte bedeutet, mein Repertoire für die größeren Kinder und die Eltern brach liegen zu lassen – Lieder, die nicht nur mir viel bedeuteten. Da wuchs mir nun eine neue Eltern- und Kindergeneration mit erwartungsvollen Augen entgegen. Ich hatte allen Grund, darüber glücklich zu sein, und musste doch nach neuen Wegen suchen.

In den folgenden Jahren konnte ich in einzelnen Konzerten und bei sehr unterschiedlichen Anlässen als »singender Ehrengast« angesichts der gewachsenen Breite meines Repertoires für Kinder und Erwachsene zunehmend aus dem Vollen schöpfen. Als ich mich im Blick auf mein nächstes Lebensjahrzehnt entschied, zukünftig keine großen Tourneen mehr anzugehen, kam es am 13. Juni 2015, wenige Tage nach meinem 68. Geburtstag, auf der Landesgartenschau in Alzenau zu einer völlig unerwarteten Weichenstellung. Aus einem spontanen Vorschlag des Chorleiters Alexander Franz aus Freigericht – »Wir könnten ja zu deinem 70. Geburtstag mal ein Konzert für *dich* geben« – entwickelte sich eine großartige Perspektive. Ich nahm den Ball an, den Alexander mir zugespielt hatte, und erzählte hier und da anderen Chorleitern davon. Eine damit ausgelöste Kettenreaktion führte, 40 Jahre nach Erscheinen meiner *Vogelhochzeit*, zu einer Deutschland-Tour, der ich schließlich den Titel »40 Jahre RolfMusik« gab. Alle Konzerte sollten im Einnahmeüberschuss unserer Stiftung »Kinder brauchen Musik« zugutekommen. An 40 Orten durfte ich, öfters auch gemeinsam mit meiner lieben Frau, in der ersten Publikumsreihe sitzen und mich darüber freuen, wie meine Lieder gesungen, gespielt und getanzt wurden. Ein Foto unserer Kinder Anuschka und Alexander, 1977 in einem Gitarrenkasten sitzend, das auch mein erstes kleines Liederbuch geziert hatte, bildete jeweils das Bühnenhintergrundmotiv. Als Jubilar und Ehrengast wurde ich in jedem Konzert zu einigen Liedern auf die Bühne gebeten, wobei ich vom Solo-Mikrofon öfter mal in den Chor hineinwechselte. Dieses Mittendrin-Gefühl gehört für mich zu den schönsten Erinnerungen an diese Konzertreihe.

Die Reise führte mich am 9. Februar 2017 zunächst nach Görlitz und dann zurück nach Hamburg in das Planetarium, wo mutige Kinder aus mehreren Kitas der Stadt mir meine Lieder vorsangen. Im Publikum und später auf einer herzergreifenden After-Show-Party: meine Studio-Kinder der ersten 20 Jahre, inzwischen alle erwachsen, teils selbst schon Eltern geworden. Nach zwei weiteren Konzerten in Hamburg bei den Alsterfröschen und in der staatlichen Jugendmusikschule führte mich die Reise durch viele deutsche Landschaften, mit einem Abstecher über die Grenze zu meinen Freunden in Ostbelgien. Viel Beständigkeit, aber auch Eindrücke unseres sich wandelnden Landes begleiteten mich von Ort zu Ort und beschäftigten mich auch im Nachklang. Ab und zu sah ich noch Chöre, wie ich sie in den 70er- und 80er-Jahren überall gesehen hatte, immer öfter jetzt aber auch ein Miteinander von Hautfarben und Sprachfärbungen, die die Veränderungen und Herausforderungen in unserer Gesellschaft widerspiegelten. Immer wieder staunte ich über junge Talente und durfte dank ihnen einen Blick in die Zukunft der Kreativität und kulturellen Vielfalt unseres Landes werfen. Dass Inklusion gerade mit Musik gelingen kann, erfuhr ich an mehreren Orten, am intensivsten beim Konzert der Mamre-Patmos-Schule in Bethel. *Wir sind gemeinsam unterwegs*, diese Wahrheit ging in diesem Konzert von Menschen mit unterschiedlich schweren Behinderungen besonders tief unter die Haut.

Das Miteinander von Kindern, Jugendlichen und Erwachsenen zeigte mir, dass sich aus meinem Kinderliederschatz der frühen Jahre ein Generationenwerk entwickelt hatte. Besonders sichtbar wurde das in zwei Musicals, die aus meinen Liedern entwickelt wurden. Im Theatersaal des FEZ Wuhlheide in Berlin zeigte das Tanzstudio Dance Point unter der Leitung von Carola Rose und Carolin Häberer, wie der kleine Stern Jaro in einer fantasievollen Traumreise eine Familie aus der Trauer über die verstorbene Mutter und Oma in die Lebensfreude zurückführt. Das Braunschweiger Musical-Ensemble JUMUBS e.V. inszenierte im Zeitgeist mit moderner musikalischer Stilistik in Gesang und Tanz eine mitreißende und berührende Handlung, in der ein schüchternes Mädchen durch seinen Freundeskreis ermutigt wird und zu neuem Selbstbewusstsein kommt. Nicht nur einmal versagte mir in solchen Situationen beim Singen die Stimme – der »ältere Herr« konnte das einfach nicht mehr überspielen –, am hörbarsten wohl bei meinem Lied *Hoch in den Bergen* im Goethe-Saal auf dem Brocken mit weitem Blick über die nebelverhangene Harzlandschaft. Eingefädelt von Achim Frey vom Verein »Blaue Herzen für Kinderfreundlichkeit« wurde dieses Konzert nicht nur geografisch ein Höhepunkt meiner 40-Jahre-Tournee.

Immer wieder wurden bei den Konzerten im Verlauf dieses Jahres Kräfte spürbar, die nur Musik entfalten kann. Im »Chor über Brücken« brachte Julia Reidenbach Kinder und Jugendliche aus sozial sehr unterschiedlichen Stadtteilen Triers von beiden Seiten der Mosel zusammen. Und im Hamburger Stadtpark bewies ein Gemeinschaftschor aus mehreren Stadteilen mit sehr unterschiedlicher Bevölkerungsstruktur die integrierende Wirkung des Projektes »The Young ClassX«, nicht zuletzt dank Peter Schuldt als motivierende Superkraft. Bei After-Show-Begegnungen am Signiertisch floss so manche Träne der Rührung – und wer zählt die vielen, vielen Selfies, die überall gemacht wurden?

Ach ja, und dann das: Am 7. November brach ich mir bei einem Sturz auf der Kellertreppe in einer Sylter Ferienwohnung das linke Sprunggelenk: OP, Gips, VACOped-Stiefel, Rollstuhl, Geduld. Wie es in Hamburg trotzdem noch zu einem unvergesslichen Finale der Konzertreise kam, berichte ich im Kapitel »Wir hier an der Elbe«.

An zwei Orten, Hückelhoven und Bochum, gab es die Konzerte nun zwar für, aber ohne Rolf. Traurig, aber auch ein gutes Gefühl: Die Kinder und ihre Chorleitungen meisterten das ganz alleine, und das Publikum war begeistert auf ihrer Seite. Zum Glück war ich schon nach wenigen Wochen in der Lage, die Chöre und die große Chorgemeinschaft Vocapella mit Kindern und Erwachsenen in der Kirche von Vellahn mit einem Nachholkonzert zu besuchen. Sie überraschten mich mit großartigen Chor-Arrangements meiner Melodien und neuen Strophen für die Hymne unserer Stiftung »Kinder brauchen Musik«.

# 8
# Endlich wieder eine eigene Band

Was 1998 bei unseren Festivals »Tage voller Glücksminuten« in Bernkastel-Kues und 2001 in Bad Kissingen einen euphorischen Anfang genommen hatte – meine Abendkonzerte mit Band –, entwickelte sich über die kommenden Jahre zunächst ein wenig mühsam. Der nachhaltige Erfolg meiner Kinderlieder führte unweigerlich zu einer Erwartungshaltung im Publikum, der ich mich schwer entziehen konnte – und auch nicht wollte. Aber meine Lieder für das erwachsene Publikum bedeuteten mir viel und über die Jahre immer mehr, ebenso das Zusammensein mit den Bandmusikern. Zum Glück fand ich Verbündete – die Hamburger Agenturen Funke Media und später tour-house –, mit denen ich diese Konzertebene weiterentwickeln konnte.

Eine Band aus Profis zusammenzustellen, heißt vor allem Termine abzustimmen – eine knifflige und zeitraubende Sache. Eine Band mit gerade erwachsen gewordenen jungen Leuten voranzubringen, heißt andererseits eventuell, in ihren Lebensweg einzugreifen. Keinesfalls wollte ich meine Mitmusiker von eigenen Plänen, dem Studium oder der Berufsausbildung ablenken. So blieb unsere Band immer ein fragiles Gebilde – ein Freundeskreis besonderer Art. Dazu zählten Julian Maas (Piano), Florian Keck (Saxofon) und mein Sohn Alexander (Bass). Hinzu kamen Michael Gundlach (Keyboard und Akkordeon), mein Studiogitarrist und Arrangeur Dieter Faber und Jens Carstens am Schlagzeug. Ihre besondere Ausstrahlung erhielt die Band durch das beherzte Zusammenspiel von leidenschaftlichen Amateuren und Profis, zu denen später auch Dirko Juchem (Flöte und Saxofon), Werner Becker (Piano und Akkordeon), Steve Baker (Bluesharp), Jörn Heilbut (Sologitarre), Hannes Hoffmann (Schlagzeug) und Corinna Ludzuweit (Percussion) gehörten. Als Sängerinnen konnten wir auf die vertrauten Stimmen von Sandra Keck und Nicola Reddien (heute Ahlf), meiner Tochter Anuschka und später auch Lucie Schäfer (»Der kleine Tag«) bauen.

Sie alle wussten, dass wir Neuland betreten würden, dass wir nach tagelangen Proben in unserem Wochenendhaus am Elbdeich abends nicht immer in voll besetzten Häusern, sondern möglicherweise nur vor einem kleinen Publikum – mitunter waren es nur 400 Besucher – spielen konnten. Im beschaulichen Schönberg in Ostbelgien wurden wir vom Publikum geradezu in die Familie aufgenommen, auf der Berliner Parkbühne (in einem Konzert mit der Kelly Family und den Prinzen) hörten uns dann doch 4000 Menschen zu. Aber ob großes oder kleineres Publikum: Bei keiner anderen Konzertform habe ich jemals so viele Standing Ovations erlebt.

Das Repertoire meiner CDs von *Zeit für Kinder – Zeit für uns* bis *Hat alles seine Zeit* bildete die Substanz unserer Bühnenprogramme. Auch kindliche Lieder waren Teil des Programms, improvisiert oder von Alexander mit viel Spaß an der Sache als A-cappella-Medley arrangiert. Hier konnte ich aus dem Vollen schöpfen. Die meisten Besucher waren »praktizierende« Eltern und Erwachsene, deren Kinder das Haus bereits verlassen hatten. Dazu kamen Großeltern, die die Lebensenergie in einem so bunt gemischten Drei-Generationen-Publikum genossen. In den Abendkonzerten lebte ich mich als Musiker aus. Und für die älteren Kinder im Saal war es sicherlich spannend, mal zu den »Großen« zu gehören und meinen Musikern auf die Finger und Instrumente schauen zu können.

## Lieder aus der Höhle

Wenn man so viele Jahre Konzerte auf unterschiedlichsten Bühnen gegeben hat, entsteht früher oder später der Wunsch nach einer

Liveaufnahme als möglichst authentisches Konzertabbild. Im Juni 2002 bot sich die Balver Höhle im Sauerland, wo auch die Fantastischen Vier schon ein Live-Konzert mitgeschnitten hatten, dafür an. Mit Rolf-Dieter und Thomas Golücke hatte ich tatkräftige Organisatoren an meiner Seite.

Nicola berührte die Herzen mit dem Bettkanten-Lied *Dein kleines Leben,* und Lucie beeindruckte mit ihrem kraftvollen Anti-Casting-Song *Mit dem Mikro in der Hand.* Mein jüngerer Sohn Andreas ließ mit *Little Darling* noch einmal meinen liebsten beAthovens-Song aufleben, und er sang ihn in bester Harrison-McCartney-Manier mit seinem großen Bruder zweistimmig am selben Mikrofon. Alexander überraschte hier wieder mit A-cappella-Medleys aus meinen Kinderliedern. Als dann auch noch Anuschka, seit Juli 2000 Mutter von Tim, begleitet von Julian Maas am Klavier die Tabaluga-Hymne *Ich wollte nie erwachsen sein* interpretierte, war das Vaterherz am Überlaufen.

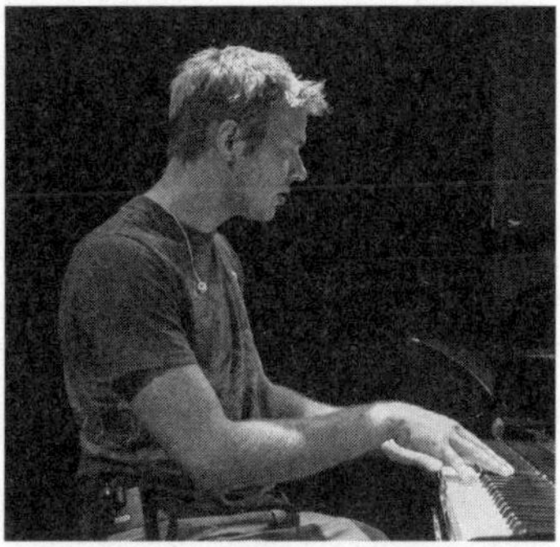

Julian Maas (1982 … *und ganz doll mich*) nun ganz doll am Flügel.

Ein Jahr später, 25 Jahre nach der Veröffentlichung meiner *Vogelhochzeit,* stand dieselbe Bandbesetzung in einem Familienkonzert auf der Bühne der Mainzer Phönixhalle, verstärkt mit neun Kindern. *Was Spaß macht* war das dominierende Motto, und der gleichnamige Song wurde von Dilan im Duett mit mir sehr selbstbewusst vorgetragen.

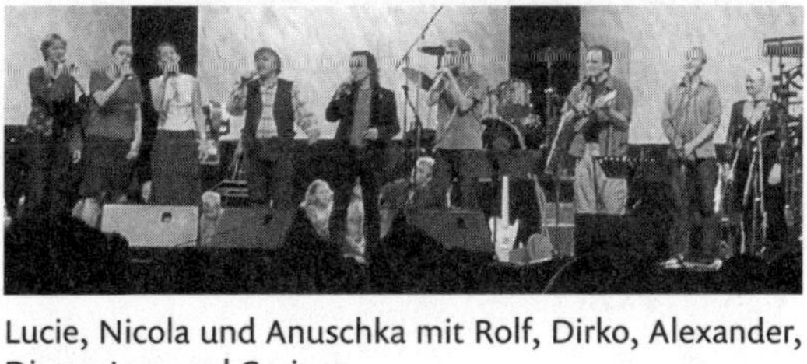

Lucie, Nicola und Anuschka mit Rolf, Dirko, Alexander, Dieter, Jens und Corinna.

Dilan sang mit bewegendem Ausdruck auch eines meiner ernsten Lieder über ein Kind zwischen seinen sich trennenden Eltern: … *und was sag ich?* Zu einer zeitgemäßen Textversion unseres 1982er Hits … *und ganz doll mich* taten sich alle Kinder zusammen und zeigten, dass dieses Lied auch 20 Jahre nach seiner »Wetten, dass..?«-Premiere noch Relevanz hatte. Unsere große Abschlusshymne *Deutschland deine Kinder* ging auch hier vor allem den Eltern unter die Haut, und die Worte *Mutter-, Vater-, Kinderland* klangen noch lange in uns nach.

Neue Möglichkeiten ergaben sich, nachdem meine Tochter Anuschka 2009 ihr Solo-Album »Am Anfang der Zukunft« herausgebracht hatte. Wir reduzierten unsere Band auf Alexander und mich und taten uns mit Künstlerkollegen aus dem Südwesten Deutschlands für eine Tour zusammen, die uns von St. Vith in Ost-Belgien über Bernkastel-Kues, Saarbrücken und Mainz bis nach Bruchsal führte und vor allem auf dezenten Chanson-Stimmungen aufbaute. Unter dem Titel *Hier kommt die Nacht* (ein Song aus Anuschkas Album) sangen und spielten wir mit dem charismatischen Lothringer Chansonnier Marcel Adam und dem vielsprachigen Duo Balance ein Programm, zu dem Dirko Juchem mit seinem Saxofon und Flötenspiel mit meisterhaftem Beat-Boxing beitrug.

Danach dauerte es einige Jahre bis zum nächsten Live-Konzert mit meiner Band. Als wir uns 2018 für eine weihnachtliche Konzertreihe im Hamburger Planetarium wieder zusammenfanden, war das gute Gefühl aber sofort wieder da. Wir hatten uns ja auch nie aus den Augen verloren, waren im Tonstudio und bei Fernsehsendungen zusammen aktiv geblieben. Mit dem Programm »Wär uns der Himmel immer so nah« begann auch eine neue künstlerische Freundschaft auf der Bühne: Wir lernten den schwedischen Pianisten Martin Tingvall kennen, der uns mit grandiosen Improvisationen meiner Weihnachtslieder in immer neuen Varianten überraschte.

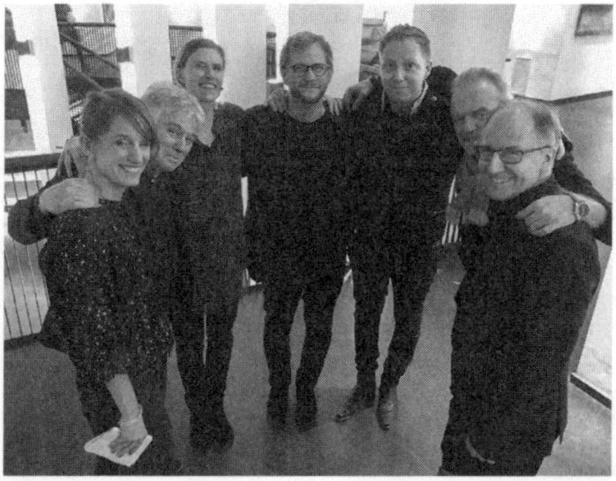

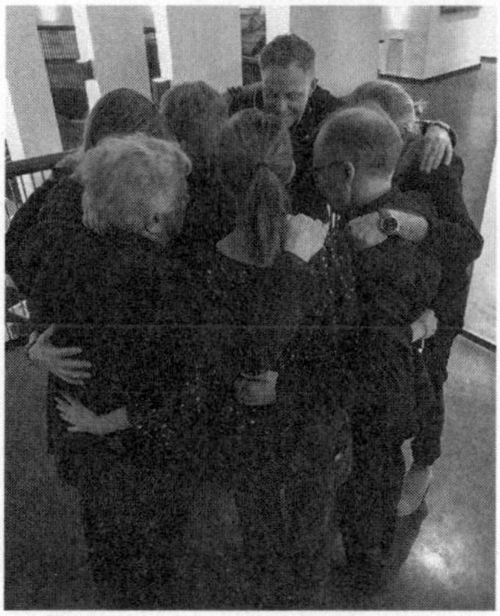

Einstimmung auf das Planetariumskonzert: Martin Tingvall im Omm-Zirkel der Band mit Anuschka und Alexander Zuckowski, Dieter Faber, Katie Zahn und Michael Gundlach.

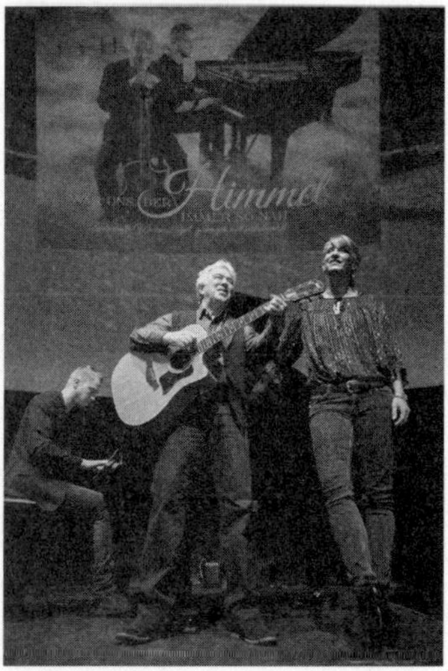


»Dem Himmel so nah« – Vater und Tochter, begleitet von Martin Tingvall.

## Unvergessliche Auftritte

**Ernst-Merck-Halle Hamburg, 1967**

*Wir spielten mit den beAthovens vor 4000 Besuchern im Vorprogramm der Beach Boys auf den Power-Amps der Lords. Kein Soundcheck, keine Monitor-Lautsprecher, los ging's!*

**Tokio, Jerusalem, Dublin; 1977, 1979, 1981**

*Dreimal durfte ich ein großes Orchester dirigieren, mit einem Heidenrespekt vor den Profimusikern. In der Budokan Hall in Tokio stand ich 1977 für den Schweizer Beitrag »What A Feeling« von Peter Reber mit der Sängerin Pierra Martell beim Yamaha World Popular Songfestival am Dirigentenpult, in Jerusalem (1979) und Dublin (1981) für die Schweizer Beiträge von Peter, Sue & Marc:* Rödler und Company *und* Io senza te.

**Mainz, Februar 1987**

*Ein Nordlicht in der Meenzer Fastnacht. Die Kinder der traditionsreichen Kleppergarde verliehen mir den Fastnachtsorden »Dat Jockelsche« – nach Hans Clarin, Michael Schanze, Liselotte Pulver und Ottfried Preußler. Der ganze Trubel, die zauberhaft kostümierten Kinder, ihre gereimte Laudatio: Das alles bereitete mir ein so großes Vergnügen, dass ich im Jahr darauf mit drei Freunden wiederkam. Seitdem betrachte ich die Fastnachts- und Karnevalskultur mit anderen Augen.*

**Stadthalle Coburg, 1991**

*Nach einem unverletzt überstandenen Schleuderunfall auf der Autobahn, bei dem unser VW-Bus alle Reifen verlor, trat ich mit meinem Organisten Michael Gundlach zwei Stunden zu spät und noch ein wenig traumatisiert vor das geduldig wartende und uns euphorisch begrüßende Publikum. Das Leben ist eben doch ein Geschenk.*

**Domplatz in Erfurt, 1994**

*Meine* Vogelhochzeit *auf der Domtreppe vor unzähligen Menschen, die zum Teil auf Telefonzellen kletterten, um die singenden und spielenden Kinder zu sehen. Nach der Hälfte des Konzertes fragte ein Mitarbeiter des öffentlichen Nahverkehrs, wann wohl auf dem Domplatz die Straßenbahn wieder fahren könne …*

**Hamburg und Oberschwarzach, 2006**

*Der Besuch des Chors Kikotem (Freude) aus Guatemala mündete in zwei Abschiedskonzerten mit ihren Gastgebern, den Hamburger Alsterfröschen und dem Erich-Kästner-Kinderdorf. Konzerte, die die Herzen bei den Kindern, Eltern und Betreuern höher schlagen ließen.*

**Hamburg, 12. Juni 2020**

*Solo in der Elbphilharmonie, coronabedingt ohne Publikum, im Rahmen der Hilfsaktion »Keiner kommt – alle machen mit« des Vereins MenscHHamburg. Wir sammelten über 500.000 Euro für Künstler, die unter den Folgen der Pandemie zu leiden hatten. Mein Lied* Pflege ist mehr *(in Abwandlung von* Leben ist mehr*) verstand ich als Zeichen der Solidarität mit den Pflegekräften in den Krankenhäusern und den anderen sozialen Einrichtungen. In den leeren Saal hineinzusingen, war beklemmend, aber auch erhebend. Wir wussten, viele tausend Menschen verfolgten unsere Auftritte im Stream.*

***Zehn meiner liebsten Plätze auf der Welt***

- Am Frühstückstisch mit meiner Frau und dem Blick auf die Elbe.
- Beim Feuerschiff an der Überseebrücke, mit Blick auf den Hamburger »Michel« und die Elbphilharmonie.
- Am kleinen Hafen von »Il Tudy« in der Bretagne.
- Am Bistrotisch im »Rendezvous des amis« im Stadtteil Marais in Paris.
- Vor dem Restaurant »The Pierhouse« in »Port Appin« in Schottland.
- Auf Schloss Mělník mit Blick auf den Zusammenfluss von Moldau und Elbe.
- Am Watt von Keitum auf Sylt bei eisknirschendem Frost.
- In der »Rhätischen Bahn« auf der Unesco-Strecke zwischen Preda und Bergün in Graubünden.
- Auf der Bank am kleinen Kirchlein, hoch oben in Monstein bei Davos.
- Im Speisewagen des ICE, irgendwo in Deutschland, wenn die Küche funktioniert.

# 9
# Wir hier an der Elbe

Im Hamburger Stadtteil Winterhude geboren, wurden mir die Alster-Kanäle und der Stadtparksee zu allen Jahreszeiten gut vertraut, sei es zum Baden, Tretbootfahren oder zum Schlittschuhlaufen. Die Elbe hingegen war weit weg, ich sah sie beim Besuch meines Vaters auf seinem Frachtschiff im Hafen, aber das war eben »nur« der Hafen – was der Fluss in beide Richtungen zu erzählen hatte, blieb mir als Kind verborgen. Auf dem Albrecht-Thaer-Gymnasium, es lag mitten in der Stadt am Rand von »Planten un Blomen«, hörte ich von Klassenkameraden, die in Altenwerder und Finkenwerder wohnten, dass sie mit der Hadag-Fähre über die Elbe setzen mussten. Öfters kamen sie zu spät, »wegen Nebels«. Wir hielten das für eine sehr pfiffige Ausrede – wie ungerecht! Der Fluss teilt nicht nur Hamburg in nördlich und südlich der Elbe, er ist oft auch eine Wetterscheide. Ab dem Spätsommer liegt, insbesondere früh morgens, oft eine dichte Nebelschicht über dem Wasser, die sich nur langsam auflöst. In Blankenese hören wir dann die Schiffshörner tuten und können nicht mehr bis zum anderen Elbufer hinübersehen.

Die ehemalige Elbinsel Finkenwerder (sie ist heute über die Köhlbrandbrücke und den Elbtunnel mit der Stadt verbunden) ist mir erst seit 1974 so richtig vertraut. Ich wurde ein Jahr zuvor als Angestellter im Musikverlag Sikorski gebeten, aus dem reichhaltigen Verlagsrepertoire Lieder mit maritimen Themen und Hamburger Lokalkolorit für eine LP-Produktion mit dem Traditionsensemble Finkwarder Speeldeel herauszusuchen. Es entstand das Album *Wir lieben die See* unter dem Slogan »Swinging Plattdütsch« in einem dem Orchester James Last nachempfundenen Sound. Das

Ergebnis überzeugte mich nicht so recht, und so besuchte ich mehrere Proben der Gruppe, die jeweils Donnerstagabend im Finkenwärder Hof stattfanden, um mir ein Bild von den Menschen zu machen, die hier seit 1906 norddeutsche Gesangstradition und Volkstanz aus vielen Ländern pflegten. Dabei wurden Erinnerungen an das Plattdeutsch meiner Eltern und Großeltern wach und ich bekam große Lust, neue Lieder zu schreiben, mit denen sich die »Speeldeeler« identifizieren konnten. Ein Besuch beim Leiter des Ensembles, dem »Speelboos« Adi Albershardt, brachte uns wenig später zusammen. Ich hatte drei Lieder im Gepäck: *Hüt is hüt, Wenn de Wind dreiht* und *Fohr mol wedder de Ilv lang* (Ilv = Elbe). Adi und seine Frau Christa ermunterten mich, mehr Lieder zu schreiben, auch für die Kindergruppe »Lütt Speeldeel«, die von Christa geleitet wurde. Ich legte voller Elan los, und zum 70. Geburtstag der Finkwarder Speeldeel im Jahr 1976 erschien unser erstes gemeinsames Album »Hüt is hüt«. Darauf auch das bei den Kindern besonders beliebte Lied *Mudder und Vadder goht ut.* Wir landeten mit *Snack mol wedder platt* sogar einen respektablen norddeutschen Hit, denn seinerzeit wurde im NDR dem Plattdeutschen noch viel Sendezeit eingeräumt, es gab sogar ganze plattdeutsche Thementage. Hinsichtlich dessen kommt der NDR heute meines Erachtens seinem Kulturauftrag zu wenig nach. Dabei ist die plattdeutsche Sprache bestimmt nicht nur für mich ein wesentlicher Teil des Heimatbewusstseins, zumal in einer zunehmend globalisierten und kulturell gleichförmiger werdenden Welt.

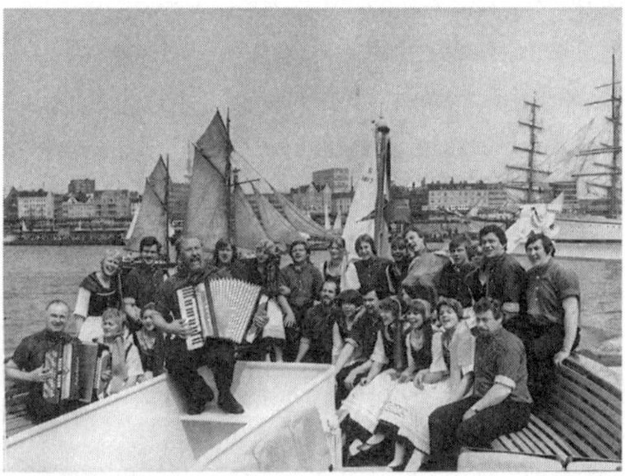

Speelboos Adi Albershardt (»...mit dt, wie Handtasche«) mit seiner Speeldeel.

Meine Beziehung zur Elbe wurde in den 1970er-Jahren von zwei Seiten geprägt: Wir wohnten mit unserer jungen Familie im romantischen Treppenviertel des Hamburger Stadtteils Blankenese, mit Blick auf die Elbe und südöstlich hinüber nach Finkenwerder, wohin es mich nun über viele Jahre montags und donnerstags zu den Proben der Kinder und Erwachsenen zog. Die Fahrt mit der Fähre vom Anlieger Teufelsbrück auf die andere Elbseite war jedes Mal wie ein kleines Abenteuer, das mich dem Fluss nahebrachte, der die Menschen und ihre Lebensweise über die Jahrhunderte geprägt hat. Die Fischanlandung, einst das wichtigste Standbein von Finkenwerder, hatte sich nach Cuxhaven verlagert, auch der Hamburger Hafen veränderte sich mit dem Aufkommen der Containerschifffahrt. Die Elbe wurde immer tiefer aufgebaggert, und die Sturmfluten von 1962 und 1976 erzwangen immer höhere Deiche. All das spiegelte sich auch in unseren Liedern wider, die bei aller Freude am Singen mit Spaß, Humor und bodenständiger Lebensphilosophie zunehmend nachdenklicher wurden. Die Lieder *Bi uns an de Küst* und *Wo is de Fisch?* sind eindringliche Beispiele dafür. Adi Albershardt trug wesentlich dazu bei, dass ich mir unserer Verantwortung gegenüber der Natur entlang der Elbe bewusst wurde. Auf mehr als zehn Alben ist das breite Spektrum des Repertoires der Finkwarder Speeldeel festgehalten, als Autor und Produzent habe ich mitunter solistisch mitgewirkt. Der Blick ging bei all dem, was wir besangen, überwiegend elbabwärts, dem Gezeitenstrom folgend. Unsere Lieder handelten vom Schicksal der »Fahrensleute« und ihren Familien, vom

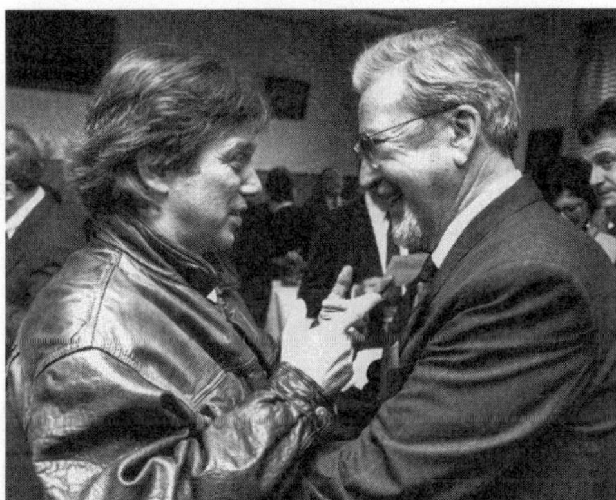

Adi und Rolf – eine Freundschaft für's Leben.

Wandel des Miteinanders von Mann und Frau und – mit besonders viel Herzblut – von Weihnachten und der Adventszeit. Darüber mehr im Kapitel »Und immer wieder Weihnachten«.

Mein väterlicher Freund Adi Albershardt, er starb im Dezember 1996, konnte noch miterleben, wie sich mein Blick ab 1989 auch immer mehr elbaufwärts richtete und im Jahr 2000 zu einem geschichtsträchtigen Konzertprojekt führte: »Elbtour gegen den Strom«. Adis Frau Christa, die bis 2008 die Speeldeel leitete und 2014 starb, wurde mit ihrer Kindergruppe in der traditionellen Finkenwerder Fischertracht Teil meines Aufbruchs in das »Elbkinderland«.

***Wie sagte doch ... Adi Albershardt,***
***Speelboos der Finkwarder Speeldeel:***
*»Kiek in de Sünn un nich in't Muuslock.«*
*Dies war sein Wahlspruch, und der stand unübersehbar auf einem großen Schild an seinem Haus in Finkenwerder. Große Weisheiten klingen auf Platt besonders liebenswert.*
*Der Spruch ist ein Zitat von Heinrich Evers.*

## Gelebte Wiedervereinigung

Das Kapitel »Elbtour«, das waren zwei Konzertreisen mit über 40 Chören vom gesamten Flusslauf, Hunderten von Helfern, Förderern und Eltern, mit zig Beteiligten auf und hinter der Bühne. Sie alle hätten es verdient, hier namentlich genannt zu werden. Jeder, der dazu beigetragen hat, darf stolz darauf sein, dieses Generationenwerk zur Wiedervereinigung mit auf die Beine gestellt zu haben.

Die Elbe ist ein lebendiges, blaues Band, das uns dennoch über mehr als 30 Jahre trennte. Eine tödliche Grenze teilte unser Land und Europa, über 94 Kilometer verlief sie mitten in der Elbe. Nach dem Fall der Berliner Mauer und der Beseitigung der Schlagbäume von der Ostsee bis ins Vogtland eröffneten sich ungeahnte

Möglichkeiten. Der Satz von Willi Brandt, »Jetzt wächst zusammen, was zusammengehört«, war ein Signal, das auch mich erreichte. Was kann ich tun, was kann ich dazu beitragen? Schon in der Nacht des 9. November 1989, als ich wie Millionen andere bis in den frühen Morgen hinein das unglaubliche Geschehen in Berlin im Fernsehen verfolgte, bewegte mich der Gedanke, etwas zu tun. Ich hatte Verwandte in Dresden, die Cousine meiner Mutter hatte Kinder und Enkelkinder, von denen eines im Philharmonischen Kinderchor sang. Ich fuhr noch im November mit meiner Frau und meiner Mutter kurz entschlossen mit dem Zug nach Sachsen. Für meine Mutter Giesela gab es ein ergreifendes Wiedersehen mit ihrer Cousine Helga und für uns ein erstes Kennenlernen mit der ganzen Familie, deren Leben im Osten Deutschlands so anders verlaufen war als das unsrige. Das Wort »Wahnsinn« sprudelte in diesen Tagen auch aus uns heraus.

Der Philharmonische Kinderchor war eine Möglichkeit, das Zusammenwachsen der beiden Teile Deutschlands mitzugestalten. Ich lud den Chor ein, in Hamburg mit der Finkwarder Speeldeel zu singen. Sie lebten am selben Fluss und sollten das blaue Band der Elbe als verbindende Kraft erkennen. Gemeinsam mit Michael Reinecke, dem Komponisten von *Ich mag (... und ganz doll mich)* hatte ich bereits 1987 das Lied *Elbkinder* geschrieben, das davon erzählt, wie eine Flaschenpost zwei Kinder aus Dresden und Finkenwerder zu Freunden macht. Nun war diese kühne Vision Realität geworden. Ich organisierte eine Tonaufnahme des Liedes mit der Finkwarder Speeldeel und dem Philharmonischen Kinderchor. Dafür fuhr ich nach Dresden und lernte den Chorleiter Wolfgang Berger kennen, der vorwiegend der Klassik zugewandt war. Wir fanden aber einen guten Draht zueinander, und er vertraute mir seine Kinder für die Arbeit im Studio an. Die Kinder der Lütt Speeldeel hatte ich bereits in Hamburg aufgenommen. Im Februar 1990 konnten wir unser gemeinsames Lied in der Fernsehsendung »Lieder so schön wie der Norden« im Fernsehstudio des NDR in Hannover singen. Nach drei Tagen, beim Abschied am Hamburger Hauptbahnhof, lagen sich die Kinder in den Armen und es flossen die Tränen,

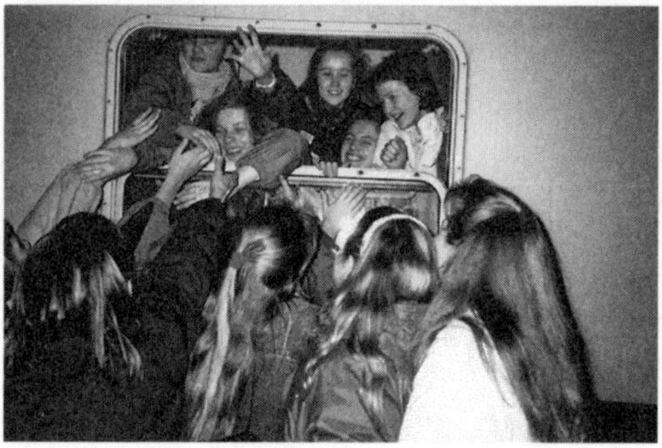

Ob wir uns mal wiedersehen?

zunächst bei den Kindern, dann auch bei uns Erwachsenen. Dass wir uns ohne größere Probleme wiedersehen konnten, war drei Monate nach der Grenzöffnung noch nicht so recht in unser Bewusstsein gedrungen. Im Dezember 1990 kam es zu einem ersten Wiedersehen beim Adventskonzert im Congress Centrum Hamburg, 1992 dann zu einem Gegenbesuch der Speeldeel in Dresden.

Die Elbe als Auftrittsgebiet mit Kinderkonzerten, das war für mich bis dahin das Alte Land bis nach Buxtehude. Noch nicht einmal auf der rechten Seite der Unterelbe hatte ich Konzerte gespielt, geschweige am Flusslauf östlich von Hamburg. In den ersten Jahren nach der Grenzöffnung konzentrierte ich mich aber nicht auf die Elbe, sondern auf die Kitas und Grundschulen in allen neuen Bundesländern. 1990 besuchte ich spontan die Grundschule in Grevesmühlen und die Friedensschule in Schwerin und führte mit den Lehrern Gespräche, die bis in die Nacht dauerten. Auf der Rückfahrt nach Hamburg entstand das Lied *So wichtig bist du auch wieder nicht*, dessen Entstehung ich in einer Liedergeschichte beschreibe. In einer Zusammenarbeit mit dem Ravensburger Buchverlag lernten die Kindergärten im Osten meine *Vogelhochzeit* kennen. Es folgten, organisiert vom pädagogischen Brückenbauer Horst Grenz, Seminare mit Pädagogen und erste Konzerte von Rostock bis Erfurt. Die Elbe kreuzten wir auf diesen Reisen mehrfach bei Magdeburg, Dessau und Dresden. Der Fluss zog mich in seinen Bann. Im Herbst des Jahres 1998 stand der Entschluss fest. Ich suchte mir Verbündete für eine Konzertreise »gegen den Strom« von Cuxhaven bis hinauf nach Tschechien mit vielen Kinderchören.

Der Blick auf die Landkarte war zunächst wie Geografie-Nachhilfeunterricht. Was gab es da östlich von Lauenburg nicht alles zu entdecken, was war da nicht mehr als 40 Jahre lang für mich wie in einem Nebel versunken gewesen: die Elbtalaue bei Dömitz, der Fläming bei Coswig, das Dessau-Wörlitzer Gartenreich, das Weinbaugebiet von Meißen, Radebeul, das Elbsandsteingebirge, der Zusammenfluss von Moldau und Elbe, die Elbquelle in weiter Ferne. Es gab nahe gelegene Dörfer wie Rühstädt bei Wittenberge mit zehnmal so viel Storchenpaaren wie bei uns an der Unterelbe, kleine Schmuckstücke wie Tangermünde, das »Rothenburg an der Elbe«, und große, wie das wieder aufgebaute Magdeburg. Es gab Dessau mit seiner Bauhausgeschichte, die Lutherstadt Wittenberg, Meißen mit der Albrechtsburg und natürlich Dresden, das »Elbflorenz«. Uns alle verband derselbe Fluss, unsere Elbe. Auf ihr fuhren täglich und überall Schiffe, die Frachten und Menschen beförderten, es lag so vieles in der Luft, jede Menge Geschichten und Geschichte. Ich habe viel darüber gelesen, manches geradezu verschlungen, vor allem die »Elbsaga« von Barbara Bartos-Höppner, und erfuhr vieles über den geschichtlichen Wandel und über persönliche Schicksale am Fluss. So gab es bald keinen Zweifel mehr: Die »Elbtour gegen den Strom« würde nur der musikalische Auftakt sein für mehr Miteinander, eingestimmt mit meinen Elb-Hymnen: *Wir hier an der Elbe* für die Großen und *Elbkinder* für die Kleinen. Schon die Vorbereitungsfahrten, die Begegnungen mit den vielen Gleichgesinnten, die Proben mit den Kindern gaben mir Gewissheit, auf einem guten, neuen Weg zu sein. Nur: »Wer soll das bezahlen?« Diese große Frage stand über den hochfliegenden Träumen. Aber Stephan von Löwis of Menar, der Gründer des Hamburger Kulturvereins »KinderKinder e.V.«, und dem Team Tiedemann/Riedel von meinem langjährigen Tourneeveranstalter Funke Media gelang eine Finanzierung mit einer Mischung aus Open-Air bei freiem Eintritt und bezahlten Karten. Stephan bereiste die Elbe vorab, um geeignete Spielstätten und örtliche Veranstaltungspartner zu finden.

Er kreierte mit Julia Ginsbach das Elbkinder-Logo und die Webseite der Tour, Heidi Lindner trat mit allen mitwirkenden Chören in Verbindung, um die Abläufe rund um die Konzerte gut vorzubereiten. So wurden von allen Beteiligten die Ärmel aufgekrempelt und in einer guten Arbeitsteilung die Partner der Spielstätten, das Technik-Team und die mitwirkenden Chöre an den Start gebracht.

Es war ein einmaliges Ereignis mit all den vielen mitwirkenden Kindern und Erwachsenen und den guten Wünschen der als Schirmherren fungierenden Ministerpräsidenten aller fünf Bundesländer entlang der Elbe. Bei den Chorkindern mauserte sich die Hymne *Deutschland, deine Kinder* zum Lieblingslied. Sie spürten, dass sie von den Erwachsenen ernst genommen wurden. Es galt ja nicht nur, unseren gemeinsamen Fluss mit seiner landschaftlichen Vielfalt neu zu entdecken, zehn Jahre nach der Grenzöffnung wollten wir mit 40 Chören in 23 Elb-Orten Gemeinsamkeiten und Unterschiede im Zusammenleben entdecken. (»Lass uns aus Vergang'nem lernen, gib der Zukunft deine Hand, friedlich über alle Grenzen, Mutter-, Vater-, Kinderland«). 21 dieser Chöre mit über 1000 Kindern sollten sich im Verlaufe der Tournee gegenseitig besuchen und damit jeweils auch einmal Gastgeber sein. Über 40.000 Zuschauer wurden Zeuge dieses Gemeinschaftsprojektes. Wir starteten unsere Konzertreihe mit Besuch aus Dresden, dem Philharmonischen Kinderchor, der Ohnsorg-Ikone Heidi Kabel und vielen Kindern aus Hamburger Chören. Ich kam gerade noch rechtzeitig von einem Besuch in München zurück, wo unsere Anuschka uns am 28. Juli das erste Enkelkind, unseren Tim, geschenkt hatte. Am 29. Juli traten wir unsere Elbreise auf der Hadag-Fähre MS Jan Molsen in Schulau an, bei der weltberühmten Schiffsbegrüßungsanlage Willkommhöft. Unser Schiff unter Kapitän Kurt Richter brachte uns von dort zunächst zur Spielstätte in die Speicherstadt (vor dem heutigen Miniatur-Wunderland) und am Abend, nach einem nasskalten und windigen, aber gelungenen Auftakt, vier Stunden elbabwärts nach Cuxhaven. Unmittelbar an der Mündung erblickten wir unsere Bühne mit dem Nordseedeich im

Rücken. Der salzige Seewind auf der Haut und der Sand in den Augen ließen die Nordsee spüren. Voller Erwartung begrüßten wir am nächsten Morgen die Chöre von beiden Seiten der Elbe, die ohne unser Projekt wohl nichts voneinander erfahren hätten. Das Konzert mit Regen und einer steifen Brise von See her war ein zünftiger Auftakt und eine gute Bewährungsprobe für unser von Stephan Werner geleitetes Technik-Team.

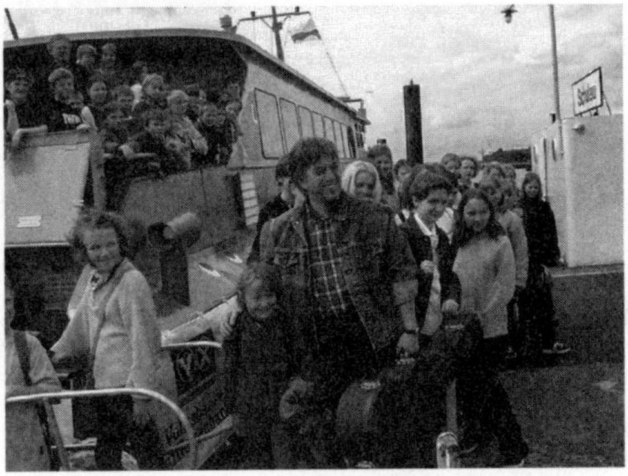

Heut' geht es an Bord – die Elbtour beginnt.

Unsere mobile Bühne hatte sich in Hamburg und nun auch in Cuxhaven als sturmfest erwiesen und stimmte uns zuversichtlich für den weiteren Verlauf der Tournee. Wir verluden die Bühne auf die damals gerade neu eingerichtete Autofähre über die Elbmündung (leider sind seitdem alle Versuche gescheitert, sie dauerhaft einzurichten). Mein Organisationsteam und ich fuhren mit der MS Jan Molsen von nun an im Zickzackkurs elbaufwärts, zunächst nach Brunsbüttel zum Konzert im Elbeforum. Es war uns sogar gelungen, den Kinderchor aus Cuxhaven über den Fluss zu holen. Die breite Elbmündung trennt die Menschen hier sehr. Auch in Brunsbüttel fanden wir rund um die mitwirkenden Chöre begeisterte Elb- und Kinderfreunde wie Günter Jacobsen. Er organisierte nach der Jahrhundertflut im November 2002 das Benefizkonzert »Elbkinder in Not« (bei dem auch meine Schwester Anke mit eigenen Liedern auf der Bühne stand) und leitete über viele Jahre den 2003 gegründeten Verein »Elbkinderland e.V.« Susanne Mann, die bis heute im Vorstand aktiv ist, entwickelte mit Dagmar Jacobsen das »Elbkinderland-Spiel«, bei dem die Kinder auf 40 Metern in sieben Spielstationen ihren Fluss von der Quelle bis zur Mündung aktiv kennenlernen.

Weiter ging unsere Tour von Brunsbüttel elbaufwärts nach Glückstadt zu einem Konzert in der halb ausgeräumten Bootshalle am Glückstädter Hafen. Leider verpassten wir knapp die beliebten »Glückstädter Matjeswochen«. Wir setzten unsere Technik mit der Autofähre über nach Wischhafen, und Käpt'n Richter bugsierte uns geschickt durch die tideabhängige Schwinge bis in die von beeindruckenden Backsteinbauten geprägte Stader Innenstadt. In der modernen Stadthalle »Stadeum« nahm eine heute noch lebendige Freundschaft zwischen den Buxtehuder Stieglitzen und den Muldespatzen aus Dessau ihren Anfang. Die Stieglitze waren anlässlich der Elbtour von Christofer Seyd neu gegründet worden. Den Anstoß dazu hatte Anke Krusche gegeben, die den Verein »Elbkinderland« heute zusammen mit Monika Riekhof als Vorsitzende leitet. Aus den damals nur zwölf Kindern wurde über die Jahre ein großer Chor mit über 100 Kindern und Jugendlichen, ein klingender Leuchtturm im »Elbkinderland«.

Beim Auslaufen schauten wir uns in einer Werft an der Schwinge noch ein paar schmucke Yachten an und träumten von weiteren Fahrten elbaufwärts. Inzwischen hatte sich leider abgezeichnet, dass wir mit unserer Hadag-Fähre mit einem Tiefgang von 1,90 Metern bei dem für August nicht ungewöhnlichen Wasserstand von 1,50 Metern hinter dem Sperrwerk Geesthacht nicht viel weiterkommen würden. Ein letzter Blick auf die Elbinseln Pagensand und Hahnöversand, ein kurzer Stopp für ein hochsommerliches Konzert im Wedeler Freibad, dann hieß es umpacken vom Schiff in mein blaues VW-Wohnmobil, das uns nun zusammen mit den Technikfahrzeugen am Elbufer entlang zunächst zum Feldherrenhügel nach Geesthacht brachte. Von der Bühne hat man einen für diese Gegend ungewöhnlichen Ausblick in die flache Elblandschaft. Hier erlebten wir eine Tourneepanne erster Güte: Stromausfall kurz vor dem Konzertende, der Generator war trockengelaufen. Nun galt es, das Programm ohne technische Unterstützung zu Ende zu bringen, kein leichtes Unterfangen bei etwa 5000 Zuschauern. Ich sang jeweils eine Zeile der Lieder laut für die ersten Reihen des Publikums und rief dann: »Bitte umdrehen und weitergeben!« Das funktionierte prima, und die gute Laune hielt bis zum Schluss. Der Feldherrenhügel blieb mit diesen Bildern und Tönen im Kopf bestimmt nicht nur für mich unvergessen.

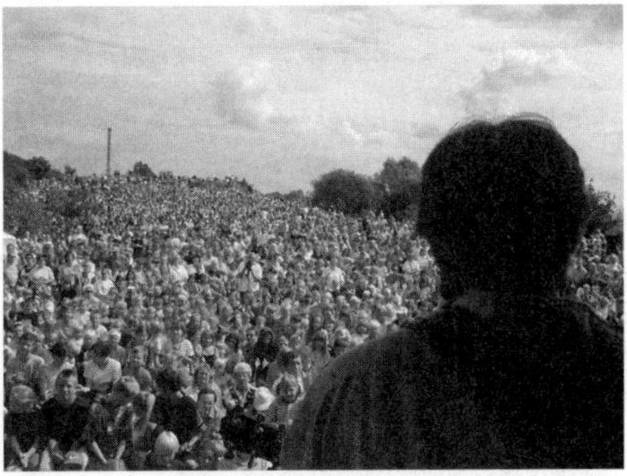

Geesthacht, Feldherrenhügel

Wenige Kilometer elbaufwärts, in Boizenburg, erzählte mir eine Chorleiterin, die kurz vor der Pensionierung stand, dass sie trotz Abriss der Grenzzäune und Schießanlagen am Todesstreifen in den zehn Jahren nach der Wende nie an der Elbe gewesen sei. Die Angst davor saß zu tief. Um so mehr genossen wir unser erstes Elbkinderkonzert östlich der ehemaligen Grenze auf dem voll besetzten Marktplatz von Boizenburg und legten eine kleine Besinnungspause für unser inzwischen gut eingespieltes Tour-Team ein, zu dem auch mein Sohn Andreas gehörte und das von meiner Schwester Anke mit ihrem Mann aus einem zweiten Wohnmobil heraus mit Speisen und Getränken verwöhnt wurde. Unsere Fahrt ging weiter auf der anderen Elbseite über die wunderschöne Elbhöhenstraße nach Hitzacker. Dort, hoch auf dem Geestrand, hatte ich 20 Jahre zuvor mit meinen Kindern nach Osten geblickt und nicht zu glauben gewagt, dass wir eines Tages ungehindert ans andere Ufer kommen würden. Von der bezaubernden Fachwerkstadt aus lässt sich das Biosphärenreservat Elbtalaue wunderbar erwandern und erradeln oder mit dem Ausflugschiff erkunden. Ein Abstecher nach Bleckede lohnt sich, um das Elbschloss mit seiner Elbtalaue zu genießen. Im Frühsommer ist der Ort Schauplatz einer beliebten Konzertreihe, und auch wir gaben im Innenhof des Schlosses später noch das ein oder andere Elbkinder-Konzert, eingefädelt von

Bernhard Chwatinski, einem weiteren treuen Verbündeten und Vorstandsmitglied im Elbkinderlandverein.

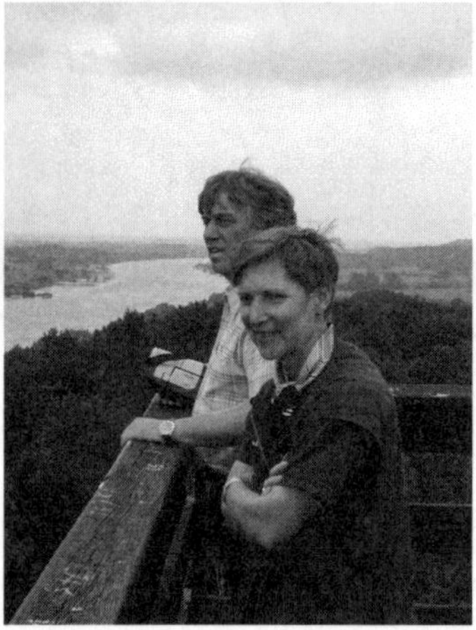

Heidi Lindner – die Elbe wurde »unser Ding«.

Nach einem Blick von einem der hölzernen Aussichtstürme über den Elblauf mit seinen vielen Buhnen lag ein längerer Elbabschnitt vor uns. Wir überquerten den Fluss bei Dömitz über die 1992 neu errichtete Elbbrücke, um nach Wittenberge zu gelangen. Der Wechsel von Niedersachsen nach Brandenburg ist nicht nur ein Landschaftswechsel von der Elbtalaue an den Rand der Prignitz, es ist auch ein Eintauchen in eine andere Sprachfärbung der Menschen, die den Hamburger an Berlin erinnert, auch das ist typisch Elbe. Wir genossen den Blick von unserer Open-Air-Bühne über den neuen Nedwighafen hinweg auf das vor Wittenberge besonders flache Land mit seinem hellen, blau-weißen, brandenburgischen Himmel. Der Besuch des damaligen Ministerpräsidenten Manfred Stolpe ehrte uns. Die schmucke kleine Hafenzeile an der Elbstraße von Wittenberge mit dem (inzwischen leider geschlossenen) Restaurant im historischen Kranhaus ist uns mit seiner Sonnenterrasse am Wasser nicht nur in bester Tournee-Erinnerung, sondern hier wurde drei Jahre später auch unser Verein »Elbkinderland e.V.« gegründet.

Wir überquerten die Elbe abermals und näherten uns mit einer Fahrt durch die Altmark Tangermünde. Wer mir damals erzählt hätte, dass es an der Elbe ein zweites »Rothenburg« gibt, den hätte ich wohl etwas misstrauisch angeschaut. Tangermünde, alte Kaiserstadt (von 1373 bis 1378 der Zweitsitz von Kaiser Karl IV.) und Perle der Backsteingotik, muss sich wahrlich nicht verstecken, schon gar nicht nach der fast vollständigen Renovierung seiner prächtigen Fachwerkbauten in den verwinkelten Gassen. Unser Konzert fand an der gewaltigen, mittelalterlichen Festungsmauer von Tangermünde unter uralten Trauerweiden statt. Kinder von beiden Seiten des Flusses setzten singend und spielend ein Zeichen für die Zukunft dieses lebenswerten Ortes. Ein paar Jahre später gönnte ich mir eine Schiffsfahrt von Tangermünde aus elbauf- und abwärts, die hier, zwischen Stendal und dem Havelland, besonders entspannend ist. Der Weg durch die Altmark führte uns nach Magdeburg. Die in ihrer wechselvollen Geschichte immer wieder zerstörte Stadt mag heute nicht als eine der Elbschönheiten gelten, dennoch kann sie beeindrucken, nicht zuletzt wegen ihres Lebenswillens, der zu immer neuem Wiederaufbau führte, mit dem die Stadt überragenden Dom und mit der davor liegenden Domfelsplatte, die das Fahrwasser der Elbe für alle Schiffe auf eine schmale Rinne einengt. Urig ist der Mückenwirt am Elbufer Richtung Schönebeck. Wir haben ihn einige Jahre später bei einer Schlauchbootfahrt mit Naturschützern kennengelernt. Unser Elbtourkonzert fand im August 2000 in der Magdeburger Stadthalle am Rotehornpark auf einer großen Elbinsel, einem beliebten Picknick- und Baderevier, zwischen Stromelbe und Alter Elbe statt. Einige Jahre später sangen wir dann mit den Magdeburger Elbkindern auf der Freilichtbühne des Mückenwirts das *Magdeburger Lied*. Britta Meier, eine beherzte und bis heute tatkräftige Mitbegründerin des Vereins »Elbkinderland«, hat diesen alten Gassenhauer mit neuen Strophen bei Klein und Groß wieder populär gemacht. Man findet ihn mit ihrem Elbkinder-Chor bei youtube.

Weiter ging die Fahrt über die alte Salz- und Hafenstadt Schönebeck durch die offene, fruchtbare Landschaft der Magdeburger Börde nach Barby, das hinter zwei markanten Elbschleifen inmitten saftiger Elbwiesen liegt. Das kreative Team vom Kunsthof Augustusgabe unterstützte uns tatkräftig bei einem der naturnahesten Konzerte, beobachtet von Kühen und Störchen unmittelbar am Fluss. Die Kinder von Barby erlebten sicherlich eine Sternstunde ihres Heimatortes, und wir waren der Elbe mit nassen Füßen so nah, wie es nur möglich ist. Das genossen auch meine Schwester und meine Frau. Zur Weiterfahrt entschieden wir uns für den schnellsten Weg und überquerten die Elbe östlich Richtung Zerbst. Gegenüber von Roßlau waren wir, am Rande des Naturschutzgebietes »Untere Mulde«, bald wieder unmittelbar an der Elbe. Die malerische Elbschleife vor dem berühmten, von Walter Gropius gestalteten Restaurant Kornhaus lag vor uns. Am nächsten Tag sollte unsere Bühne kommen, auf einem Ponton, den die Bundeswehr am Standort Roßlau für uns bereitgestellt hatte. Die Nacht war spannend – würde alles klappen? Nicht wie bisher an, sondern auf der Elbe wollten wir spielen, nahe am Fahrwasser, mit seinem wenn auch nur mäßigen Schiffsverkehr. Wir waren wegen des ungewöhnlichen Bühnenaufbaus diesmal besonders früh auf den Beinen, was uns den Anblick einiger Biber am gegenüberliegenden Ufer sowie zahlreicher nach Nahrung suchender Störche bescherte. Die Idylle dauerte nicht lange, denn aus dem Sporthafengebiet von Dessau schoben sich mit ohrenbetäubendem Lärm mehrere Power-Boote in den Fluss. Kopfschüttelnd betrachteten wir das fragwürdige Spektakel am frühen Samstagmorgen. Als unser Bühnenponton sich mit zwei äußerst

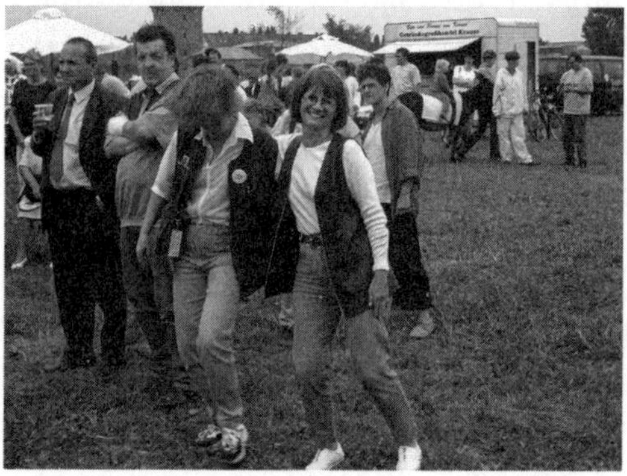

Moni und meine Schwester Anke in bester Elbtour-Stimmung bei Barby.

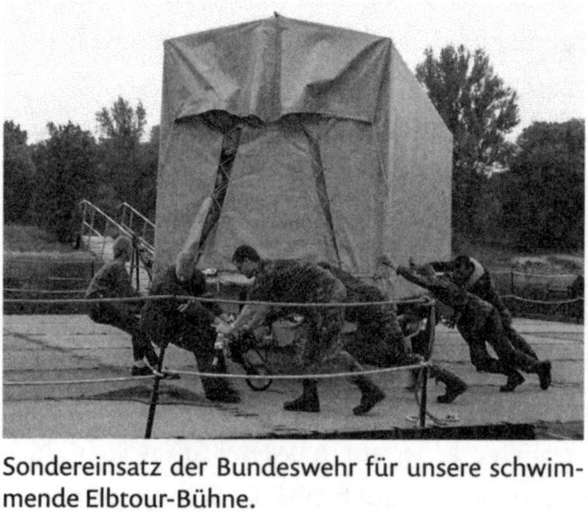

Sondereinsatz der Bundeswehr für unsere schwimmende Elbtour-Bühne.

wendigen Bundeswehrbooten von Osten näherte, waren die Gedanken wieder ganz bei unserem Herzensanliegen, dem Konzert vor dem Kornhaus. Es wurde mit einem von Hunderten Familien voll besetzten Elbdeich eines der idyllischsten unserer Tour. Mit den Dessauer Muldespatzen sahen wir hier, nach dem Konzert in Stade, auch den Chorleiter Günther Bohm wieder, der drei Jahre später zum Gründungsvorsitzenden des Vereins »Elbkinderland« gewählt wurde. Wer Dessau vor allem wegen des Bauhauses besucht, was uns nur im Vorbeifahren vergönnt war, sollte ein Stündchen im Kornhaus an der Elbschleife nicht verpassen, es ist einer der schönsten Plätze, die wir an der Elbe gefunden haben.

Nach einem touristischen Abstecher in den weltberühmten Wörlitzer Park wartete auf uns die Elbfähre nach Coswig, eine der ältesten Gierfähren auf der Elbe und allein deswegen für ein Hamburger Team eine kleine Sensation. »Eine Fähre am Seil, wie soll das gehen?« Das Gespräch mit dem von Schnaken völlig zerstochenen Fährmann zählt zu den außergewöhnlichsten, die ich auf dieser Reise führte. Er war als Seemann auf den sieben Weltmeeren gefahren und genoss nun die Gemächlichkeit des täglichen Hin und Her. (Einige Jahre später erfuhr ich, dass es ihn doch wieder auf den Ozean hinausgezogen hatte.) Unsere Elbtour führte uns mit einem Seitenblick auf das Barockschloss von Coswig zum Laurentius Markt, wo wir bei etwa 35 Grad im Klosterhof das wohl heißeste Konzert unserer Reise gaben. Ein »Katzensprung«, immer entlang der Bahnlinie, so ging es von Coswig in die Lutherstadt Wittenberg. Hier, in Sichtweite des Höhenzuges Fläming, hat das Elbwasser die Hälfte seiner Reise von der Quelle bis zur Mündung hinter sich – wir hatten noch ein Drittel unserer Tournee vor uns. Leider wagte es die Reederei der Dresdner Weißen Flotte, die sich als Sponsor angeboten hatte, angesichts des Niedrigwassers nicht, uns mit einem ihrer historischen Schaufelraddampfer, der auf nur etwa 90 Zentimeter Tiefgang kommt, abzuholen. In einer zum UNESCO-Weltkulturerbe zählenden Stadt wie Wittenberg zu verweilen, sich die Wirkungsstätten Luthers, die Marien- und Schlosskirche oder das

Melanchton-Haus anzuschauen, all das mussten wir uns, wie bei vielen anderen Sehenswürdigkeiten, für spätere Reisen am Fluss aufsparen. Immerhin reichte es für einen Blick auf das von Hundertwasser entworfene Luther-Gymnasium und den beeindruckenden Markplatz von Wittenberg. Das Konzerthaus KTC ist uns weniger lang im Gedächtnis geblieben, wohl aber das gelungene Miteinander der Chöre aus Riesa, Strehla und Wittenberg.

*Wie sagte doch … **Martin Luther:***
*»Wer einem Kind begegnet, der begegnet Gott auf frischer Tat.« Luther war im Grunde einer der ersten »Kinderliedermacher«. Ebenso wie ich sah er in Kindern den Urstoff des Lebens, vor dem wir eine angeborene und in der Erziehung vertiefte Ehrfurcht haben sollten – die leider vielen Menschen abhandengekommen ist.*

Nur wenig östlich von Wittenberg macht die Elbe am Zufluss der Schwarzen Elster einen ihrer markanten Richtungswechsel – es geht von nun an für einige Zeit direkt nach Süden. Den traditionsreichen kleinen Ort Elster lernten wir mit seinen auffallend vielen jungen Familien erst bei der zweiten Elbtour kennen und lieben. Unser nächstes Ziel war Torgau und damit der Übergang nach Sachsen. Das Elbtal wird hier allmählich enger, vorbei sind die Blicke in weite, urzeitliche Auenlandschaften. Die Stadt ragt mit der vollständig erhaltenen Schlossanlage Hartenfels hoch über den Fluss und lässt die Zeiten erahnen, als der Burggraben nicht nur für die bei den Besuchern beliebten Bären angelegt war. Im Rosengarten, im Hof des Schlosses, fand bei brütender Hitze unser Konzert statt – mit einem bedrohlich herannahenden, dann aber glücklicherweise vorbeiziehenden Gewitter. Ob sich hier auf der Elbbrücke am 25. April 1945 die russischen und amerikanischen Soldaten tatsächlich getroffen oder später lediglich symbolisch die Hand gegeben hatten, mag die Geschichtsforscher interessieren. Für uns war das gelebte Miteinander im »Elbkinderland« auch hier in Sachsen, tatkräftig gefördert vom Ortsbürgermeister Wolfgang Sarembe, spürbare Wirklichkeit.

Was dann kam, war wie ein längst aufgegebener Traum, der unerwartet doch noch wahr wurde. Der Bürgermeister von Belgern (der Elb-Ort mit der östlichsten Rolandsfigur) ließ uns mit seinem kleinen Stadtschiff, das sicherlich schon bessere Zeiten gesehen hatte, am Kaispeicher in Torgau abholen. Wir hatten noch keine besseren Zeiten auf unserer Reise erlebt. Einfach, aber köstlich und liebevoll bewirtet, glitten wir auf der hochsommerlichen Elbe stromaufwärts. Die Spiegelung der Landschaft im ruhigen, glatten Elbwasser war für uns Hamburger eine neue Erfahrung für die Sinne, von Elbschleife zu Elbschleife taten sich neue Varianten des gleichen, beruhigenden Eindrucks auf. Es tut einfach gut, die Welt vom Fluss aus zu sehen, die Ruhe zu genießen, den Störchen hinterherzuschauen und dem einen oder anderen Paddler oder Binnenschiffer zuzuwinken. Am Anleger von Belgern erwartete uns eine der herzlichsten Begrüßungen der Reise durch die einheimischen und angereisten Chorkinder. Mit ihnen gaben wir auf einer leider nur für die Zuschauer schattigen, in den Elbhang hinein gebauten Waldbühne unser Konzert vor 1300 Besuchern. Für unser Tour-Team wurde die Hitze nahezu unerträglich. Ein spontaner Sprung in die Elbe schaffte Abkühlung und ein ganz neues Elbegefühl. Seit zwei Generationen war es für uns undenkbar gewesen, tiefer als bis zum Knie in den verschmutzten Fluss zu steigen. Inzwischen hat sich die Elbe so gut erholt, dass das Baden an vielen Stellen wieder unbedenklich ist.

Die fernen Hügel des Elbe-Elster-Gebietes auf der rechten Elbseite brachten uns erste Vorahnungen davon, dass wir uns, mit einer ganztägigen Fahrt an Strehla und Mühlberg vorbeituckernd, allmählich der hügeligen Weinbaulandschaft näherten, die man in Hamburg mit dem Namen Elbe seinerzeit noch wenig verband. Doch zunächst ging es in die ehemals bedeutende Hafenstadt Riesa mit einer der wichtigsten Elbüberquerungen von Ost nach West, am Eisenbahnknotenpunkt zwischen Dresden und Leipzig. Wir hatten mit der Unterquerung der Brücke unser Ziel erreicht und verabschiedeten uns von der Schiffsbesatzung aus Belgern. In Riesa wartete in der aufs feinste restaurierten Stadthalle »Stern« ein teilweise von weit her angereistes Publikum auf uns. Weit mehr als einen Stern verdiente sich dieses Publikum beim Mitsingen.

Weiter ging die Fahrt auf der Kreisstraße Richtung Meißen. Die hoch auf dem Schlossberg thronende Albrechtsburg kam in Sicht. Wir waren tief beeindruckt von ihren mächtigen Dimensionen. Die Zufahrt über mittelalterliche Gassen war für unseren routinierten Fahrer Rainer Klärner eine unerwartete Herausforderung. Für die Übernachtung hatten wir auf der anderen Elbseite ein vertrautes Hotel gebucht, die ehemalige Villa eines Porzellanproduzenten. Hier im eleganten Garten, an einem exponierten Plätzchen unmittelbar über der Elbpromenade, hatte ich ein Jahr zuvor mit meiner Tourneeleiterin Heidi Lindner die konkreten Planungen unserer »Konzertreise gegen den Strom« in die Endphase gebracht. Nun waren wir tatsächlich wieder da und staunten wie beim ersten Besuch über die zauberhafte Meißener Altstadt, deren Restauration gute Fortschritte gemacht hatte. Unser Konzert auf dem Rathausplatz mit dem Blick auf die bunten, traditionsreichen Fassaden rundherum blieb in bester Erinnerung, nicht zuletzt, weil der junge Bürgermeister der Stadt sich während der gesamten Konzertdauer auf das Pflaster des Platzes zu »seinen« Kindern setzte. So klang der Gesang der Kinder hinauf zur Burg, wo sich vor langer Zeit die Minnesänger trafen. An Tagen wie diesen liegen Vergangenheit und Zukunft wie zum Greifen in der Luft. Das Abschiedsbeisammensein war mit dem Erklimmen einiger steiler Treppen verbunden – Erinnerungen an das Treppenviertel daheim in Blankenese wurden wach –, dann wurden wir mit dem großartigen Ausblick über die Dächer von Meißen belohnt. Ich habe seitdem immer wieder Gründe gefunden, um diese Perle an der Elbe wiederzusehen, die Zusammenarbeit mit dem Theater Meißen (danke, Frau Fiedler!) bot dafür noch mehrfach eine bestmögliche Grundlage.

Entlang der Elbe zu fahren und Weinberge zu sehen, ist inzwischen manchem selbstverständlich geworden. Wir konnten es im Sommer 2000 irgendwie immer noch nicht glauben: Da drüben bei Radebeul wächst ein guter Tropfen, der inzwischen zu gepflegten Preisen seine Liebhaber findet, aber leider kaum den Weg nach Hamburg. In Dresden ist er dagegen schon seit Jahrhunderten eine Selbstverständlichkeit, nicht zuletzt bei den ausschweifenden Feierlichkeiten von August dem Starken am Elbufer. Das alljährlich und just bei unserer Durchreise stattfindende Fest der berühmten Schaufelraddampfer, das von Hunderttausenden besucht wird, veranlasste uns, hier nicht am selben Wochenende auch noch ein Konzert zu veranstalten. Nach einem kurzen Stopp und einigem Staunen über die Menschenmassen und ihre große Begeisterung fuhren wir links der Elbe weiter Richtung Osten. Als Freund der Alpenschweiz ist man naturgemäß ein wenig skeptisch angesichts der mutigen Wortschöpfung Sächsische Schweiz. Die Skepsis weicht, je mehr man sich dem Elbsandsteingebirge nähert. Loschwitz, das »Blankenese von Dresden«, lässt von der anderen Seite noch einmal mit irgendwie vertrauter Elbhangbebauung grüßen, das »Blaue Wunder«, die Elbbrücke bei Loschwitz, erinnert ein bisschen an den Eiffelturm in Paris, allerdings quer gelegt. Danach öffnet sich ein Blick, der in Deutschland nicht seinesgleichen hat. Die malerische Schönheit der Bastei, der Blick zum Königstein, die große Doppelschleife der Elbe durch das steil aufragende Sandsteingebirge – all das haben die Dichter immer neu beschrieben, die Maler und Fotografen wurden immer wieder in ihren Bann gezogen.

Einem Tourneeteam ist die Muße des Verweilens nicht vergönnt, dafür sind wir den Menschen am Fluss auf der Spur geblieben: Die nächste Station hieß Bad Schandau. Hier, wenige Kilometer vor der tschechischen Grenze, legen die eleganten, flachen und lang gestreckten Hotelschiffe ab, die uns angesichts unseres Straßenpensums schon recht verlockend erschienen. Acht Jahre später gönnte ich mir eine Flusskreuzfahrt mit der MS Dresden, in deren

Verlauf ich an mehreren Orten mein Buch »Wir entdecken die Elbe« vorstellte. Im August 2000 fand unser Konzert in der kleinen Freilichtbühne von Bad Schandau statt, an der engen Zufahrt zum dicht bewaldeten Nationalpark Sächsische Schweiz. Es führte Sigi Hennig mit ihren Hamburger Alsterfröschen gut 500 Kilometer flussaufwärts zu einer Begegnung mit den Dresdner Spatzen und Kindern aus Bad Schandau. Unsere Gastgeber sahen darin ein geschichtliches Ereignis, das es gebührend zu feiern galt. Die Aufregung war umso größer, als wir am nächsten Tag nach Mělník aufbrechen wollten. Immer entlang der Elbe, aber zunächst über die im Jahr 2000 noch alles andere als offene Grenze. Die Formalitäten waren aber bald erledigt, das Stichwort »Kinderkonzertreise« war auch bei den strengen tschechischen Zöllnern hilfreich. Unsere Reise elbaufwärts näherte sich dem Ende und einem wahrhaft krönenden Abschluss: Schloss Mělník. Hier im Urland der Tschechen, am Zusammenfluss von Elbe und Moldau, wächst an den Hängen des Schlosses der überaus gastfreundlichen und großzügigen Familie Lobkowicz ein guter Rotwein, weltbekannt unter dem Namen »Ludmilla«. Von der Schlosshöhe ist der Zusammenfluss der beiden großen Ströme gut zu sehen. Doch stockt einem Hamburger fast der Atem, wenn man das Flüsschen Labe (unsere Elbe) in den breiten Strom der Moldau fließen sieht. Diese führt nicht nur bedeutend mehr Wasser, sie ist auch der erheblich längere und damit üblicherweise den Namen bestimmende Zufluss. Dass Dresden, Magdeburg und Hamburg nicht an der Moldau liegen, ist eines der Geheimnisse unserer Elbe. Wir konnten mit einem Gemeinschaftskonzert mit dem Chor Bardácek, für das die

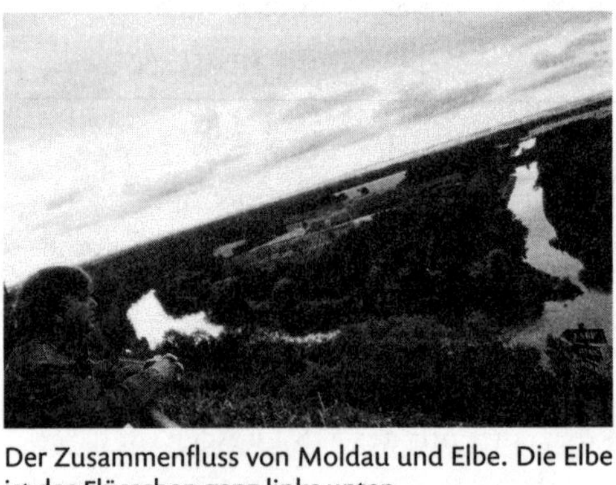

Der Zusammenfluss von Moldau und Elbe. Die Elbe ist das Flüsschen ganz links unten.

Hamburger Alsterfrösche über Bad Schandau weitergereist waren, mit dem tschechischen Schauspieler und Sänger Jan Čensky einige Lieder im Schlosshof hoch über Mělník zweisprachig singen. Unsere tschechischen Förderer Graf Lobkowicz und Boris Severa, der auch meinen Song *Lieder, die wie Brücken sind* ins Tschechische übersetzte, hatten allen Grund, mit uns auf das Ende der Reise und das gelungene Miteinander anzustoßen, natürlich mit einem Gläschen Ludmilla. Wir hatten uns allerdings als offizielles Tournee-Ende noch ein Konzert am Dresdener Elbufer vorgenommen.

Zurück ging die Fahrt durch die inzwischen vertraute böhmische Landschaft. Mit einer kleinen Verschnaufpause auf einem tschechischen Ausflugsschiff unterhalb der Burg Schreckenstein stärkten wir uns für das große Abschiedskonzert in den Elbwiesen am Dresdner Königsufer, gegenüber den Brühlschen Terrassen. Dort genießen die Dresdner alljährlich ihre sommerlichen Filmabende und Konzerte unter freiem Himmel. Wir durften die für unsere Verhältnisse gigantische Bühne nutzen und erlebten eine Begegnung von fünf Chören aus Dresden und Hamburg und ein herzliches Wiedersehen mit Heidi Kabel. Für eine Sternstunde der ganzen Tournee sorgte mein geschätzter Liedermacherkollegen Gerhard Schöne. Sein Produzent Wilfried Bergholz machte uns zum Abschied ein Geschenk, dessen Dimension wir erst Jahre später erkennen sollten: Er gratulierte uns zu der gelungenen Gründung eines neuen, friedlichen Landes – ohne Grenzen, ohne Regierung, ohne Polizei und Armee: das »Elbkinderland«. Das Lied *Elbkinder* ist als Dia-Show auch in einem Video mit vielen Impressionen aus unseren Elbkinderland-Konzerten bei YouTube zu sehen.

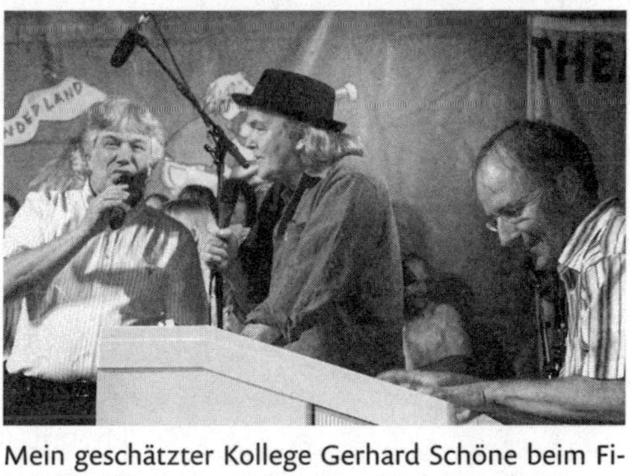

Mein geschätzter Kollege Gerhard Schöne beim Finale der Elbtour 2000 in seiner Stadt Dresden.

## Mein Fluss

Der im März 2003 gegründete Verein »Elbkinderland e.V.« hatte sich schnell konsolidiert und machte mit einem großen deutsch-tschechischen Begegnungskonzert bei Gründeich im Alten Land auf sich aufmerksam. Bereits 2004 würdigte der Bundespräsident Johannes Rau mit einem Empfang auf Schloss Bellevue die deutsch-tschechischen Aktivitäten der Elbkinder. Unvergessen sein Satz: »Kultur ist nicht das Sahnehäubchen auf dem Kuchen, sie ist die Hefe im Teig.« Ein Jahr später wurde der Verein »Elbkinderland« von der Bundeszentrale für politische Bildung mit dem »Bürgerpreis zur deutschen Einheit« für seine Koordination musischer Jugendbegegnungen entlang der Elbe ausgezeichnet. Günter Jacobsen und seine Vorstandskollegen planten mit mir eine weitere Elbtour.

In der Zwischenzeit blieb ich der Elbe auf andere Art treu. Gemeinsam mit dem Hamburger Trio Hafennacht bereiste ich ab März 2009 mir inzwischen vertraute Orte an der Elbe von Sachsen bis zur Unterelbe mit einem Abendprogramm aus meinen maritimen Liedern und Lesungen aus meinem Elbe-Buch. Diesmal standen nicht die Elbkinder im Mittelpunkt, sondern ich konnte neue Register ziehen, vor allem als Duettpartner von Uschi Wittig, der Solistin von »Hafennacht«. Höhepunkt des Programms war für mich und Uschi an jedem Abend unser plattdeutsch-französisches Techtelmechtel *Dat du mien Leevsten büst/Plaisir d'amour.* Die maritimen Chansons von »Hafennacht« sind für mich musikalische Perlen der Waterkant, die ich mit meinen für die Finwarder Speeldeel geschrieben Liedern gerne

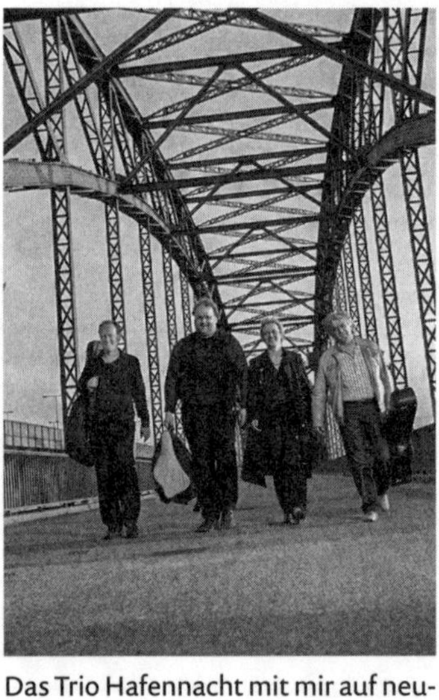

Das Trio Hafennacht mit mir auf neuen Wegen.

ergänzte. Kleine, stimmungsvolle Spielstätten wie das Kornhaus in Dessau, der Mückenwirt in Magdeburg und das Theaterschiff Batavia in Wedel brachten uns den Menschen an der Elbe und ihrem Leben zwischen Tradition und Wandel näher.

Eine zweite Elbkinderland-Tournee im Sommer 2010 baute ganz auf Spenden und Sponsoren auf und wurde in Anerkennung ihres völkerverbindenden Charakters durch den deutsch-tschechischen Zukunftsfonds sowie das Goethe-Institut gefördert. Für die Anschaffung einer mobilen Bühne konnte ich die Musikstiftung der Hamburger Sparkasse gewinnen, als Sponsor für den Transport die Georgsmarienhütte GmbH. Auf dieser gemeinnützigen Finanzierungsbasis konnten wir die Konzerte dieses Mal bei freiem Eintritt veranstalten.

Einen gelungenen Auftakt nahm die Konzertreise am 4. Mai am Elbdeich von Hetlingen, westlich von Wedel, mit mehr als 1000 Besuchern und einer Dorfgemeinschaft, in der alle örtlichen Vereine, beflügelt von der Bürgermeisterin Barbara Ostmeier, ehrenamtlich zupackten, um dieses Ereignis möglich zu machen. Hier, wie tags darauf in Brunsbüttel und im Natureum in Balje, tanzte zur Auflockerung der Chorbeiträge die Folkloregruppe Jarosaček wie in einem lebendig werdenden Märchenbuch, mit bildhaften Choreografien, die ich noch heute vor mir sehe.

Die Reise führte uns gut einen Monat später an meinem 63. Geburtstag nach einem Besuch der Elbquelle im Riesengebirge diesmal nicht »gegen den Strom«, sondern elbabwärts. Am 13. Mai starteten wir den östlichen Tourabschnitt mit einem Konzert im tschechischen Litoměřice, bei strömendem Dauerregen unter einer großen, die Labe überspannenden Straßenbrücke. Unser Bühnen- und Technikteam verrichtete unverdrossen den Aufbau und begrüßte pitschenass mit mir, Heidi Lindner und Michael Gundlach die Mitwirkenden. Der erste Kontakt zu tschechischen Chören und Tanzgruppen aus dem Jahr 2000 wurde vertieft, weitere Freundschaften kamen hinzu. Dazu trug eine unermüdliche Netzwerkerin und Mutter von zwei sangesfreudigen Kindern aus

Prag mit großem Engagement bei: Daniela Červenclova. Sie stellte die Kontakte zu mehreren Ensembles elbaufwärts von Mělník her. Die nachhaltigste Freundschaft mit mehreren gegenseitigen Besuchen hatte sich schon vor der zweiten Elbtour zum Chor Kvitek in Poděbrady entwickelt. Angesichts der unseligen Erinnerungen, die die Nazis hier mit einem ihrer großen Kinderlandverschickungslager hinterlassen hatten, gaben die Elbkinder ein Zeichen für eine unbelastete gemeinsame Zukunft. Ein solches Zeichen war auch die deutsch-tschechische Version meines Liedes *Kleine Europäer,* das wir gemeinsam mit Kvitek, der Sängerin Magda Reifová und einem Elbkinderland-Gemeinschaftschor aus Dresden und Hamburg vier Tage vor dem Konzert in Litoměřice im ZDF-Fernsehgarten in Mainz singen durften.

Es gab bei dieser zweiten Elbtournee ein Wiedersehen mit vielen Menschen, die uns schon im Jahr 2000 zur Seite gestanden hatten. Viele Elb-Landschaften und Orte waren mir inzwischen vertraut geworden, ich hatte nach dem Besuch an der Elbquelle das Lied *Mein Fluss* geschrieben und sie dabei gedanklich bereist. Die Elbe ist mit ihren Kultur- und Naturlandschaften von so großer Vielfalt, dass ich bis heute meine Neugierde, sie zu entdecken, nicht verloren habe. Der Verein »Elbkinderland« hat einen sehr sehenswerten Internet-Auftritt, den ich für mehr Einzelheiten über die zweite Elbtournee sehr empfehlen kann (www.elbkinderland.de). Ich möchte aber nicht darauf verzichten, hier einige Impressionen zu schildern, die sich besonders tief in mein Gedächtnis eingebrannt haben.

Am 12. Juni wagten wir ein Experiment: Die Begegnung von zwei Kindergartengruppen aus Hitzacker und Blankenese. Wir hatten diese Altersstufen bisher im »Elbkinderland« nicht angesprochen. Der Erfolg war berührend. Die Zipfelmützen und ihre Blankeneser Gäste brachten die Herzen zum Schmelzen. Tags darauf hatte die Lütt Finkwarder Speeldeel ein Heimspiel unmittelbar am Elbufer bei einer steifen Brise, der unsere mobile Bühne zum Glück standhielt. Mit den Alsterfröschen und der tschechischen Gruppe Radost zu Gast, alle in windfesten Jacken, konkurrierten wir erfolgreich gegen ein WM-Fußballspiel im Fernsehen. Das in Brunsbüttel erstmals vorgestellte Elbkinderlandspiel trug als Magnet maßgeblich dazu bei. Beeindruckend war einer der ersten großen Auftritte des Chors Die JUNGS. Sie sangen zum Tour-Abschluss im September auch noch in Dresden. Dort, auf der riesengroßen Bühne der Filmnächte, beeindruckte mich noch einmal Gerhard Schöne, der mit auffallend leisen Tönen die vielen hundert Menschen berühren und begeistern konnte. Unsere Sicht auf die Entwicklung seit der Wiedervereinigung, neue Gemeinsamkeiten und weiter bestehende Unterschiede gaben Anlass zu intensiven Gesprächen, die wir beide in einer Rundfunksendung des MDR 30 Jahre nach dem Mauerfall vertieften.

Die zweite Elbtour, bei der ich landschaftlich bezaubernde und beschauliche Orte wie Mühlberg und Elster kennenlernte, ging am 5. September 2010 beim Magdeburger »Mückenwirt« in großer deutsch-tschechischer Besetzung zu Ende. Das imposante Wolkentheater und ein Regenbogen über der Elbe waren wie zum Abschied gemacht. Der »Mückenwirt«-Biergarten, dessen Gastwirte Tino und Ulrich schon manches Schlager- und Rockkonzert veranstaltet hatten, staunten nicht schlecht, wie nun die Elbkinder ihre Bühne rockten. Dieser Platz am Elbe-Radweg war prädestiniert für die Aufstellung eines der Schilder »Willkommen im Elbkinderland«, die der Verein »Elbkinderland« als besondere Auszeichnung für ihm besonders verbundene Orte und Personen aufstellen lässt.

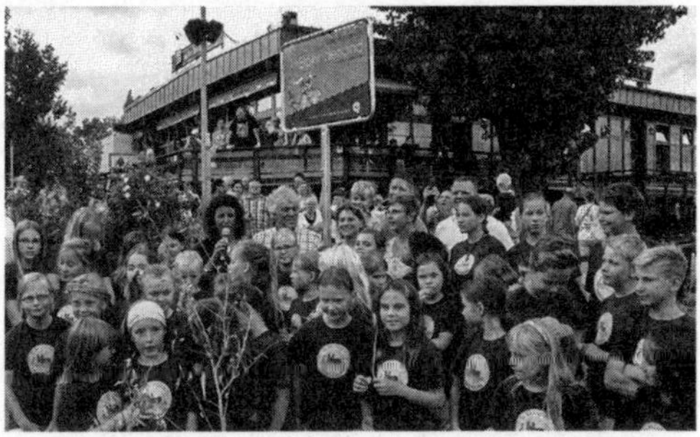

Ein Zeichen der Verbundenheit im Elbkinderland beim Mückenwirt in Magdeburg.

Einen unvergleichlichen Höhepunkt erlebten die Elbkinder als Nachklang zu beiden Elb-Tourneen am 3. Dezember 2017 in der

Hamburger Elbphilharmonie. Zum Abschluss meiner Konzertreise »40 Jahre RolfMusik« hatte ich 14 Chöre des »Elbkinderlandes« mit einer jeweils 30-köpfigen Abordnung eingeladen. So trafen sich nahezu 500 Kinder auf der Bühne und in den Zugängen inmitten des Saals und brachten mit Hilfe meiner Band, meiner Tochter Anuschka und Otto Waalkes als Überraschungsgast eine Stimmung in das elegante Haus, die man sich bis dahin dort kaum vorstellen konnte. Viele Mitstreiter meiner Tournee »40 Jahre RolfMusik« waren angereist und genossen mit uns dieses Finale. Dass ich wegen meines Sprunggelenkbruchs das Konzert im Rollstuhl absolvieren musste, tat meiner grenzenlosen Freude an diesem Beisammensein keinen Abbruch. Immerhin hatte ich eine starke Band im Rücken und war rollend in Bewegung, immer auf Augenhöhe mit den Kindern. Die Anbahnung und Organisation dieses Konzertes mit den vom ganzen Elblauf anreisenden Chören wäre ohne den großartigen Einsatz der Vorsitzenden des Vereins »Elbkinderland«, Anke Krusche und Monika Riekhof nicht denkbar gewesen. Die

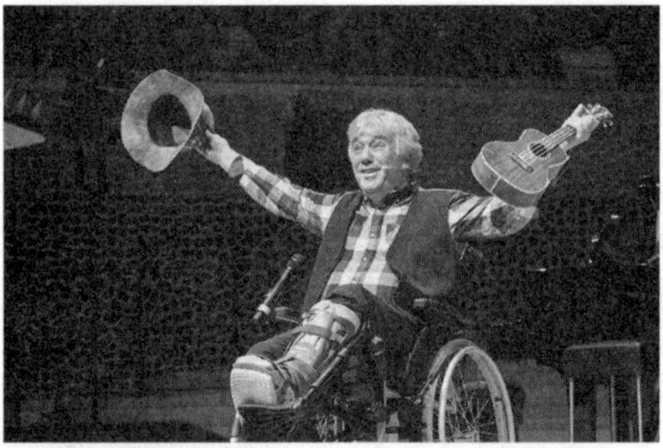

Trotz gebrochenem Sprunggelenk bester Dinge.

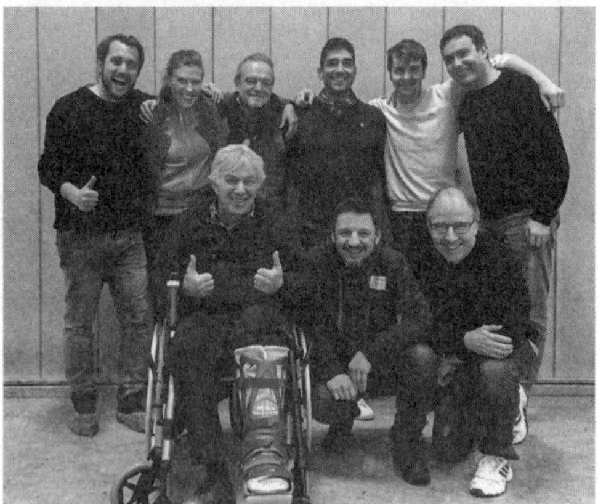

Meine Band für die Elbphilharmonie:
Andreas Zuckowski (g), Katie Zahn (fl), Dieter Faber (g), Emre Akca (per), Lars Knoblauch (b), Benny Brown (tp), unten: Jens Pape (p), Michael Gundlach (kb).

Auf- und Abgänge der Kinder im Konzertsaal zu koordinieren war eine Meisterleistung von Insina Lüschen aus meinem »Kinder brauchen Musik«-Workshop-Team mit ihrer Freundin Gwendolin Knapp. »Wie haben die das bloß geschafft?« Das hörten wir immer wieder nach der Ausstrahlung des Konzertes im Video-Live-Stream des NDR.

Ein Event dieser Größenordnung ist kaum zu toppen, aber der Verein »Elbkinderland« ist auch nicht von diesen Dimensionen abhängig. Gemeinsame Chorfreizeiten und Begegnungskonzerte mit drei bis vier Chören halten den Geist lebendig, der bei meinen beiden Elbtourneen geweckt wurde. In vielen Orten gab es seit 2010 mit viel Eigeninitiative bewegende musikalische Höhepunkte im »Elbkinderland«. Dass wir nach der großen Elbflut im Jahr 2012 in einem gemeinsamen Kraftakt mit der »Aktion kleiner Prinz« für die »Elbkinder in Not« eine Spendensumme in Höhe von 130.000 Euro zusammentragen und entlang der Elbe verteilen konnten, zeigt, dass wir weit über die Symbolik der Lieder hinaus den Zusammenhalt im »Elbkinderland« ernst nehmen. Ich danke allen, die den Verein und damit ein Herzstück meines Lebenswerks in die Zukunft tragen. Die Herausforderung der Corona-Pandemie mit den schmerzhaften Einschränkungen für das Chorsingen haben in den Jahren 2020 und 2021 auch die Elbkinder zurückgeworfen. Es wird viel Kraft und Optimismus kosten, zu dem zurückzukehren, was uns so lieb war und so selbstverständlich schien. Ein Besuch in der Elbkinder-Grundschule in Blankenese hat mir im Advent 2022 gezeigt, was es heißt, einen Chor wieder aufzubauen, der zwei Jahre lang pandemiebedingt pausieren musste. Ich werde meinen Teil dazu beitragen, dass nicht nur das »Elbkinderland« wieder eine Landschaft wird, in dem die Kinder nach Herzenslust singen.

# 10
# Kinder brauchen Musik

Es war eine dieser Begegnungen, die man nicht vergisst, seien sie auch noch so kurz. Den Gründer und »Vater« der SOS-Kinderdörfer, Hermann Gmeiner, lernte ich beim zehnjährigen Jubiläum des Dorfes in Lütjenburg kennen. Ich war Vater, hatte zwei gesunde, sangesfreudige Kinder und lebte mit ihnen und meiner Frau in größtmöglicher Geborgenheit unter dem Dach der Schwiegereltern im Blankeneser Treppenviertel. Dass es vielen Kindern ganz und gar nicht so geht, wusste ich wohl, doch erst im Gespräch mit Hermann Gmeiner ermaß ich die ganze Dimension dessen, was hinter Kinderschicksalen stehen kann: Kinder, die nicht mit den eigenen Eltern leben können, die täglich in Gefahr sind, misshandelt zu werden, die verwahrlosen; um diese und andere in großer Not ging es hier, für sie waren die SOS-Kinderdörfer da. Ich durfte in Lütjenburg die Häuser besuchen, in denen SOS-Mütter mit jeweils etwa sechs Kindern eine Dorf-Familie der Geborgenheit bilden.

1986 entschloss ich mich zu einer Benefiz-Tournee unter dem Motto »Kinder brauchen Träume«. Das Lied, gesungen mit einer Kindergruppe aus der Grundschule von Hanerau-Hademarschen, erschien 1986 mit 13 weiteren auf einer LP und als Musikkassette mit einem Spendenanteil zu Gunsten SOS vom Verkaufspreis. Der Widmungstext auf dem Album lautete: »Seit ich Lieder für und über Kinder schreibe, ist mir immer deutlicher geworden, dass eine Welt ohne Kinder eine Welt ohne Hoffnung wäre. Wenn aber die Kinder selber keine Hoffnung mehr auf morgen haben, dann versiegt die wichtigste Lebensquelle. Die Kinder aus den SOS-Kinderdörfern werden um sich herum wieder neue Zuversicht verbreiten, weil sie die Chance bekommen, ihre Fähigkeiten zu entwickeln,

Vertrauen zu fassen und Wärme zu spüren. Dass sie dafür ihren natürlichen Kulturkreis nicht verlassen müssen, ist ein großer Wert für die Gemeinschaft, in der sie selbst einmal Kinder haben werden.« Nach dem großen Erfolg des Albums *Dezemberträume* 1993 entschloss ich mich, in Ossijek, Kroatien, das nach seiner Unabhängigkeitserklärung durch monatelangen Beschuss durch die jugoslawische Volksarmee den Tod von über 800 Zivilisten zu beklagen hatte, ein Haus für das dort entstehende SOS-Kinderdorf zu finanzieren. In Gesprächen mit Helmut Kutin, dem Nachfolger von Hermann Gmeiner, lernte ich viel über die Hintergründe des seit 1949 bestehenden Hilfswerks und seinen Entwicklungsbedarf. Heute gibt es weltweit um die SOS-Kinderdörfer herum eine soziale Infrastruktur, die den Kindern und Jugendlichen die Einbettung in die örtliche Gemeinschaft über das Dorf hinaus und Chancen für ihre berufliche Ausbildung gewährleisten. Meine Frau und ich erfuhren 2016 bei einem Besuch auf Madagaskar, wie segensreich so ein SOS-Kinderdorf inmitten der dort herrschenden Armut für viele Kinder ist, die keine eigene Familie mehr haben. Wir haben daraufhin unseren Entschluss, SOS auch international zu fördern, noch einmal verstärkt. Die neueste Entwicklung der Kinderdorf-Idee nach dem Konzept »Ein Hafen für Familien«, einem Ort der Begegnung und Unterstützung, habe ich in Hamburg-Dulsberg als Pate von der Grundsteinlegung bis zur Einweihung im August 2021 begleitet.

Mit einem Kinderdorf in Deutschland, dem Erich-Kästner-Kinderdorf am fränkischen Steigerwald, bin ich auf besonders herzliche Weise verbunden. Mehr darüber erzähle ich in der Liedergeschichte *Mein neuer Bruder*.

Eine glaubwürdige Balance zwischen der Notwendigkeit, Geld zu verdienen und ehrenamtlich tätig zu sein, ist gerade als Sänger und Musiker eine Herausforderung. Vieles vermischt sich unweigerlich, weil die Lieder auf beiden Ebenen eine Rolle spielen. Noch so aufrichtig gemeinte ehrenamtliche Aktionen haben zwangsläufig auch einen Einfluss auf die Popularität und damit auf den wirtschaftlichen Erfolg. Das nicht bewusst anzustreben, blieb mir bis heute wichtig. Ich möchte im Rahmen dieser Erinnerungen beispielhaft schildern, wo ich mich im Laufe der Jahre, nach meinen ersten Erfahrungen mit den SOS-Kinderdörfern, ehrenamtlich eingebracht habe und welche Partnerschaften dabei bis heute großen Einfluss auf mein Leben haben.

## Der Weg zur eigenen Stiftung

Im Jahr 2004 gründeten meine Frau und ich die Stiftung »Kinder brauchen Musik«. Unterstützt wurden wir dabei von meiner Musikverlegerin Dagmar Sikorski-Großmann. In vielen hundert Konzerten, vor allem mit Chören aus dem Grundschulbereich, war mir immer klarer geworden, dass der schulische Alltag vielfach zu wenig Spielraum bietet, um Kinder zum aktiven Singen und Musizieren zu motivieren. Zugegeben, es gibt auch beeindruckende Beispiele von Schulen, in denen die Musik eine sehr große, manchmal zentrale Rolle spielt und damit die gesamte Stimmung und Lernfreude an der Einrichtung beflügelt. Gerade in solchen Schulen, wie in Recklinghausen-Essel oder bei uns in der Blankeneser Gorch-Fock-Schule, sah ich, wie es gehen kann. Auch in der Grundschule Lindenberg, südöstlich von Berlin, der ich wegen dieser musisch-pädagogischen Qualität gern den Wunsch erfüllte, meinen Namen tragen zu dürfen. Ideenreicher, fantasievoller Unterricht, von den Kindern her gedacht, für den auch mal das Schulgebäude verlassen wird, der den Kindern Erfolgserlebnisse vor Publikum ermöglicht und damit jedes einzelne und die Gemeinschaft stärkt – er ist möglich, wenn die Lehrkräfte entsprechend ausgebildet oder genügend motiviert sind. Da es mit der Ausbildung im Fach Musik an den Universitäten und Hochschulen nicht gerade zum Besten steht, ist das Hereinholen von Künstlern in die Schule als Honorarkräfte oft der beste Weg, um mit frischem Wind eine gute Substanz in den Unterricht zu bringen. An Lehrmaterial und Liedern mangelt es nicht, schon eher an Instrumenten und zeitgemäßen Wiedergabegeräten. Die Ausstattung von Grundschulen (auch von Kitas) war darum das erste, worum sich unsere Stiftung kümmerte.

Aber wir wollten noch mehr. Meine Idee war, Grundschulklassen für eine Woche ganz tief in eine neue Musikerfahrung eintauchen zu lassen, auf einer »Klassenreise zur Musik«. Im Jugendgäste- und Bildungshaus Rothleimmühle starteten wir im Juli 2006 das Pilotprojekt unter diesem Titel. Wir luden drei dritte Grundschulklassen aus den drei Bundesländern rund um den Harz ein, die in Spiel- und Arbeitsgruppen von pädagogisch ambitionierten Künstlern an das Singen, Tanzen, Theaterspiel und an die Percussion herangeführt wurden. Den Abschluss der Woche bildete eine Aufführung für die Familien der Kinder im malerischen Innenhof der Einrichtung. Die dem Harz gemäße Verkleidung als Hexen und Fabelwesen war ein riesiger Spaß für die Kinder. Von ambitionierten Musikern einstudiert und begleitet zu werden, setzte Maßstäbe, die wir bei der weiteren Entwicklung des Klassenreise-Konzeptes noch intensivieren konnten. Mit Carmen Witzel hatten wir eine hochmotivierte Leiterin der Einrichtung im Boot, die unsere Klassenreise inzwischen auch zu einer »Ferienreise zur Musik« weiterentwickelt hat. Die musikpädagogischen Kräfte kamen zunächst aus dem Nordhausener Umland, später aus dem ganzen Bundesgebiet. Eine zentrale Rolle spielte dabei das von Jens Pape verfasste Mini-Musical »Der König hat Geburtstag« in immer neuen Varianten. Im brandenburgischen Schloss Trebnitz gelang es dem Leiter des Bildungs- und Begegnungszentrums, Darius Müller, mit einem neuen

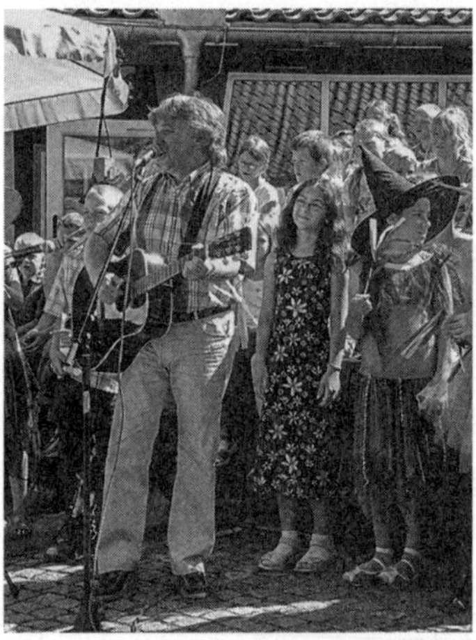

Das erste Abschlusskonzert einer Klassenreise zur Musik in der Rothleimmühle.

Workshoptrainer-Team sogar, ein zweisprachiges Konzept umzusetzen. Kinder aus Polen und Deutschland fanden über »Lieder, die wie Brücken sind« in einem neuen Spielkonzept zueinander und überwanden schnell die sprachlichen Hindernisse. Das Konzept wurde von Tinko Fritsche Treffkorn von der DPFA-Regenbogenschule in Görlitz nach Sachsen gebracht und dort in zwei Begegnungsstätten mehrfach mit großem Erfolg umgesetzt.

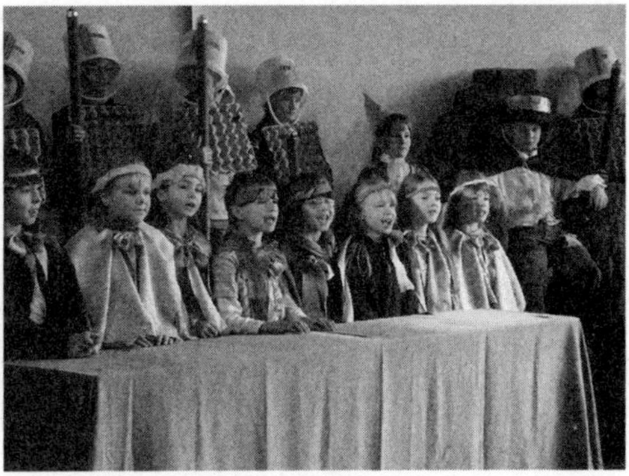

»Der König hat Geburtstag« – alle Kostüme und Requisiten selbst gemacht.

Das Stiftungsprojekt »Klassenreise zur Musik« hat sich mehr als bewährt. Ich habe bisher bei jedem Spielort als singender und zuhörenden Gast, in der Regel beim »Bergfest« in der Mitte der Projektwoche, die Überzeugung gewonnen, dass wir mit unserer Idee richtig viel bewegen, auch für ein Europa-Bewusstsein in der Jugend. Inzwischen haben wir mehrere tausend Kinder erreicht. Seit ein paar Jahren auch mit einer plattdeutschen Variante und seit 2019 als Klassenreise zur klassischen Musik mit neu arrangierten Liedern aus meiner *Vogelhochzeit* und Zitaten von Vogel-Motiven aus den Werken großer Komponisten. Die Premiere in Bad Tölz wurde initiiert vom Freien Landestheater Bayern unter Andrcas Haas.

Im Herbst 2011 verlieh unsere Stiftung gemeinsam mit meinen Liedermacherkollegen Detlev Jöcker und Volker Rosin den »Deutschen Kita-Musikpreis«. »Wir haben uns zusammengetan, um das Singen und Musizieren in den Kindergärten und Kindertagesstätten zu stärken. Singende, sich bewegende und musizierende Kinder sind unser Herzensanliegen. Klingende Kindergärten gehören zu den Grundbausteinen des Kinderglücks und sind unverzichtbar

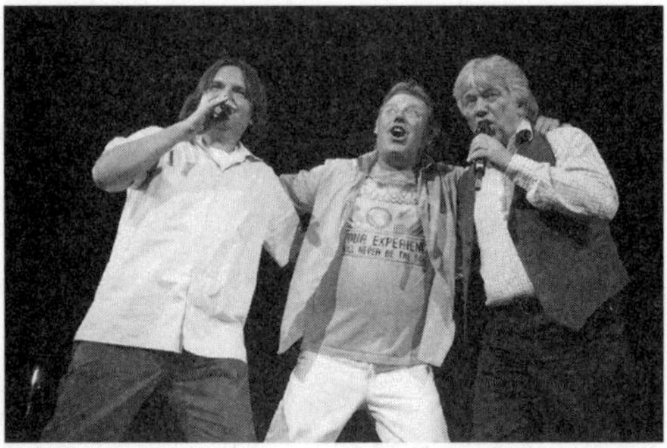

Kinder brauchen Musik! Das unterstützen auch Detlev Jöcker und Volker Rosin.

für eine gesunde Entwicklung der Kinder in ihrer Gemeinschaft.« Mit diesem Appell sind wir im März in die Öffentlichkeit gegangen. Nach einem aufwändigen Auswahlverfahren prämierten wir am 30. Oktober im Hamburger Schauspielhaus aus 225 Einsendungen acht Preisträger-Kitas.

Die Stiftung »Kinder brauchen Musik« ist für mich wie ein Lichtstrahl in die Zukunft. Seit meine Tochter Anuschka 2019 in den Vorstand der Stiftung eingetreten ist, dort die von außen eingehenden Förderanträge begutachtet und mich gemeinsam mit Tobias Wollermann aus dem Blickwinkel einer jüngeren Generation berät, sehe ich mit viel Zuversicht auf das, was noch kommen wird. Wir bauen mit diesem Vorstand auf den Überblick und das Organisationstalent meiner langjährigen Mitarbeiterin Carina Kaiser-Andersen, ein ehemaliges Mitglied der Finkwarder Speeldeel, später dort mehrjährige Sprecherin des Vereinsvorstands – übrigens ein Kind aus der Urbesetzung der *Weihnachtsbäckerei* von 1987.

## Ehrenämter und Patenschaften

Neben der ehrenamtlichen Arbeit im Rahmen der Stiftung oder mit größeren gemeinnützigen Organisationen sind für mich Patenschaften ein Herzensanliegen, zum Beispiel für den Chor Die JUNGS, den ich 2008 ins Leben gerufen habe. Dass in den meisten Kinderchören die Mädchen eindeutig in der Überzahl sind, hat mich immer verwundert. Immerhin singe ich gern, meine Söhne auch und darüber hinaus viele unserer Freunde. Warum dann dieses

Bild in den Chören, mit Ausnahme der Schulchöre, die alle Kinder zur Teilnahme verpflichten? Ist Singen wirklich so »uncool«? Warum funkt es bei den Jungs nicht, wenn doch in der Popmusik so viele junge Männer begeistert singen und damit offenbar auch Begeisterung bei den Zuhörenden, nicht zuletzt bei den Mädchen, hervorrufen? Ich bin dem Phänomen nie ganz auf die Spur gekommen. Liegt es daran, dass singende Jungen im Grundschulalter in derselben Tonlage wie die Mädchen singen und sich darum nicht klar als Jungen positionieren können? Liegt es daran, dass in den meisten Grundschulen der Musikunterricht von Frauen erteilt wird und damit den Wünschen und Interessen der Jungen nicht genügend entgegengekommen wird? Es mag soziologische Forschungen zu diesem Thema geben, mir sind sie nicht bekannt. Meine Antwort auf das Phänomen war: Wir gründen einen Chor, in dem nur Jungen singen. Aber keinen Knabenchor, sondern einen eher sportlich anmutenden Chor mit einem Repertoire zwischen Pop- und Kinderlied. Dabei spielten meine Lieder gar nicht die Hauptrolle. Mit Jens Pape fand ich einen Chorleiter, der mich bei einem Konzert anlässlich des 100-jährigen Jubiläums der Finkwarder Speedeel beeindruckt hatte. Er dirigierte dort einen Gospelchor mit Jugendlichen sowie den örtlichen Konfirmandenchor. In diesen Chor stieg ich bei einem dreistimmigen Kanon spontan ein, und wir kamen zu unserer ersten Gemeinsamkeit. Wer diese schwierige Altersstufe dermaßen in den Griff bekommt und begeistern kann, der muss auch einen zeitgemäßen Jungs-Chor aufbauen können. Einige Monate später war es so weit: Ich gründete einen Förderkreis, wir veranstalteten ein Vorsingen, und mit 20 Jungen nahm der Chor 2008 seinen Anfang. Wer die erstaunliche Entwicklung des Chors nachverfolgen möchte, sollte sich die Webseite www.chor-diejungs.hamburg anschauen. Einige Höhepunkte, die wir gemeinsam erlebten, seien hier erwähnt: Als Botschafter von der Küste zeigte Jens mit seinen JUNGS sowohl auf der Landesgartenschau in Bayreuth wie in Olbernhau im Erzgebirge, dass singende Hamburger Jungen durchaus »cool« sein können und nicht nur an der Elbe ihre Fans gewinnen. Im Vorprogramm der maritimen Pop-Band Santiano auf Sylt ein paar tausend Menschen zu begeistern, hinterließ nicht nur beim Publikum Spuren. Das Selbstbewusstsein der Jungs, inzwischen sind es 50 an der Zahl, bekam einen enormen Schub. Die Luft der großen Bühne hatten sie bereits 2013 beim Benefizkonzert für die Opfer der Elbeflut auf der Open-Air-Bühne an der Hamburger Reeperbahn geschnuppert. Bundesweite Aufmerksamkeit brachte ihnen die Mitwirkung in der ZDF-Sendung »Sing-Alarm« auf einem Segelschiff im Hamburger Museumshafen und ein paar Kilometer stromaufwärts ihr Auftritt als Teil des Elbkinderlandes in meinem großen Abschlusskonzert der Tournee »40 Jahre RolfMusik« in der Elbphilharmonie, das als Live-Stream vom NDR ausgestrahlt wurde. All das zeigt mir: Diese Chorgründung war nicht meine schlechteste Idee. Ohne Jens Pape mit seiner Motivationskraft und immer wieder neuen musikalischen Ideen für die sich weiter entwickelnden Altersstufen des Chors wäre es jedoch nur eine Idee geblieben.

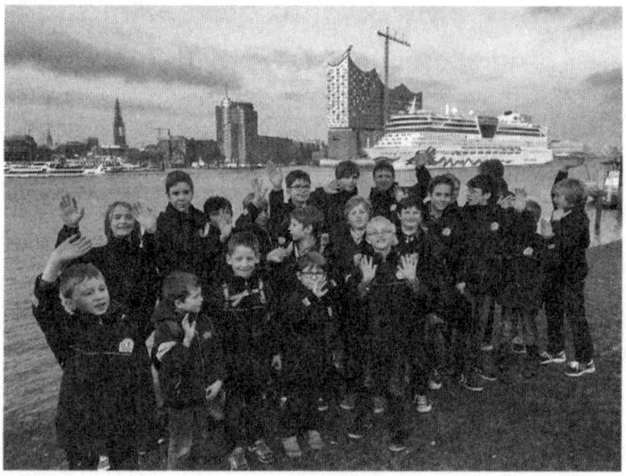

Die JUNGS – so klingt Hamburg!

## Wie die Alten sungen…

…so zwitschern auch die Jungen. Sprichwörter aus der Kindheit können sich im Laufe des Lebens umkehren. »Wie ich mit den Kindern sang, so sing ich nun mit den Alten«, das könnte über manchem Tagesprogramm meiner späteren Jahre stehen. Mit meinem Sohn Alexander habe ich 2010 auf Anregung von Sophie Rosentreter (»Ilses weite Welt«) alte Volkslieder als Videofilm aufgenommen, um Menschen mit Demenz über die vertrauten Melodien zum Singen zu bringen. Es war meine erste intensive Beschäftigung mit diesem Thema, noch schien das alles für mich in weiter Ferne. Heute weiß ich, dass es durchaus gelingen kann, und Besuche in Pflegeheimen oder Hospizen gehören zu dem, was ich zunächst etwas unsicher, aber bald von Herzen gern gemacht habe. Volkslieder oder Schlager kommen immer gut an, aber auch meine »Lebenslieder« wie *Gemeinsam unterwegs*. Auf diesem Lied baute sich 2017 eine Zusammenarbeit auf, die ich der Leiterin des ambulanten Hospizdienstes in Hanau, Kerstin Slowik, verdanke. Sie verknüpfte Textzitate aus meinen Liedern mit Bildern des Inselmalers Anselm von Langeoog, den sie, wie auch sein künstlerisches Werk, bereits seit ihrer Kindheit kennt. Aus diesem Zusammenspiel von Anselms Malerei und meinen Textzitaten (Kerstin kennt sich wie keine zweite in meinem Repertoire aus) entwickelte sie unter dem Titel »Gemeinsam unterwegs – Von Leben und Endlichkeit« eine Ausstellung, die seitdem jedes Jahr im Umfeld der ambulanten und stationären Hospizarbeit an verschiedenen Orten zu sehen ist. Ich habe mehrfach zum Auftakt der Ausstellungstage gesungen, auch auf der überraschend ermutigenden Messe »Leben und Tod« in Bremen. Lieder wie *Hat alles seine Zeit* und *Einmal leben* sprachen dabei den Gedanken und Stimmungen der Anwesenden offenbar aus dem Herzen. Meine Gespräche mit den überwiegend ehrenamtlichen Hospizkräften, die sich den Menschen in ihrem letzten Lebensabschnitt mit Hingabe widmen, machten mir mehr als einmal deutlich, dass es auch im Angesicht des absehbaren Endes darum geht, jede Stunde in Würde so lebenswert wie möglich zu gestalten. Um so mehr habe ich das bei

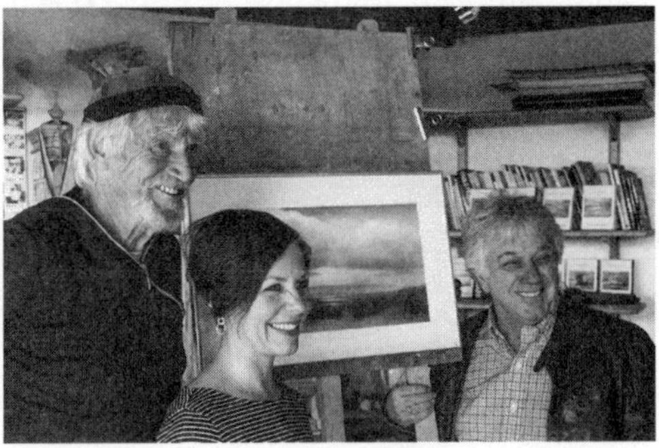

Der Inselmaler und Kerstin Slowik in Anselms Atelier auf Langeoog.

meinen Besuchen in Kinder- und Jugendhospizen empfunden, sei es bei der Hamburger Sternenbrücke, dem Sonnenhof in Berlin, dem Hospiz Balthasar in Olpe oder in Bethel. Ich bin Pate dieser vier Einrichtungen, mit denen ich mich herzlich verbunden fühle.

Von meinem weiteren Engagement für Menschen, die zu oft im Schatten unserer Gesellschaft stehen, möchte ich beispielhaft noch die Vereinigung Lebenshilfe nennen. Ich bin seit den frühen 1980er-Jahren in vielen ihrer segensreichen Einrichtungen für Erwachsene und Kinder zu Gast gewesen und habe die aufrichtige und oft umarmende Zuneigung der Menschen gespürt, die sich mit meinem Lied *So wie du bist* auf besondere Weise identifizieren. Ich habe großen Respekt für alle, die unter dem Dach der Lebenshilfe und ähnlicher Einrichtungen in beispielhafter Fürsorge und Solidarität miteinander leben. Der Medienpreis BOBBY der Lebenshilfe ist die berührendste Auszeichnung, die ich in meinem Leben entgegennehmen durfte.

# 11
# Lieder, die wie Brücken sind

Joy Fleming hatte beim Grand Prix Eurovision 1975 diesen Satz gesungen: »Ein Lied kann eine Brücke sein.« Umso mehr wollte ich es den Kindern beweisen: »*Lieder, die wie Brücken sind,* die braucht jeder Mann, jede Frau, und jedes Kind braucht sie sicher irgendwann.« Das Lied der gleichnamigen LP aus dem Jahr 1982 zog sich bald wie ein roter Faden durch meine Konzerte – mochte es manchem kritischen Journalisten auch wie ein »Heile-Welt-Traum« erscheinen. Aber warum nicht die Welt mit Musik ein wenig heiler machen? Brücken aus Stahl und Stein verbinden Ufer, überbrücken Gräben und Täler, die es aber auch zwischen den Generationen gibt, zwischen Menschen mit mehr oder weniger offensichtlichen Behinderungen, zwischen Menschen unterschiedlicher Sprache und Kultur. Mit Kindern gelingt das Bauen von Liederbrücken erstaunlich leicht: Die Erwachsenen nehmen zunächst die Kinder an die Hand und staunen oftmals, wenn die Kinder sie über Brücken führen, die sie allein nie betreten hätten, zu neuen Ufern mit ungeahnten Möglichkeiten.

Für viele gesunde Menschen stellt der Umgang mit jenen, die durch Behinderungen vom Leben besonders herausgefordert sind, eine große Hürde dar. Oft fehlt einfach nur der Mut zum ersten Schritt. Mir ging es nicht viel anders – bis ich 1979 nach meinem ersten Konzert in der Schule für Körperbehinderte am Hirtenweg in Hamburg mein Lied *Guten Morgen, Sally* geschrieben hatte. Danach wurden gemeinschaftliche Konzerte in Einrichtungen mit geistig oder körperlich behinderten Kindern für mich eine

Selbstverständlichkeit. Mit Musik lässt sich manche Sprachlosigkeit leichter überwinden. Das Maß der Zeit wird für uns neu justiert, jede einzelne Minute der Nähe und Lebensfreude hat plötzlich ihre eigene Bedeutung. Gemeinsamkeiten treten in den Vordergrund, Unterschiede erscheinen weniger dramatisch. Stärken und Schwächen »behinderter« (oft auf beeindruckende Art begabter) Menschen werden in solchen Situationen jedem vor Augen geführt.

## Musik und Gebärdensprache

Von »Sprachlosigkeit« kann bei einer für mich neuen Erfahrung aus dem Jahr 2012 keine Rede sein. Es ging dabei eher um eine Sprache, die für viele Menschen die Erstsprache ist: die Gebärdensprache. Ines Helke vom Chor Hands Up in Hamburg lud mich zu einer Chorprobe im Bürgerzentrum treffpunkt.altona ein. Dort sah ich zum ersten Mal, dass die Gebärdensprache nicht nur als zusätzliches Bild bei informativen Fernsehsendungen von großem Wert und ein Beitrag zur Barrierefreiheit ist, sondern auch als Brücke zwischen hörenden, hörbehinderten und tauben Menschen. Meine Lieder in dieser inklusiven Gemeinschaft zu erleben, war eine ganz neue Erfahrung. Menschen mit Hörbehinderung sind nicht, wie allgemein vermutet wird, vor allem ältere Menschen. Ich lernte ältere und jüngere, auch Kinder kennen, die durch das gebärdende Singen mit intensivem Blickkontakt einen besonders anmutigen Ausdruck bekamen, dazu eine körperliche Lebendigkeit, die ich bei hörenden Kindern in ihren »normalen« Chören mitunter vermisse. Ines Helke vermittelte mich 2016 zu einem spannenden Workshop des Vereins »Kopf, Hand + Fuß« in Berlin. Die Gründerin und Vorsitzende des Vereins, Stefanie Trzecinski, führte mich dabei noch tiefer in das Thema Teilhabe für Menschen mit Hörbehinderung ein. Was »normal« ist, sehe ich seitdem anders. Wir verabredeten uns für eine Videoproduktion, für die wir Unterstützung beim ZDF erhielten, und blieben seitdem in freundschaftlicher

Verbindung. In der Corona-Pandemie bot ein Online-Familiensingen in Zusammenarbeit mit der evangelischen Pop-Akademie der Creativen Kirche und »Kopf, Hand + Fuß« im Mai 2021 eine Möglichkeit, in Gebärdensprache zu singen. Ich sehe darin auch für hörende Kinder eine Bereicherung und kann die YouTube- und TikTok-Videos des Vereins nur empfehlen.

## Europa Kinderland

Gemessen an diesen Erfahrungen könnte man meinen, dass die Überbrückung von Ländergrenzen oder gar Kontinenten die deutlich schwierigere Aufgabe sei. Ich kann das nicht bestätigen. Die erste Anfrage für einen Auslandsbesuch erhielt ich Mitte der 80er-Jahre aus Schweden. Wiebke Müller-Steuer von der Deutschen Schule Stockholm lud mich zu einem Konzert unter Beteiligung ihrer Schüler ein. Sie hat meiner immer stärker werdenden Ambition, andere Länder und ihre Menschen durch musikalische Begegnungen besser kennenzulernen, den ersten Anstoß gegeben. Bei all diesen Begegnungen haben wir nicht nur meine Lieder gesungen (einige davon in die jeweilige Landessprache übersetzt), immer haben wir auch die Unterschiede in der Lebensweise und Kultur zum Thema gemacht. Ich habe mich mit den Kindern des Gastlandes zusammengetan und dabei viel von ihnen gelernt. Liederbrücken waren für mich nie Einbahnstraßen, meinem Besuch in der deutschen Schule Stockholm verdanke ich z.B. als klingendes Souvenir das geheimnisvoll-witzige Lied »Tip Tap« aus der Welt der Trolle. Einige Jahre später brachte ich aus Schweden das schlichte Lied »Nu tendas tusen julejus« von Emmy Köhler mit. Daraus wurde in meiner deutschen Fassung *…und wenn er wirklich wiederkäm* – ein Lied, das Glaubensfragen stellt, die für mich alle Jahre wieder in der Weihnachtszeit »in der Luft liegen«.

Die Welt durch Musik ein bisschen heiler zu machen, davon mag in Schweden nicht die Rede gewesen sein – glückliches Schweden.

Anders sah es im Herbst 1993 bei meinem Besuch der Deutschen Schule (heute Ernst-Reuter-Schule) in Ankara aus: gegenseitige Vorurteile, Altlasten der Geschichte, hohe Erwartungen an die Zukunft. Man kann mit Kindern diese Themen nicht theoretisch behandeln, man begibt sich besser auf ihre Augenhöhe und setzt durch gemeinsame Erlebnisse Zeichen für die Zukunft. Wir können etwas miteinander machen, wir haben uns etwas zu sagen, es bleibt etwas bestehen. Durch solche Erlebnisse motiviert, habe ich meine weiteren Auslandsbesuche geplant. Aus Ankara nahm ich kluge Einschätzungen meiner Gastgeber Sybille Winkelmann und Wilfried Buch über die Rolle der seinerzeit noch laizistisch verfassten Türkei in der Geschichte und für die Zukunft Europas mit. Professor Buch gelang es in einem Festakt zum 40. Gründungstag der Privatschule der Deutschen Botschaft, den Kindern seine Einsichten und die Notwendigkeit eines guten Miteinanders in beeindruckender Einfachheit und Bildhaftigkeit zu vermitteln. Ich durfte seine Gedanken durch den Vortrag meiner Lieder mit einem deutsch-türkischen Kinderchor emotional vertiefen. *Mein Freund Abdullah* und *Wir sind Kinder, der Stoff aus dem die Zukunft ist* waren musikalische Statements, die den Erwachsenen spürbar unter die Haut gingen.

Professor Buch machte mir ein überraschendes Abschiedsgeschenk: Auf meine Frage, wie er meine Rolle als Musiker benennen würde (ich hatte dazu schon manches gelesen wie »Star der Pampers Rocker« oder »Kinderheld mit grauen Schläfen«), antwortete er, ohne zu zögern: »Sie sind ein *Spielmann.*« Noch auf dem Rückflug schrieb ich mein gleichnamiges Lied, das ich seitdem wie eine musikalische Visitenkarte mit mir trage.

Im Sommer 1997 führte mich eine Einladung der Landesselbstverwaltung der Ungarndeutschen über Budapest nach Pécs in den tiefen Süden Ungarns, an den Plattensee und an den Neusiedler See. Maria Herczeg Kóthy hatte auf der Grundlage meiner *Vogelhochzeit* eine Reihe von Konzerten organisiert, in deren Vorfeld es mehrere regionale Wettbewerbe um die schönste Aufführung gab.

Wettbewerbe? Ich fand diese Idee zunächst nicht sehr angenehm. »Anders bekommen wir keine rege Beteiligung auf die Beine, das ist hier nun mal so«, war Marias klare Antwort. So spielte ich das Spiel also mit und machte meine ersten Erfahrungen mit einer Auslese durch Wettbewerb, dem zu meiner Freude einige Schärfe genommen wurde, weil alle Schulgruppen, die nicht für die Bühnenaufführung ausgewählt wurden, beim Konzert in ihren Vogelkostümen als Publikum im Saal sitzen durften.

Die tägliche Organisation der Konzerte war für mein Team eine neue Erfahrung, denn wir lernten bei einigen Stationen dieser Tournee im Crash-Kurs, was Improvisieren heißt, trugen Publikumsstühle, Bühnenpodeste und Dekorationselemente an den richtigen Platz und richteten die Tonanlage ein. »So geht es eben auch«, dachten Michael Gundlach, Heidi Lindner, unser unermüdlicher »Roadie« Rainer Klärner und ich.

Die Kinder der deutschstämmigen Volksgruppe sangen und spielten in ihren farbenprächtigen Vogelkostümen mit sichtlicher Freude. Zu unserer Überraschung ging es diesmal um den Bau von Liederbrücken zwischen der neuen ungarischen Kindergeneration und ihren eigenen Eltern, die in den Jahren des Sozialismus kein Deutsch sprechen durften und nun den deutschen Texten aus dem Mund ihrer Kinder umso aufmerksamer lauschten. Die Eltern der Kinder hatten, im Gegensatz zu den Großeltern, die deutsche Sprache kaum gelernt und wollten ihrem Nachwuchs in einem Europa der offenen Grenzen durch bessere Sprachkenntnisse neue Chancen eröffnen. Wir flogen nach der erfolgreichen Konzertreihe aus einem kleinen, in seinem Selbstbewusstsein verunsicherten Land mit so vielen Volksgruppen und Minderheiten zurück in die EU, zu der Ungarn damals noch nicht gehörte, zurück in das große, selbstbewusste, manchmal vielleicht zu selbstbewusste Deutschland. Ein wenig klüger, ein wenig bescheidener – wohl wissend, welche bedeutende geschichtliche Rolle Ungarn für die deutsche Wiedervereinigung gespielt hatte.

Von ebenso großer Bedeutung für die Wiedervereinigung unseres Landes waren einige Jahre zuvor die Solidarność-Bewegung und die Ereignisse auf den Danziger Werften.

Indes, Europa im Aufbruch, von Ost nach West, was hatte ich damit zu tun? Mehr, als mir bewusst sein konnte. In Kattowitz leitete ein Mann namens Edward Sosnierz bereits seit 1962 das Pfadfinder-Ensemble Słoneczni (Die Sonnigen). Nach der Wende entdeckte er meine Lieder und ließ sie ins Polnische übersetzen.

Die »Sonnigen« sangen sie in vielen Konzerten, 1998 wendeten sie sich mit einer offiziellen Anfrage an meinen Musikverlag Sikorski: »Lieder dieser Art gibt es bei uns in Polen nicht, und die Jugend braucht gerade in diesen Zeiten des Umbruchs Orientierung und neue Werte. Wir vermitteln sie mit Rolfs Liedern und bitten um die Genehmigung, CDs davon herstellen zu dürfen.« Es konnte auf unserer Seite kein Zögern geben, und bald hielten wir die erste CD mit meinen Liedern in polnischer Sprache in der Hand: *Ja rade dam* (Ich schaff das schon). Ich musste diese Gruppe unbedingt besser kennenlernen! Dafür wandte ich mich an den Musiktreck Essel aus Recklinghausen, unter der Leitung von Heide Scholz.

Unser erstes gemeinsames Konzert fand im November 2004 in Recklinghausen statt. Die »Sonnigen« sangen mühelos auch auf Deutsch und tanzten, jeder einzeln mit einem Funkmikrofon in der Hand, auf ihre ganz eigene Art – am ehesten vielleicht mit dem Musicaltanz vergleichbar. Die polnischen Kinder waren etwas älter als ihre deutschen Gastgeber, was aber einem freundschaftlichen Miteinander zu keiner Zeit im Wege stand. So ließ unser Gegenbesuch im Mai 2005 in Kattowitz nicht lange auf sich warten.

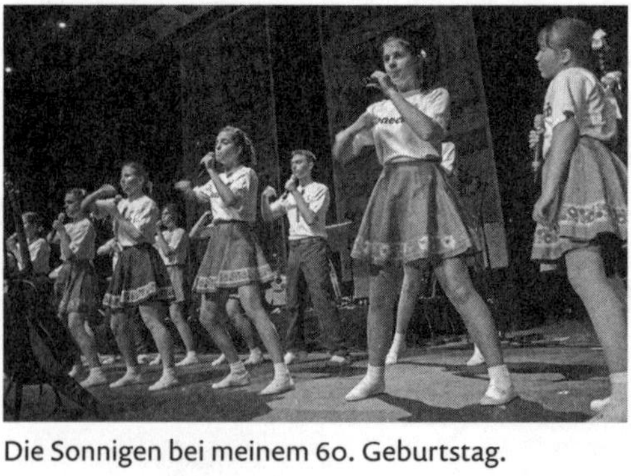

Die Sonnigen bei meinem 60. Geburtstag.

Was machte das Miteinander dieser Kinder und Jugendlichen, die sich sprachlich kaum verständigen konnten, so unproblematisch und erfreulich? Es war die Vorfreude auf die Begegnung, der Respekt vor dem anderen, das Interesse an der anderen Lebensart und immer wieder die Liebe zur Musik. Mehrere meiner Lieder konnten wir dank der Übersetzung in beiden Sprachen singen, nicht nur nacheinander, sondern auch gemeinsam und gleichzeitig, eine ganz besondere, neue Erfahrung. Die Herzlichkeit des Empfangs in Kattowitz, der beeindruckende Ausflug in das wunderschöne und geschichtsträchtige Krakau, ein nächtliches Lagerfeuer – all das waren Erlebnisse für die Jugendlichen, die ihr Bild von den Menschen im Nachbarland nachhaltig geprägt haben. Das gelang auch beim Besuch der »Sonnigen« in der Burg Beeskow im Mai 2011. Sie begegneten dort dem Chor und der Gitarrengruppe der Rolf Zuckowski-Grundschule in Lindenberg, die sich zu einer Pilotschule für musisch geprägte Inklusion entwickelt hatte.

Edward Sośnierz starb 2015. Sein Lebenswerk klingt auch in den deutsch-polnischen »Klassenreisen zur Musik« unserer Stiftung »Kinder brauchen Musik« und in den Projekten des »Weimarer Dreieckchens« nach, einer Initiative des Kulturvereins Weimarer Dreieck e.V., der sich seit 1991 der Verständigung der Nachbarländer Polen, Deutschland und Frankreich verschrieben hat. Mit dem Ableger »Weimarer Dreieckchen« fördern wir das Miteinander von Schulklassen der Mittelstufe, indem wir Begegnungen in den drei Ländern ermöglichen. Wie wichtig es ist, den europäischen Gedanken in die Köpfe und Herzen der Jugend zu tragen, wurde mir bei meinen Aufenthalten in Polen und Frankreich immer bewusster. Heute bin ich gemeinsam mit Kinderbuchautorin Kerstin Boje Pate des Projektes »Kinderhauptstadt Europa«, das den Europa-Gedanken auf einer neuen Ebene fördern will. Mein Lied *Europa Kinderland, wir geben uns die Hand* dient dabei als Motto.

Im Mai 2009 bei meinem Besuch im Lycée International in Saint Germain-en-Laye in Frankreich erklang es aus vielen Kinderkehlen sogar mehrsprachig: Mit französischen, deutschen, englischen, italienischen, portugiesischen, spanischen und schwedischen Kindern unternahmen wir dort auf der Bühne der Schule eine musikalische Europa-Reise. Vier Jahre zuvor, im März 2005, hatte ich schon die Internationale deutsche Schule Paris in Saint Clou und das Lycée Franco-Allemand in Buc besucht und dort eine deutsch-französische Vogelhochzeit »La noce des oiseaux« erlebt. Im Mittelpunkt stand ein bilinguales Pärchen. Das kommt dort nicht so selten vor, aber von Kindern gespielt war es doch etwas Besonderes. Meine Schulfranzösischkenntnisse reichten zum Glück aus, um ein paar freundliche Begrüßungsworte zu sprechen, und mein Wortschatz wuchs durch die Gespräche mit den Kindern erstaunlich schnell. Nach Buc kam ich im Juni noch einmal zurück, um eine Tonaufnahme der französischen Vogelhochzeit zu machen. Am Abend des 21. Juni durfte ich aber eine ganz neue, wahrhaft beflügelnde Erfahrung machen. Ich besuchte mit meinen Gastgebern in Versailles die alljährlich stattfindende »Fête de la Musique«. Musikanten und Bands auf allen Plätzen der Stadt und an allen Straßenecken zu hören, das war ein Ausmaß an Lebensfreude, von dem ich zu Hause noch lange geschwärmt habe. Seit einigen Jahren schwappt diese gute Idee auch nach Deutschland über. Die Intensität wie in Frankreich wird sie aber wohl kaum erlangen. Merci, Frau Ceh und Frau Thormälen für diese unvergesslichen Erlebnisse.

## Über alle sieben Meere

Was die Überbrückung von Kontinenten angeht, wäre aus dem Jahr 2000 von meiner Reise nach Australien mehr zu berichten, als es hier möglich ist. (Mein ausführliches Tagebuch dazu steht auf meiner Internet-Seite www.musik-fuer-dich.de). Die zeitweilig dort lebende Hamburger Chorleiterin Gudrun Lundie (ihr Vater, der Chorleiter Hans Struck, war in meinen frühen Jahren auch schon ein guter Verbündeter gewesen) hatte mich und das von ihr gegründete A-cappella-Ensemble »Mixed Voices« zu einer Tournee eingeladen. Der

Deutsche Musikrat übernahm die Reisekosten für den Chor, unseren Begleitmusiker Julian Maas am Keyboard und meinen Sohn Alexander an der Gitarre. Gemeinsam bereisten wir den Südosten des Landes und gaben Konzerte in Sydney, Melbourne, Adelaide und Canberra. Die Abende waren den Erwachsenen in den deutschen Clubs gewidmet, für die wir ein buntes Programm aus internationalen Songs, Hamburger Liedgut und einigen Liedern von mir zusammenstellten. Morgens und nachmittags hatte ich die Kinder und Pädagogen aus Schulen und Kindergärten vor mir und um mich herum. Hier habe ich eine Fröhlichkeit und Direktheit erlebt, wie man sie in Deutschland nicht ohne weiteres kennt. Eine Lehrerin kauerte sich während eines Seminars, bei dem ich erzählte, wieviel Spaß Kindern das gegenseitige Ausbrüten beim Spielen meiner *Vogelhochzeit* immer machte, ohne zu zögern auf den Boden und fragte übermütig in die Runde: »Wer brütet mich aus?«

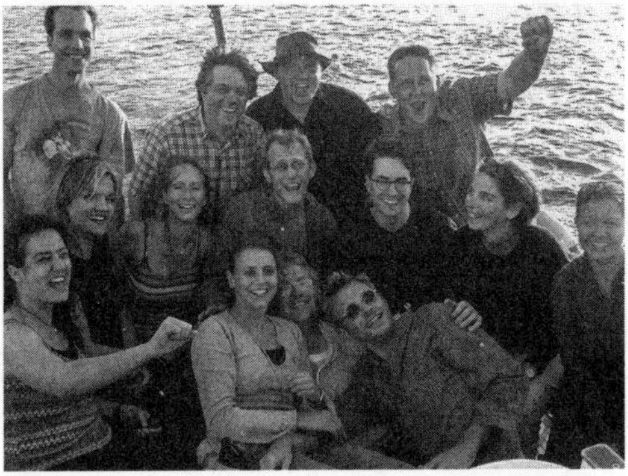

Die Australien-Kreuzfahrer sagen Tschüss Sydney!

Eine andere Seite des Landes erlebte ich, als ich den Kindern beim Gespräch über ihren Lieblingsmonat (eigentlich ging es dabei immer nur um den Dezember mit Sommerferien und Weihnachten zur gleichen Zeit) die Hand freundschaftlich auf die Schulter legte. Kein Lehrer und keine Lehrerin dürfte das in diesem Land tun, jegliches Berühren der Kinder ist streng verboten. Bei einem Gast konnte man vielleicht mal ein Auge zudrücken, aber sonst: ein No-Go. Als Fremder, der nicht jede Spielregel kennen konnte, fühlte ich mich gleichwohl überall herzlich willkommen. Australien ist ein Einwanderungsland, da ist so mancher zunächst fremd, gehört dann aber schnell zur bunt gemischten Gesellschaft. Das brisante Thema Zuwanderung und Aufnahme von Geflüchteten steht seit einigen Jahren auf einem anderen Blatt. Zur Zeit meines Besuchs im Jahr 2000 war davon nichts zu ahnen. Bei meinen Singstunden mit den Schulkindern zeigte sich, dass Lieder ein erfolgreicher Weg sein können, Kinder in einen anderen Kulturkreis und zu einer Fremdsprache zu führen. Die Renner waren: *Als ich ein Baby war* und *Die Jahresuhr.*

Unerwartet waren für mich die leisen Zeichen von Heimweh bei den Auswanderern der 1950er-Jahre (sie sprachen hamburgischer, als man es heute auf Hamburgs Straßen hört), aber auch die völlig unvorbelastete Neugier der Kinder auf Deutschland, selbst bei denen, die keine deutschen Vorfahren hatten. Deutsch war zumindest damals die beliebteste Fremdsprache. Mit dem Ausruf »Ich liebe Deutschland!« lief mir ein zwölf-jähriges Mädchen auf dem Schulhof entgegen. Sie brachte mich am Ende meines Schulkonzertes zum Taxi und schenkte mir eine selbstgestrickte Fantasiefigur in Schwarz-Rot-Gold, die heute auf meinem Souvenir-Regal steht. In all diesen Momenten war Musik das Bindeglied.

In Adelaide gab es ein Geschwistertreffen, weit weg von zu Hause, mit meinem Bruder Pit: Er hatte als Naturfilmer große Erfolge im deutschen Fernsehen. Australien war sein Schwerpunkt und seine Leidenschaft geworden. Wir trafen uns im wohl abgedrehtesten Show-Theater Australiens, dem »Night Train«, einem kulinarischen Horrorkabinett, in dem sich die Kellner als Filmmonster wie Frankenstein und als Vampire verkleideten. Dort erlebten wir einen unvergesslichen gemeinsamen Abend mit viel »cheers« und »howdy partner«. Ein überraschendes Wiedersehen gab es danach in Sydney mit Sabine aus der »Starke Kinder«-Studiogruppe. Inzwischen war sie Mutter geworden und sang das Lied *Meine Heimat ist ein kleiner, blauer Stern* nun mit etwas Melancholie. Aber auch sie war inzwischen so sehr Australierin geworden, dass der Spruch »No worries« ihr Lebensgefühl down under recht gut beschrieb. Eine gewisse Sehnsucht nach diesem Laid-back-Gefühl habe ich mit nach Hause gebracht. Wir nehmen in Europa, in Deutschland zumal, vielleicht manches zu schwer, sehen vieles zu kompliziert. Etwas mehr Leichtigkeit ab und an würde uns vermutlich nicht schaden.

## Auf der anderen Seite des Pazifiks

Die verbindende Kraft der Musik lernte ich 2003 auch in Guatemala kennen. Diese Reise mit meiner Frau und unserem Sohn Andreas wäre mit allen Eindrücken aus diesem Land der großen Widersprüche ein eigenes Buch wert. Ich muss mich hier auf die musikalischen Erlebnisse beschränken. Unsere Gastgeberin Gretel Lossau, seinerzeit Leiterin des Kindergartens der Deutschen Schule in der Hauptstadt Guatemala-Stadt, hatte zunächst die Liedergeschichte von der *Vogelhochzeit* und später viele weitere meiner Lieder aus Deutschland nach Guatemala gebracht und ins Spanische übersetzt. Es dauerte nicht lange, da erklangen sie in diesem Land des ewigen Frühlings und des farbenprächtigen Nationalvogels Quetzal aus vielen tausend Kinderkehlen. Quer durch alle Bevölkerungsschichten war das Thema meiner Lieder – die Liebe, die Geborgenheit in der Familie und die Sorge um den Nachwuchs – zum Musikthema geworden. Das ist alles andere als selbstverständlich in diesem Land der Verelendung weiter Bevölkerungsgruppen, der hohen Geburtenraten und der Probleme beim

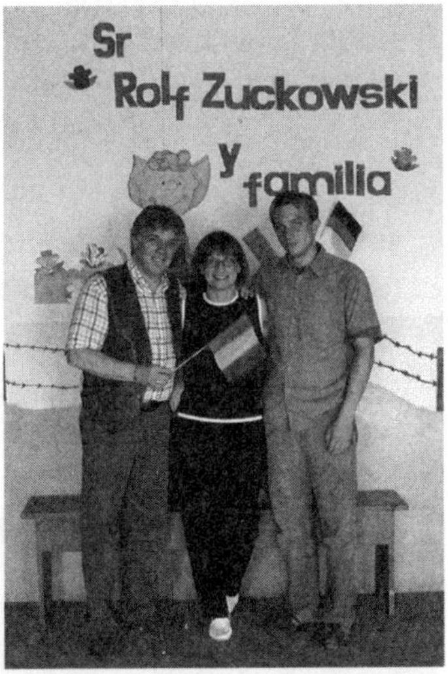

Mit Moni und Andreas im Kindergarten Santa Anna.

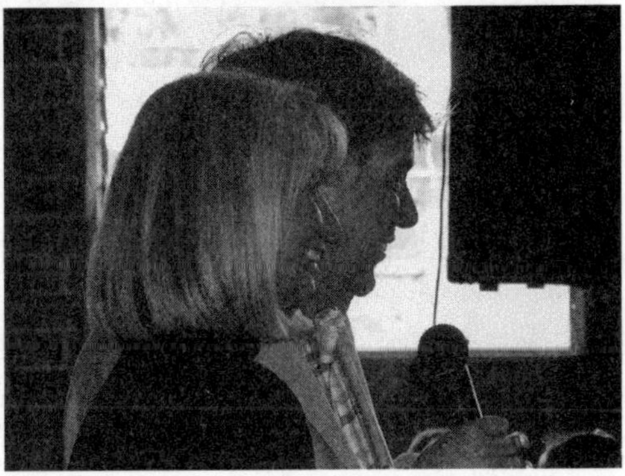
Gretel Lossau, meine Liederbotschafterin in Guatemala.

Aufbau nachhaltiger politischer Strukturen. Gretel Lossau trug durch viele Seminare dazu bei, dass meine Lieder in Schulen und Kindergären Mittelamerikas Verbreitung fanden.

Ich hatte das Glück, eine Aufführung meines Singspiels in einer städtischen Froebel-Schule mitzuerleben. Zwölf temperamentvolle Vogelpärchen in leuchtend gelben Kostümen spielten für uns gleichzeitig auf der Bühne. Die Kultusministerin des Landes war anwesend und machte mir deutlich, wie sehr Lieder mit solchen familienförderlichen Inhalten bisher in ihrem Lande fehlten. Sie wäre glücklich, wenn wir sie in viele Schulen und Familien hineintragen würden. Beim Gang durch die Schulklassen sah ich jeweils drei Kinder an einem kleinen Schultisch, 60 Kinder in einer Klasse von etwa 30 Quadratmetern, alle Kinder sehr konzentriert und zurückhaltend. Welch ein Kontrast zum trostlosen Leben der vielen Straßenkinder in diesem Land, welch ein Kontrast auch zum wohlgeordneten Schulleben in Deutschland!

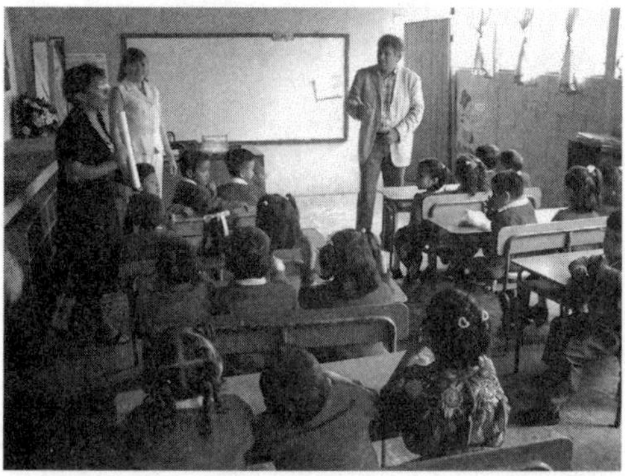

Besuch in der Froebel-Schule.

Die Mittel- und Oberstufenschüler der Deutschen Schule hatten unser Hörspiel-Musical *Der kleine Tag* thematisch auf die Verhältnisse Mittelamerikas umgearbeitet. Ein eintägiger Rollentausch am Weltkindertag zwischen einem Jungen von der Müllkippe und einem im Überfluss lebenden Kind der gehobenen Gesellschaft stand im Mittelpunkt der Handlung. Gegensätze wurden zum Thema gemacht, Annäherungen an eine bessere Zukunft gesucht. Die Kinder der Unterstufe und des Kindergartens überraschten mich mit einem bunten Reigen meiner Melodien in Deutsch und Spanisch. Er fand – im mittelamerikanischen Hochsommer – seinen Höhepunkt mit einer ausgeflippten (Kunst-)Schneeballschlacht zu meinem Lied *Es schneit* – es war der erste Schnee im Leben dieser Kinder.

Wir besuchten auch die große Müllkippe, den »Basurero«, von Guatemala-Stadt. Dort lebten und arbeiteten Hunderte von Menschen sprichwörtlich im und vom Müll, untereinander gut organisiert, aber unter menschenunwürdigen Bedingungen, ihre Kinder mittendrin, ohne jede Zukunftsaussicht. Unmittelbar neben der Müllkippe liegt der Kindergarten »Santa Anna«, eine von der Deutschen Schule geförderte Insel der Geborgenheit, zumindest für ein paar Kinderjahre. Hier wurden mir nach einem herzlichen Empfang mit dem Gang über einen Blütenteppich meine eigenen Lieder in der Landessprache vorgesungen, danach legten sich die Kinder freiwillig zum Mittagsschlaf hin, bis zu fünf nebeneinander auf einer Gymnastikmatte.

Zu meinem Erstaunen standen trotz aller sozialen und politischen Ungewissheiten der Lebenswille und die Lebensfreude über allem. »Unser Maßstab kann oft nicht der Erfolg sein, immer aber die Liebe, mit der wir etwas anpacken und zu Ende bringen.« Diese Worte von Gretel Lossau ließen mich noch lange über unsere Motivationen und Ziele in Deutschland nachdenken. Sie ist eine gute Freundin geworden, und eine Botschafterin meiner Lieder in Mittelamerika. Der weite Ozean liegt zwischen uns, aber er kann uns nicht wirklich trennen.

Nach einem zweiwöchigen Gegenbesuch in Deutschland haben zwei Chorleiter aus Guatemala die Lieder meiner *Vogelhochzeit* bis in das Hochland von Guatemala hinaufgetragen. Viele Kinder und Lehrer der mayastämmigen Bevölkerung singen nun meine Lieder in ihrer Landessprache. Die Kinder können sich wohl kaum vorstellen, welchen Weg diese Musikbotschaft aus Deutschland hinter sich hat. Der Besuch des Projektchors Kikotem aus 15 Schulen Guatemalas bei den Hamburger Alsterfröschen und im Erich-Kästner-Kinderdorf im Sommer 2006 ist für mich der bisher stärkste Beweis dafür, dass Lieder die Menschen über Kontinente hinweg

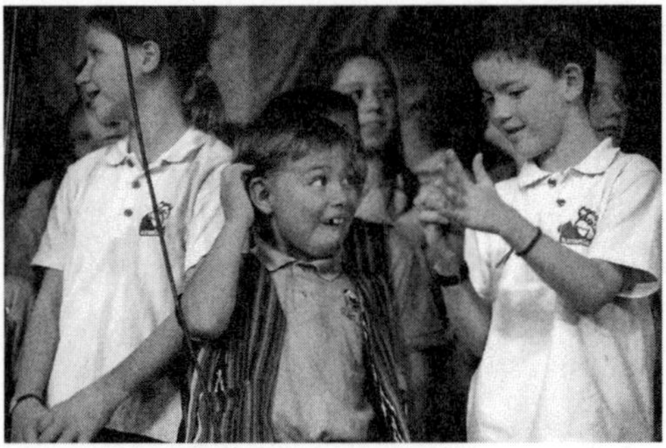

Zwei, die sich auch ohne Worte verstehen.

verbinden können. Ich habe in den gemeinsamen Freizeiten und Gemeinschaftskonzerten, vor allem aber beim herzzerreißenden Abschied der Kinder immer wieder gefühlt, dass mir diese Ebene meiner Arbeit wichtiger geworden ist als Medienerfolg, der doch nur wie ein bunter Luftballon davonfliegt. »Du musst die Kinder mehr lieben als die Musik und den Erfolg.« Diese Einsicht flüsterte ich im Finale unseres letzten Konzertes Fernando ins Ohr. Er hat mir mehrfach von Gretel Lossau berichten lassen, dass diese Worte von mir sein Leben als Chorleiter verändert haben. Ich selbst benötigte nach dem Abflug unserer Freunde vom Frankfurter Flughafen einige Zeit, um von diesem Höhenflug der Gefühle wieder auf die »mittlere Flughöhe« meines Traumberufs herunterzukommen. Der »Goldene Schlüssel« zur Hauptstadt des Landes, überreicht vom Bürgermeister, sucht unter meinen Reise-Souvenirs seinesgleichen. Erinnerungen und Fotos dieser Reise sind ebenfalls auf meiner Webseite zu finden, auch zur nächsten Fernreise, von der ich nun erzähle.

Die Lust auf neue Erfahrungen in der Ferne flackerte nach unserer Heimkehr in Hamburg schnell wieder auf. So nahm ich im Juni 2006 eine Einladung zu einem einwöchigen Besuch Shanghais an. Aus Anlass des 20. Jahrestages der Begründung der Städtepartnerschaft Hamburg–Shanghai reisten Stephan von Löwis of Menar vom Hamburger »KinderKinder e.V.« und ich mit unseren Ehefrauen nach China. Die Reise wurde von Stephan geplant, von der Hamburger Kulturbehörde unterstützt und fand auf Einladung des Leiters der Deutschen Schule Shanghai statt. Mit dem Transrapid und beeindruckenden 430 Sachen bis an den Rand der Innenstadt zu fahren, war berauschend. Aber es war nur der

Anfang vieler neuer Eindrücke. Der zweite folgte unmittelbar nach dem Aussteigen: Der Verkehr in Shanghai kann aus deutschem Blickwinkel nur mit dem Wort Wahnsinn beschrieben werden. Dagegen wirkt Hamburg zur Rush-Hour provinziell.

Umso entspannter das erste Abendessen mit unseren Gastgebern. Die Atmosphäre freundschaftlich, das Essen (u.a. Qualle und Entenfüße, Reis erst ganz zum Schluss) gewöhnungsbedürftig und die Verständigung offenbar selbst unter Chinesen eine äußerst sensible Angelegenheit. Ein Kopfnicken ist noch lange kein endgültiges Ja, und europäische Handzeichen haben hier so gut wie keine Bedeutung. Gut, dass unsere Übersetzerin für einige Zeit in Hamburg gelebt hatte und darum nicht nur gut Deutsch sprach, sondern auch die deutsche Denkart verstand.

Die erste Begegnung mit einem unserer chinesischen Projektpartner war vielleicht die spannendste. Neben den Organisatoren saß der Choreograph des Fernseh-Kinderballetts Little Screen Stars Arts Troupe, Mr. Zou, am Tisch, ein »schlummernder Riese«, wie sich bald zeigen sollte. Er würde mit seinem Ensemble die Aufführung der deutsch-chinesischen Schulkinder mit meiner *Vogelhochzeit* um ein Show-Element ergänzen, wurde mir angekündigt. Als unser Gespräch auf die tänzerische Umsetzung meiner drei Lieder für das Vorprogramm kam, stand er auf und entpuppte sich als Tänzer. Dass er sich zusammen mit unseren deutschen Partnern die Songs *Kinder, macht euch startbereit*, *Starke Kinder* und *Wir sind Kinder* ausgesucht hatte, drei meiner Lieder, die vor kindlichem Selbstbewusstsein gegenüber der Erwachsenenwelt nur so strotzen, nötigt mir bis heute Respekt ab, denn ich weiß seit jenen Tagen mehr über die Grenzen dessen, was in China auf einer Bühne gesagt und gesungen werden darf.

Am nächsten Tag, nach einer langen Irrfahrt durch das Chaos des Shanghai-Verkehrs, unser erster Besuch in der Deutschen Schule: ein großer, moderner Gebäudekomplex, den man sich mit den Shanghai-Franzosen aufgeteilt hat. Hier mangelte es offenbar an nichts, was sich durch gute Architektur und großzügige

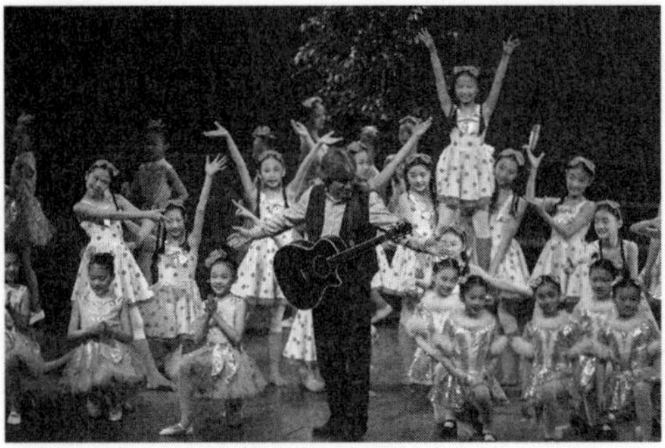

Großes Ballett-Finale in Shanghai.

Ausstattung vorgeben lässt. In Deutschland kann man an vielen Orten von solchen Schulbedingungen nur träumen. Ein Wiedersehen mit zwei Weggefährten machte die erste Stunde des Besuchs besonders herzlich: Ich traf den Leiter der Grundschule, Christofer Seyd, einen guten Freund aus dem Elbkinderland, Gründer des Buxtehuder Chors Die Stieglitze; und den Leiter der gesamten Schule, Jürgen Schumann, den ich zuletzt als Leiter der Deutschen Schule in Stockholm bei meinem ersten musikalischen Auslandsaufenthalt kennengelernt hatte. Er war inzwischen weit herumgekommen und hatte beim Abendessen mit seiner Frau viel zu erzählen, nicht zuletzt über unsere Landsleute im Ausland. Bei den Proben in der Schule erlebte ich, wie schon in Guatemala, ein für deutsche Schulverhältnisse ungewohnt selbstverständliches Miteinander aller Jahrgangsstufen. Die Grundschulkinder waren mit Gesang und Spiel ganz in die Inszenierung vertieft, Schüler der Oberstufe kümmerten sich um die Ton- und Lichttechnik. Die Einstudierung der *Vogelhochzeit*, zweisprachig mit verlängerten Strophen und Refrains, hatten die Gruppen der deutschen Schule Shanghai und der SISU Huang Po Foreign Language School ganz unabhängig voneinander vorgenommen. Ein spannender Moment, als die ersten Töne von traditionellen chinesischen Instrumenten – Pipa, Erhu, Yang Qin und Bambusflöte – erklangen, bestens vorbereitet von vier jugendlichen Schülerinnen der Mittelschule des Shanghaier Konservatoriums. Die deutschen Kinder begannen ihr recht freies Rollenspiel, die chinesischen eine ausgefeilte, kunstvolle Tanzdarbietung. So ging es von Lied zu Lied weiter, eine Doppelinszenierung, bei der es spannend zu beobachten war, wie die Kinder sich in ihre Rollen und in die Szenen hineinversetzen. Das alles geschah während vier Stunden mit großer Konzentration, die in dieser Altersstufe bei uns in Deutschland alles andere als selbstverständlich wäre. Dabei ging das, was wir miteinander erlebten, und was ich mit großen Augen beobachtete, weit über das vordergründige Singen und Spielen hinaus. In der Geschichte von der *Vogelhochzeit* geht es immer wieder um das Familienleben, um das Miteinander der Eltern mit ihrem Kind. Hier wurden große kulturelle Unterschiede deutlich und ganz unbewusst mancher Einblick in das familiäre Miteinander der Kinder möglich.

In diesem Sinne ging es am Abend im Forum der Schule weiter, mit einer Fragestunde, in der mich eine andere Altersstufe der Schüler nach Herzenslust ausfragen durfte. Drei Schülerinnen der elften Klassen, die mit meinen Liedern aufgewachsen waren, hielten sich mit ihrer recht erwachsenen Neugierde nicht zurück. Die künstlerischen, aber auch die wirtschaftlichen Hintergründe meiner Arbeit wurden ungeniert angesprochen. Erfolg ist hier in Shanghai nichts, was man zu verbergen sucht. Ich freute mich über die Neugier, mit der die Schülerinnen auch persönliche Dinge und mein Familienleben ausleuchteten. So wurde der Besucher aus Hamburg für die zuhörende Schulgemeinschaft fern der Heimat sogar vertrauter, als es in Deutschland aufgrund der hier üblichen Diskretion möglich wäre.

Nach einem weiteren Abend im Forum der Schule mit einem Soloprogramm von mir, einer Zeitreise durch meine Kinder- und Elternlieder, ging es am nächsten Morgen auf zum Yihai Theater, das speziell für Kinderaufführungen konzipiert ist. Das Haus für etwa 700 Gäste hat bei bester Sicht für alle Besucher technisch und personell alles, was ein Theater bieten kann. In Deutschland findet man derartiges kaum. Meinen ersten, überwältigenden Eindruck habe ich in meinem Tagebuch festgehalten:

Ich betrete die Bühne seitlich durch den Vorhang, und mir stockt der Atem: Die erste Tanzgruppe des Vorprogramms, circa 20 Mädchen im Alter von etwa zehn Jahren, ist keilförmig aufgestellt, vor ihnen gibt Mr. Zou, der schlummernde Riese aus unserer Vorbesprechung am ersten Abend, mit seiner feinen Dynamik die letzten Anweisungen. Der Titel *Das Sternenschiff* wird von der Regie abgefahren, das Vorspiel des Halbplaybacks beginnt, das »Raumschiff Erde« funkt SOS … Kein Tänzer hat mich kommen sehen, ich stehe am Mikrofon und setze zum Singen an, bekomme aber kaum einen Ton heraus. Die Szene scheint einfach nicht wahr zu sein. Da reise ich um die halbe Erde in ein Land, das wie kaum ein zweites im Aufbruch ist, um das Bild unserer Erde zu verändern, und soll singen: »Kinder, macht euch startbereit für die Reise durch die Zeit, bald ist unser Sternenschiff fest in eurem Griff.« Bei der zweiten Zeile habe ich mich gefangen und genieße einen der bewegendsten Momente meines Lebens auf einer Bühne.

Auf eine andere Art bewegend war es, mit Hilfe der Schulsekretärin, die mir auch als Übersetzerin zur Seite stand, die volkstümliche chinesische Nationalhymne »Molihua«, das Jasmin-Lied, einigermaßen verständlich vorzutragen. Zum Glück gelang uns nach einer öffentlichen Generalprobe und einem mit 1100 Besuchern ausverkauften Haus auch die Premiere. Das Theater-Team überraschte uns mit einigen märchenhaften Lichtstimmungen, alle Kinder waren, auch dank der Probe in der Schule, in Top-Form. Das Publikum erlebte ein unbeschwertes, teilweise übermütiges Rollenspiel der deutschen Vogelfamilie und ein bis in die Fingerspitzen fein einstudiertes Tanzspiel der immerzu lächelnden chinesischen Kinder, die sich bei den deutschen Kindern noch einige Feinheiten in der Darstellung und der Nähe zueinander abgeguckt hatten. Die Kinder waren von diesem Miteinander durchweg begeistert. Das erwachsene chinesische Publikum teilte sich in zwei Lager: Das eine war glücklich, und das andere konnte mit der Musik nichts anfangen: »Das sind doch keine richtigen Melodien.«

Die Mütter der deutschen Schulkinder leisteten hinter der Bühne bei 150 Mitwirkenden ganz Erstaunliches. Auch ihnen galt der große Applaus für unser Gemeinschaftswerk, nachdem wir mit allen Mitwirkenden auf der Bühne noch einmal das Jasmin-Lied angestimmt hatten. Dabei eine farbenprächtige, traditionelle chinesische Jacke als Geschenk anzunehmen und sie auf der Bühne zu tragen, machte den Abschluss unseres Musikabenteuers für mich umso unvergesslicher. Mit den chinesischen Bühnenarbeitern rauchte ich nach dem gemeinsamen Abschiedsessen als Zeichen der Solidarität meine erste Zigarette nach 25 Jahren, es ist bisher die letzte geblieben.

Wir verabschiedeten uns von Shanghai mit vielen widersprüchlichen Eindrücken im Kopf, die überall zutage traten: zwischen westlicher und fernöstlicher Lebensart und Architektur, zwischen Reichtum und Armut, zwischen Liberalität und Staatskontrolle. Wir hatten kindliche und erwachsene Musikbegeisterung und große Disziplin kennengelernt und versucht, gute kulturelle Botschafter unserer Heimatstadt zu sein. Die Möglichkeiten und Grenzen des Miteinanders von zwei Kulturen in zwei Sprachen sind uns dabei mehrfach deutlich geworden. Es zeigten sich auffällige Kontraste zwischen dem aufgelockerten Miteinander der deutschen Kinder und dem disziplinierten Warten der chinesischen Kinder in Zweierreihe. Die Begegnung der Kinder, das Einander-Beobachten und Voneinander-Lernen fand vor allem während der Proben auf der Bühne statt. Ohne die Lieder und das Rollenspiel wären die Sprach- und Kulturbarrieren unüberbrückbar geblieben. Der gegenseitige Respekt der Kinder und ihre kleinen Flügelschläge der Annäherung haben mich auch in Shanghai gelehrt: Lieder können Brücken sein, doch ob sie uns tragen, liegt an uns allein. Mit Dankbarkeit denke ich an die Herzlichkeit zurück, mit der uns die deutsche Gemeinschaft in Shanghai aufgenommen hat und uns doch viele Freiräume ließ, um der eigenen Neugier zu folgen.

## Zurück in Europa

Einen schönen Nachklang erfuhr dieser Besuch noch im selben Jahr in der Hamburger Kultur-Fabrik Kampnagel mit einem Besuch von Schülerinnen der Mittelstufe des Shanghaier Konservatoriums mit ihren traditionellen chinesischen Instrumenten. Unter dem Titel »Ni hao Mama, ni hao Papa!« sangen und spielten Grundschulkinder der HanHua Schule Hamburg und der Schule Rothestraße meine *Vogelhochzeit* und brachten das zauberhafte Begegnungsprojekt noch einmal farbenfroh auf die Bühne. Stephan von Löwis machte mit seinem Verein »KinderKinder e.V.« wieder einmal möglich, was ich allein nie auf die Beine gestellt hätte.

Bei aller Freude über meine Fernreisen und exotischen Erlebnisse, die ich beim Schreiben dieses Kapitels in meiner Erinnerung vor mir sehe, möchte ich das scheinbar so Naheliegende nicht im Schatten stehen lassen. Das beste Beispiel dafür ist die deutsche Sprachgemeinschaft in Belgien, für mich vertreten durch Bernadette und Robert Hüwels-Kessler. Sie luden mich schon Anfang der 1980er-Jahre in den kleinen Ort Schönberg am Rand der Eifel ein, wo an der Grundschule meine Lieder seit der *Vogelhochzeit* zum festen Repertoire gehörten. Ich sah auf meinem Schreibtisch immer neue Bestellungen von CDs und Noten aus Belgien, wir tauschten Grüße aus, ich versprach mehrfach meinen Besuch und konnte das Versprechen 1984 endlich einlösen: mit einem Kindernachmittag für alle Schulen der Stadtgemeinde St. Vith. Aus diesem Erlebnis entwickelten sich viele Gemeinsamkeiten, die mir über die Jahre die Region Ostbelgien zu allen Jahreszeiten sehr vertraut machten. Das regionale »Grenzecho« mit seiner ausführlichen und ausgewogenen Berichterstattung zu lesen, vermittelte mir ein gutes Wissen um die Befindlichkeit der Menschen in dieser Region. Nach einer Reihe von Kinderkonzerten in Schönberg, Eupen und Manderfeld und einem Besuch von belgischen Kindern im Rahmen unseres Festivals »Tage voller Glücksminuten« in Bernkastel-Kues brachten wir es 2005 schließlich zur Aufführung meiner *Hasengeschichte* mit vier ausverkauften Vorstellungen in der Schönberger Freizeithalle, wo 1984 alles seinen Anfang genommen hatte.

Bernadette und Robert machten mir bewusst, dass ihre mit 80.000 Menschen kleine deutschsprachige Gemeinschaft in Belgien zwischen den dominierenden Flamen und Wallonen mit viel

Engagement immer wieder etwas für den Zusammenhalt und ein gesundes Selbstbewusstsein tun muss. Über die Jahre wuchs zwischen uns eine Freundschaft, die 2006 bei einem Erwachsenen-Konzert mit meiner Band und einer umwerfend herzlichen After-Show-Party ihren Höhepunkt erfuhr. Vier Jahre später kehrten wir mit dem Programm »Hier kommt die Nacht« in unsere belgische »Hochburg« zurück und lernten das moderne Kulturzentrum Triangel in St. Vith kennen, das ich 2017 noch einmal mit einem Doppelkonzert für Kinder erleben durfte. Auch der deutschsprachige belgische Sender BRF mit seinem facettenreichen Programm aus Eupen zeigte großes Interesse an meiner Arbeit, lud mich zu längeren Interviews und sogar zu einem Konzert für Erwachsene im Foyer des Hauses ein. Nur wenige Rundfunksender haben mein Gesamtwerk so intensiv und vielfältig wahrgenommen. Meine Erfahrung, dass Liederbrücken mehr sind als ein Traum, hat sich in Belgien mehr als einmal bestätigt.

# Meine Liedergeschichten 1991 bis 1997

## *Es geht immer noch ein bisschen weiter*

Die Berliner Mauer wird abgerissen, die Schlagbäume fallen, die Grenze nach Osten ist offen, das für unmöglich Gehaltene ist Realität geworden. Im Frühjahr 1990 bin ich eingeladen, mit einem Kinderchor aus Hof in Plauen zu singen. Ein Doppeldecker-Bus soll uns über die inzwischen offene Grenze bringen. Die Fernstraßenverbindung ist noch unterbrochen, darum leitet uns ein ortskundiger Förster in einem Geländefahrzeug über Dorfstraßen und Feldwege Richtung Osten. Im Bus beste Stimmung, es wird gesungen und gelacht. Ich sitze mit der Gitarre auf dem Schoß in der ersten Reihe oben, direkt an der Frontscheibe des Doppeldeckers. Plötzlich ein Stopp. Wir stehen vor einer Brücke, unter der wir hindurchmüssten. Sie erscheint uns viel zu niedrig. An Umkehren ist mit dem großen Bus hier, mitten in Wald und Feld, aber nicht zu denken. Was nun? Gebannt verfolgen wir, wie der Förster den Busfahrer mit Handzeichen Zentimeter für Zentimeter unter der Brücke hindurchlotst. Genauso lange wie das Lotsen dauert die Entstehung eines Liedes, mit dem ich diese Situation, die Großwetterlage und die damalige Stimmung der Menschen im ganzen Land zur Gitarre singend einfange: *Es geht immer noch ein bisschen weiter*. Die Wende, ohne die das Lied nicht entstanden wäre, ist inzwischen Geschichte. Die Botschaft des Liedes fügt sich in viele schwierige Lebenslagen ein, und ich habe sie oft als Widmung auf CDs und

Autogrammkarten geschrieben: »Es geht immer noch ein bisschen weiter, ein bisschen weiter, als du denkst.«

## So wichtig bist du auch wieder nicht

Bei einem meiner ersten Schulkonzerte nach der Öffnung der innerdeutschen Grenze besuchte ich Anfang 1990 die Friedensschule in Schwerin. Die Kinder kannten kaum eines meiner Lieder, aber ihre Ohren waren offen und ihre Blicke auf den Überraschungsgast aus dem Westen mit den ungewohnten Liedbotschaften (»...spiel nicht mit der Wahrheit, denn wir wollen Klarheit«) zeugten von großer Neugierde. Nach dem Konzert (inklusive Lautsprecher-Schleppen in den vierten Stock und wieder runter) saß ich bis in den späten Abend mit den Lehrern beisammen. Unser Gespräch kreiste um die vielen Fragen, die sich nun in der Nachwendezeit beim Umbruch des sozialistischen Systems stellten. Der »runde Tisch« war ein Forum, von dem ich bereits im Fernsehen gehört hatte, hier saßen einige daran Beteiligte nun persönlich vor mir. Ich hörte ihnen zu, konnte nur wenig zu ihren Fragen beitragen und verabschiedete mich in großer Nachdenklichkeit.

Auf der Autobahnfahrt nach Hamburg (immer noch mit maximal 100 Stundenkilometern) hörte ich im Radio das Interview mit einem Mann aus dem Westen, er kam wohl aus der Wirtschaft. Das Wort »Besserwessi« bekam bei dem, was er zum Besten gab, für mich seine volle Bedeutung. Er hatte für all die komplizierten und heiklen Fragen, von denen ich gerade gehört hatte, ganz einfache Antworten, im Sinne von: »Lasst uns mal machen, wir kriegen das schon hin.« Ich wurde wütend, schaltete das Radio aus und fing spontan an zu singen: »So wichtig bist du auch wieder nicht.« Der Text und die Melodie entstanden in meinem Kopf noch bis zur Hamburger Stadtgrenze. Zusammen mit *Es geht immer noch ein bisschen weiter* ist dieses Lied mein intensivster Beitrag in der ersten Phase der Wiedervereinigung. Das Big-Band-Arrangement auf dem Album *Nahaufnahme* von 1991 mag angesichts der Botschaft des Liedes verwundern. Es sollte den satirischen Charakter verdeutlichen, mit dem ich dem »Besserwessi« aus dem Radio die Meinung sagen wollte. Ob er sie je gehört hat?

## Niemand ist ein Niemand

Ich kann prima mit Leuten streiten, die gar nicht da sind, zum Beispiel mit jenen in meinem Autoradio. Da war 1987 eine Sängerin (den Namen habe ich leider vergessen) zu Gast auf NDR2. Aus dem Interview weiß ich nur noch diesen Satz: »...aber damals, da war ich ja noch ein Niemand«. Leider hat sie meinen spontanen Protest »Niemand ist ein Niemand!« nicht mitbekommen, es hätte ein spannendes Gespräch werden können. In meinem Kopf hallten meine empörten Worte nach und wurden ein paar Jahre später zum Refrain eines Liedes. Im Spätsommer 1991 machte ich mit meiner Frau einen Übernachtungstest in unserem ersten VW-Bus-Wohnmobil auf einem Campingplatz in Husum. Am Abend, es war längst stockfinster geworden, musste meine Frau noch einmal »raus«. Ich schob Wache vor dem Toilettenhäuschen und betrachtete den sternenübersäten Himmel (in Hamburg gibt es höchstens halb so viele Sterne). Das erinnerte mich an Casey Kasem, den Moderator der Radioshow »American Top 40«, die er jedes Mal mit demselben Satz beendete: »Keep reaching for the stars, with your feet right on the ground.« Ich machte daraus die Zeile: »Behalt die Füße auf dem Boden, greif ins Sternenmeer hinein, zeig der Welt, dass du noch träumen kannst, und über dir wird nur der Himmel sein.« Zusammen mit dem Ausruf »Niemand ist ein Niemand« wurde daraus noch in derselben Nacht vor dem Einschlafen die Grundidee für ein Lied. Am nächsten Morgen drehten sich meine Gedanken weiter. Für die erste Zeile zitierte ich den Titel eines Buches von Angelika Vogel, das ich meinen Kindern schon mehrfach vorgelesen hatte: »Ich möchte eine Blume sein«.

*Niemand ist ein Niemand* erschien 1992 auf dem Album *Die Jahresuhr.* Das Buch von Angelika Vogel erschien 1990, es ist heute noch lieferbar.

## Ryrksnglynks

Der Spaß an Wortspielereien war in den frühen 80er-Jahren, als unsere Kinder klein waren und mich motivierten, entsprechende Lieder zu schreiben, so manches Mal Ausgangspunkt für einen Kinderzimmer-Hit. *Radio Lollipop,* mein »Piratensender für Kinder«, berichtete zum Beispiel vom »Morgenmuffel, muffel, muffel, Abendmuffel, muffel, muffel, Aufstehmuffel, muffel muffel, Bademuffel, muffel, muffel«, und das Lied *Guten Morgen liebe Sonne* wiederum erleichterte das Wachwerden unsere Sohns Alexander am frühen Morgen, indem es mit völlig unerwarteten kleinen Boshaftigkeiten wie »die Brötchen sind harrrt« (statt des zu erwartenden Reims) aufwartete und so für Lacher sorgte. Eine neue Dimension bekam die Spielerei mit Worten, als unsere Kinder größer wurden und eigene Ideen beisteuerten. Unvergessen unsere gemeinsame »Arbeit« an dem Lied *Rrksynglynks* bei einer Wanderung am Wilden Kaiser in Tirol. Mitte der 80er-Jahre kamen mehr oder weniger geschmacklose Witze auf, in denen auf einen Namen recht böse gereimt wurde. Beispiel: »Alle flüchten aus dem brennenden Haus, nur Klaus, der guckt raus.« Unsere Kinder, in dieser Zeit zwischen vier und 17 Jahren alt, meinten bei besagter Wanderung, wir müssten unbedingt mal einen Namen erfinden, auf den sich nichts reimt und deshalb keine Gemeinheit möglich ist. Nach zahlreichen Fehlversuchen kamen wir auf den Kunstnamen *Ryrksnglynks,* und dann ging's erst richtig los. Wir bildeten freundliche Reime auf unsere nächsten Verwandten – »Tante Elke duftet wie 'ne Nelke« oder »Onkel Peter kommt meistens etwas später« – und kamen schließlich zu *Ryrksnglynks,* der nun doch recht traurig wurde: »Nur ich bin ein armes Schwein, denn auf meinen Namen gibt es keinen Reim.« Selten hatten wir einen lustigeren Urlaubsspaziergang. Natürlich durfte ich bei der späteren Studioaufnahme den beleidigten *Ryrksnglynks* spielen, und die Kinder berichteten von ihren Verwandten mit den schönen, sich reimenden Vornamen. Das Lied war jahrelang der Humor-Höhepunkt meiner Konzerte und auch im ZDF-Special »So eine Gaudi«, das ich mit dem famosen bayerischen Duo Sternschnuppe gestalten durfte.

## Sternenkinder

Als unsere beiden ersten Kinder noch klein waren, fiel mir das Büchlein »Der Prophet« des libanesischen Dichterphilosophen Khalil Gibran (1883–1931) in die Hand. Ich liebe kleine Bücher mit großem Tiefgang. Das Buch ist voller philosophischer Poesie und praktischer Lebensweisheiten für das Miteinander der Menschen, vor allem in der Familie. Seine berühmteste Botschaft »Eure Kinder sind nicht eure Kinder« begleitete mich seitdem durch alle Lebensphasen des Eltern- und Großelternseins.

Eure Kinder sind nicht eure Kinder.
Sie sind die Söhne und die Töchter der Sehnsucht
des Lebens nach sich selber.
Sie kommen durch euch, aber nicht von euch,
Und obwohl sie mit euch sind, gehören sie euch doch nicht.

Ihr dürft ihnen eure Liebe geben,
aber nicht eure Gedanken,
Denn sie haben ihre eigenen Gedanken.
Ihr dürft ihren Körpern ein Haus geben,
aber nicht ihren Seelen,
denn ihre Seelen wohnen im Haus von morgen,
das ihr nicht besuchen könnt,
nicht einmal in euren Träumen.

Ihr dürft euch bemühen, wie sie zu sein,
aber versucht nicht, sie euch ähnlich zu machen.
Denn das Leben läuft nicht rückwärts
noch verweilt es im Gestern.

Ihr seid die Bogen, von denen eure Kinder
als lebende Pfeile ausgeschickt werden.
Der Schütze sieht das Ziel auf dem Pfad der Unendlichkeit,
und er spannt euch mit seiner Macht,
damit seine Pfeile schnell und weit fliegen.
Lasst eure Bogen von der Hand des Schützen
auf Freude gerichtet sein;
denn so, wie er den Pfeil liebt, der fliegt, so liebt er auch den
Bogen, der fest ist.

Zu seinem eindringlichen Bild von den weit in die Zukunft fliegenden Pfeilen (unsere Kinder) und dem Schützen, der seinen Bogen spannt (uns Eltern), entstand 1985 mein Lied *Sternenkinder*. Die Komposition scheint mir auch ein wenig »vom Himmel« zu sein, denn was mir zu diesen philosophischen Gedanken einfiel, sprengte den Rahmen dessen, was ich bis dahin in Töne und Harmonien hatte fassen können.

Sternenkinder, das seid ihr.
Auf der Reise, so wie wir.
Unser Sternenschiff heißt Erde,
niemand weiß, woher es kam.
Was wir suchen,
das finden wir auf seiner Bahn:
eine Insel für das Leben,
in der Kälte ein Zuhaus,
und wir fliegen der Ewigkeit
ein Stück voraus.

Sternenkinder, das seid ihr.
Auf der Reise, so wie wir.
Unser Horizont heißt morgen.
Was dahinterliegt? Wer weiß.
Wir vertrauen dem Zauberwort,
das Zukunft heißt.
Unser Sternenschiff zieht weiter,
und ihr haltet es bereit
für den Flug mit den Kindern
einer neuen Zeit.

Nach Jahren erst erfuhr ich, dass als »Sternenkinder« auch solche kleinen Menschen benannt werden, die vor, während oder kurz nach ihrer Geburt gestorben sind. Ich erschrak darüber zunächst. Mit meiner Patenschaft für das Kinderhospiz »Sternenbrücke« in Hamburg, wo man sich mit diesem Lied identifiziert, fand ich aber eine Brücke zwischen den beiden Bedeutungen des Wortes. Wir kommen alle in diese Welt und wissen nicht, wie lange wir hier zu Gast sein dürfen. In diesem Sinne sind wir alle Sternenkinder.

## *Mutter-, Vater-, Kinderland*

Die deutsche Vereinigung war mit dem Staatsakt vom 3. Oktober 1990 vollzogen. Ich hätte es gern gesehen, dass wir aus Anlass der Wiedervereinigung eine gemeinsame neue Hymne bekommen – eine, bei der man das Singen der ersten Strophe nicht verbieten muss. Leider kam es nicht dazu. In der Orangerie von Marburg gingen mir Anfang Dezember 1991 aber neue Zeilen für das »Lied der Deutschen« durch den Kopf; Worte für Kinder, damit sie sich mit der Hymne besser identifizieren konnten. Immerhin hatte ein »Kinderliedermacher«, Hoffmann von Fallersleben, seinen Deutschland-Text in bewegten Zeiten auf Helgoland zur Melodie von Joseph Haydn verfasst, warum nun nicht auch ich dort oben, hoch über der Stadt? So entstand in jener Nacht der Refrain meines Liedes *Deutschland, deine Kinder.* Er kann Wort für Wort auf unsere Nationalhymne gesungen werden. Auf Anraten von Freunden entschied ich mich aber, für meinen Text eine eigene Refrainmelodie sowie zusätzliche Strophen zu schreiben, die mein Anliegen deutlicher machen. Die letzten Worte des Liedes »Lass uns aus Vergang'nem lernen, gib der Zukunft deine Hand, friedlich über alle Grenzen, *Mutter-, Vater-, Kinderland*« wiederholte ich 2006, zwei Jahre nach der Ost-Erweiterung der EU, in meiner Hymne *Deutschland in Europa*: »Die Zukunft kommt, reich ihr die Hand, *Mutter-, Vater-, Kinderland.*« Die doppelte Verwendung dieser Worte in zwei politischen Liedern verdeutlicht, dass mir der Begriff »Vaterland« schon länger zu schaffen gemacht hatte. Da fehlten die Frauen und die Kinder, sowohl in der Rückschau als auch mit Blick auf die Zukunft. Beide Hymnen sang ich mehrmals zu staatstragenden Anlässen, mal allein, mal mit einem Kinderchor. Der Tag der Deutschen Einheit und der Europa-Tag bieten sich dafür geradezu an, und ich hoffe, dass ich noch öfter die Gelegenheit dazu haben werde.

## Oma liebt Opapa

Unserer Tochter war 22 Jahre alt und noch lange nicht verheiratet, meine Gedanken reisten aber schon weit in ihre und unsere Zukunft. Es war wohl im Sommer 1993. Ich hatte in einer spielerischen Klangnachahmung aus dem Beatles-Song »Ob-La-Di, Ob-La-Da« die Refrain-Zeile »Oma liebt Opapa« gemacht, dazu fanden sich in den Strophen viele Alltagsszenen und Visionen, wie es wohl sein könnte, wenn wir eines Tages Großeltern werden. Den fertigen Text schickte ich mit der Bitte um eine Genehmigung an den Musikverlag der Beatles, damals zeitweise in den Händen von Michael Jackson. Die Antwort war kurz, aber eindeutig: »Wir genehmigen keine deutschen Texte auf Beatles-Songs.« Ich war enttäuscht, wollte aber das schöne und für uns so emotionale Zukunftsthema nicht einfach in der Schublade verschwinden lassen. Bei einem Spaziergang Hand in Hand mit meiner Frau an der Watt-Seite von Sylt begann ich, im Tempo unserer Schritte eine neue Melodie auf meinen Text zu singen: »Oma liebt Opapa, sie sind ein verliebtes Paar. Oma liebt Opapa, ganz genau, wie's früher war…« Es dauerte nicht lange, da sangen wir beiden die Melodie so, wie sie heute viele Enkelkinder und ihre Großeltern kennen. Bei den Studioaufnahmen zu meinem Album *Du brauchst ein Lied* kam es ein Jahr später zur ersten Zusammenarbeit mit Dieter Faber und Frank Oberpichler, mit denen sich von da an für mich so manche neue Klangwelten erschlossen. Frei von fremden Urheberrechten konnte ich *Oma liebt Opapa* nun nach Herzenslust auf der Bühne singen, das Werk in meine Notenhefte aufnehmen und es damit für viele zugänglich machen, die mit Musik die Generationen verbinden möchten. Für das Cover der Vinyl-Single kam es 1996 zu meiner ersten Zusammenarbeit mit der Illustratorin Julia Ginsbach. Im Juli 2000, dem Geburtsmonat von Tim, des ersten unserer inzwischen fünf Enkelkinder, wurde *Oma liebt Opapa* dann so richtig unser Lied.

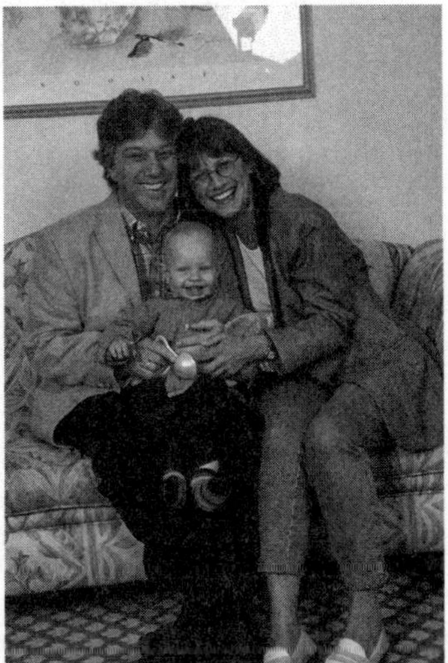

Unser Tim ist da! Nun sind wir Oma und Opa … (Sommer 2000)

## Wir Optimisten

Geradezu durchgerüttelt fühlte ich mich als Zuschauer einer der ersten Fernsehtalkshows Mitte der 70er-Jahre. Eine intellektuelle

Runde diskutierte die Frage, ob man es verantworten könne, in diese von Atomraketen bedrohte und sowieso dem Untergang geweihte Welt Kinder zu setzen. Als junger Vater zweier zukunftshungriger Kinder platzte mir der Kragen. Ich mischte mich, mit der Gitarre in der Hand, aus dem Sessel vorm Fernseher lautstark in die Diskussion ein und sang spontan: »Seht alle her, wir sind die Narren mit den Kinderkarren, die Träumer, die sich für die Zukunft rüsten, wir Optimisten.« Nach einigen Tagen und Gesprächen mit anderen jungen Eltern über die Textidee klang mein spontanes Protestlied dann etwas weniger polemisch. Die ironische Formulierung »wir sind die Narren mit den Kinderkarren«, die wohl nicht von allen Eltern akzeptiert worden wäre, wurde zu: »Wie könnten wir mit Kindern leben, ihnen Zukunft geben, wenn wir bei Nacht nichts von der Zukunft wüssten, wir Optimisten?« Seitdem habe ich das Optimisten-Lied auf vielen Familienkonzerten gesungen, aber am liebsten singe ich es seit der Geburt unserer Enkelkinder mit meiner Tochter Anuschka. In dieser Duett-Version ist es auf dem Live-Album *Einmal leben* zu hören. In der letzten Phase der Arbeit an diesem Buch erreichen uns die Nachrichten vom Kriegsgeschehen in der Ukraine. Es ist alles andere als leicht, angesichts dieser Entwicklung die optimistische Grundhaltung nicht zu verlieren. Ich kann nur hoffen, dass es bald zu einer friedlichen Entwicklung kommt und damit zur Wiederkehr einer guten Perspektive für das Miteinander der Völker in Europa und die Zukunft unserer Kinder.

*Wie sagte doch … Václav Havel:*
*»Hoffnung ist nicht die Überzeugung, dass etwas gut ausgeht, sondern die Gewissheit, dass etwas Sinn hat, egal wie es ausgeht.« In diesem Sinne bin ich ein Optimist. Ich fühle mich dem Optimismus, der wahren Lebenskraft, verpflichtet. Pessimisten kommen klug daher, aber was bewegen sie?*

# 12
# Mein Weg durch die Medienwelt

»Bei uns hat jeder Sender sein Format,
und ich riskier dazwischen den Spagat.«
(Aus meinem Lied *Der Spielmann*)

Den ersten Schritt in die Welt des Fernsehens machte ich, nach den frühen Auftritten unserer Band the beAthovens im Sommer 1979 beim zehnjährigen Jubiläum des SOS-Kinderdorfs in Lütjenburg. Das NDR-Fernsehen hatte einen Ü-Wagen geschickt, NDR-Urgestein Carlo von Tiedemann moderierte. Ich sang im Vollplayback mit Kindern aus dem Kinderdorf das Lied *Mein Weg zur Schule* aus meiner *Schulweg-Hitparade*. Damals trat ich noch in der gelben Latzhose auf. Für unseren Auftritt hatten wir uns auf einem Mäuerchen vor einer hohen Dornenhecke postiert. In der verfing sich meine Hose, und mit etwas gequälter Miene stand ich die Aufnahme durch.

Im Rahmen der Kampagne »Ein Herz für Kinder«, der meine *Schulweg-Hitparade* gewidmet war, gab es etliche Interviews mit den Regionalausgaben der Bild-Zeitung und hin und wieder auch ein kleines Rundfunk-Interview. Das große Tor zum Radioland öffnete sich aber erst mit dem Lied *Du da im Radio*, das ich 1981 mit dem kleinen Niels Peters für unser Album *Radio Lollipop* aufgenommen hatte. Da es zu dieser Zeit im öffentlich-rechtlichen System nur drei nennenswerte Sender gab (Unterhaltung für die jüngere und die ältere Generation sowie eine Klassik-Welle), wurde unser Lied bundesweit auf den meistgehörten Sendern gespielt, und zwar rauf und runter, wie man es heute nur bei den angesagtesten

Popsongs kennt. Und da auch der erste Privatsender mit deutschem Programm, Radio Luxemburg, den Song fast täglich spielte, öffnete sich bald eine neue Tür.

Im Frühjahr 1981 fasste ich mir ein Herz und fuhr nach Luxemburg, wo ich um einen Termin bei Frank Elstner, dem damaligen Programmchef, gebeten hatte. Ich bat ihn um fünf Minuten tägliche Sendezeit für Kinder, in der Prime-Time um 6.55 Uhr morgens, wo die Familien kurz vor dem Schulweg am Frühstückstisch saßen. Elstner zögerte nicht lange und sagte mir zu. Von Montag bis Freitag durfte ich »auf die Antenne« und besaß vollständige Freiheiten, ohne weitere redaktionelle Kontrolle. Welch ein Vertrauen! In der heutigen Radiowelt wäre das völlig undenkbar. Ich nannte meine kleine Morning-Show »Hallo du da«, bastelte mir einen Auftakt-Jingle und machte mir Gedanken über Inhalte. Die Welt der Kinder und ihre Sicht auf die Dinge der Erwachsenen hörbar zu machen, ihnen Spaß zu bereiten, sie zu bestärken und ihnen Denkanstöße zu geben, das waren meine Motive.

Mit meinem Reportage-Tonband vom Typ Uher-Report machte ich mich unter der Woche auf den Weg ins Sendegebiet, überwiegend NRW, und interviewte auf Schulhöfen und Spielplätzen Kinder zu Fragen, die ihr Leben betrafen. Oft waren die Lieder meines Albums *Radio Lollipop* der Aufhänger dafür. *Papi, wach auf* oder *Der Morgenmuffel* waren besonders ergiebige Themen, aber auch Nachdenkliches wie *Wenn ich krank bin*. Mit Hilfe der Kollegen im RTL-Studio Düsseldorf entstanden so, aufgelockert mit meiner Musik und kleinen Vater-und-Sohn-Sketchen, bei denen ich beide Rollen als »Rolf und rolfi« sprach, meine Fünf-Minuten-Sendungen. Daraus sollte bald mehr werden.

Unser Radio-Hit schaffte im November 1981 den Weg ins große Fernsehen. Die Redaktion der Rate-Show »Der große Preis« mit Wim Thoelke lud uns ein, das Lied vorzutragen. Für Niels war die Aufnahme eine besondere Herausforderung, denn er sollte in ein Kofferradio schauen, als wenn er mich darin erkennen würde, ich war dort aber per Video-Trick nur für die Zuschauer sichtbar. Das fiel dem eigentlich sehr aufgeweckten Niels schwer, und die Aufnahmeleiterin war nicht gerade sensibel im Umgang mit ihm. Wir schafften es schließlich doch, und ich hatte eine wichtige Lektion über Kinder in Fernsehproduktionen gelernt. In weiteren Sendungen setzte ich mich energischer für das Wohl der Kinder ein, damit sie das TV-Abenteuer als positiven Meilenstein in ihr weiteres Leben mitnehmen konnten.

Bei Radio Luxemburg kam es im Herbst 1981 zu einem überraschenden Wechsel. Die Moderatorin Désirée Nosbusch, die mich ein Jahr zuvor für ihre Sendung »Moment mal« interviewt hatte, gab die Sendung ab, und Frank Elstner bot mir an, ihre Nachfolge anzutreten. Jeden Montag von 17 bis 18 Uhr eine Stunde mit Inhalten, die ich allein bestimmen konnte: Das war ebenso verlockend wie herausfordernd. Bei der redaktionellen Vorbereitung der Sendungen lernte ich die LPs meiner Liedermacherkollegen Fredrik Vahle, Gerhard Schöne und Reinhard Lakomy kennen, von denen ich vorher nur wenig gewusst hatte. Sie waren alle drei etwa zur selben Zeit wie ich mit neuen Kinderliedern hervorgetreten. Wir waren sozusagen die Urväter dieses heute so vielfältigen Genres. Für Interviews in meiner Sendung konnte ich auch Stars der Popmusik gewinnen. Dazu gehörte u.a. Peter Maffay, der im Gegenzug eines Tages ein Gastspiel bei meinem Fantasie-Sender *Radio Lollipop* gab. Er tat es mit dem Umweltsong *Schneewittchen und die sieben Zwerge*, der auf dem Album *Lieder, die wie Brücken sind* erschien.

Vom Fünf-Minuten-Format auf die volle Stunde zu wechseln, bedeutete Spielraum für viele neue Ideen, aber auch die wöchentliche Fahrt nach Düsseldorf, wo RTL im Stadtteil Oberkassel am Kaiser-Friedrich-Ufer sein deutsches Rundfunkstudio betrieb. Anfangs nahm ich abwechselnd das Flugzeug und das Auto, stellte aber bald fest, dass ich die drei Stunden im Auto zum Nachdenken über die jeweils letzte Sendung gut nutzen konnte und flog daher immer seltener. Auf einer dieser Autofahrten entstand unter anderem der Song ... *und ganz doll mich*. Schon öfter hatte ich auf der Autobahn die aktuellen Hits der Woche aus Kindersicht umgetextet. Volker

Lechtenbrinks Lied »Ich mag« (Musik von Michael Reinecke) hatte viele erwachsene Aspekte und endete in den Versen jeweils mit der Zeile ... *und ganz doll dich*. Eine Steilvorlage für mich, denn aus Kindermund würde ... *und ganz doll mich* viel überzeugender klingen. Die Inhalte waren schnell gefunden und die erste Version sang ich noch am selben Nachmittag zur Gitarre im Studio, wie ein kleiner Junge mit meiner »Kinderstimme«, in der ich ein gutes Jahr zuvor auch schon *Du da im Radio* komponiert hatte. Es dauerte nicht lange, da erhielt ich (damals noch auf Postkarten und in Briefen) von den Kindern weitere Strophen, die ich in meiner Sendung jeweils live zur Gitarre sang.

Frank Elstner ging mit mir noch zwei Schritte weiter. Der erste war das Angebot, in der Tradition von Désirée Nosbusch einen ganzen Radio-Tag ausschließlich mit Kindern zu gestalten, mit Live-Interviews, Telefonaktionen und Studiogästen. Am 28. November 1981 hatten wir von ... *und ganz doll mich* so viele Strophen gesammelt, dass wir damit einige Zeit des Kindertages füllen konnten. Am Hörertelefon sammelten wir viele weitere Strophen. Ich ließ mich zu der Bemerkung hinreißen: »Wenn ihr so weitermacht, kommen wir noch ins Guinness-Buch der Rekorde!« In der Folge setzte eine regelrechte Flut von Zusendungen ein, so dass wir dem Ziel Weltrekord immer näherkamen. 1985 gelang die offizielle Eintragung als »Längstes Lied der Welt« mit 3776 Zeilen. Volker Lechtenbrink war mit dieser Umgestaltung seines Liedes von Anfang an einverstanden und verfolgte mit viel Sympathie, wie aus seinem Schlager ein schier endloses Kinderlied wurde.

Die Montage in Düsseldorf boten mir auch Gelegenheiten, mit »Mister Morning« Thomas Gottschalk gemeinsam im Kult-Restaurant Zille zu Mittag zu essen. Er hatte um die Zeit gerade seine RTL-Sendung hinter sich. Ich reiste gern etwas früher an und hörte seine Sendung im Autoradio. Das Plauderstündchen mit ihm und seinem damaligen Assistenten Viktor Worms wollte ich nicht verpassen. Thomas war darum bald auch mit meinen Ideen und Liedern vertraut und unsere Wege kreuzten sich noch öfters.

Der zweite Schritt, den Frank Elstner wagte, war seine Einladung zu »Wetten, dass..?« Er verband die Einladung für die Februar-Show 1982 mit einem Satz, der sich tief in mein Gedächtnis eingegraben hat: »Was wir jetzt anfangen, hört nicht auf, bevor man überall, wo mehr als fünf Kinder auf der Straße beisammen sind, fragt: Und wo ist Rolf?« Er hatte eben die Spürnase, die ihn als Radio- und Fernsehmacher über Jahrzehnte auszeichnete. Für mich war eine seiner beeindruckendsten Gaben, dass er es verstand, sich selbst zurückzunehmen, um weniger prominente Gäste größer wirken zu lassen. Das galt für ihn offenbar auch bei den Kindern.

Ich war rückblickend zum Glück sehr naiv, was die Umsetzung von *... und ganz doll mich* in »Wetten, dass..?« betraf, und wagte es, den Titel im Vollplayback vorzutragen, nicht zuletzt, damit die Kinder eine optimale Bewegungsfreiheit erhielten. Wir hatten schon vor der Abreise in unserem Wochenendhaus intensiv geprobt, und die singenden Kinder Anuschka, Sandra, Florian und Niels waren erstaunlich textsicher und synchron, auch Julian bei seinen Sprechgesängen (»... ich kann doch nicht singen«). Der legendäre TV-Regisseur Sascha Arnz inszenierte die Kinder in wechselnden Positionen, mit Gängen und Treppensprüngen, die sie mit einem Mikrofon in der Hand kaum geschafft hätten. Das Ergebnis war perfekt, das Lied bekam tosenden Applaus, und Frank Elstner verkündet auf der Aftershow-Party: »Dieser junge Mann hat heute seinen Durchbruch erlebt.« Das Lied entwickelte sich schnell zu einem weiteren großen Radiohit und erreichte eine Top-15-Platzierung in den deutschen Single-Charts. Aufgrund dieses Erfolges wurden wir im Mai 1982 in die ZDF-Hitparade eingeladen (wo wir dann mit weniger aufwändigen Bewegungen live gesungen haben). In dieser Sendung traten wir neben der Sängerin Nicole an, die mit »Ein bisschen Frieden« in Dublin gerade den Grand Prix Eurovision de la Chanson gewonnen hatte. Außerdem standen neben Vertretern der Schlagerzunft noch die Gruppe Trio mit ihrem Hit »Da da da«, UKW, Hubert Kah und andere Stars der Neuen Deutschen Welle auf dem Programm. Dass wir bei diesem starken Teilnehmerfeld schließlich den ersten Platz belegten, erscheint mir noch heute wie ein Wunder. Fünf ganz normale Kinder singen von ihren ganz normalen Wünschen und verweisen die etablierten Stars auf die Plätze. Mit dem Auftritt in der Hitparade waren wir mitten im Show-Business angekommen, gemeinsam mit den Musikstars jener Tage, die »meine« Kinder immer sehr freundschaftlich, eigentlich sogar kollegial behandelten.

## Vom TV-Special zur »Großen Show«

Bald darauf gab es einen großen Schritt in eine vielversprechende neue Richtung. Das ZDF bot mir die Gestaltung einer ganzen Sendung an, das Sonntagskonzert. Nun konnte ich auch Lieder auf den Bildschirm bringen, die für die Schlager- und Popsendungen weniger geeignet waren, für Kinder und Eltern aber einen hohen Stellenwert hatten. Aus den LPs *Radio Lollipop* und *Lieder, die wie Brücken sind* stellte ich mit dem sehr einfühlsamen Musikredakteur Uli Erdt ein Programm zusammen, das wir im Freizeitpark Fantasialand in Brühl im Juli 1982 aufzeichneten. Unsere Kinder, die erweiterte *Rolf und seine Freunde*-Besetzung aus der ZDF-Hitparade, schwärmen noch heute von diesen Dreharbeiten. Sie durften in jeder Drehpause die Fahrgeschäfte nutzen und wurden vom Personal des Parks so richtig verwöhnt. Die Vielfalt des Programms, zu dem auch der Kölner Kinderchor beitrug, reichte vom anrührenden Kinderlied *Ich hab mich verlaufen* bis zum kraftvoll selbstbewussten

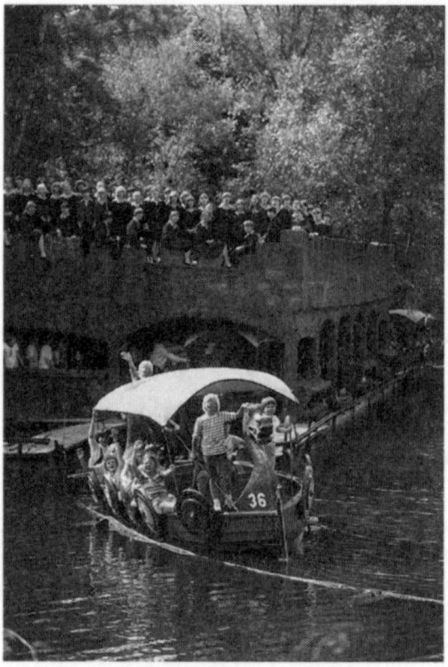

»Wir sind Kinder, der Stoff aus dem die Zukunft ist« – Sonntagskonzert im Phantasialand Brühl.

Song *Wir sind Kinder – der Stoff aus dem die Zukunft ist.* Damit war ein Muster für eine ganze Reihe von Fernsehspecials geschaffen, die ich in den kommenden Jahren mit dem ZDF realisieren würde.

Dazwischen folgten immer wieder Auftritte in den damals noch zahlreichen Musikshows des Fernsehens, wo wir wie selbstverständlich zwischen Schlager, Pop und Volksmusik eingereiht wurden; wir waren in den volkstümlichen Sendungen von Maria und Margot Hellwig und Heino zu Gast, aber auch bei Thomas Gottschalk und in der Show »Auf los geht's los« mit Joachim Fuchsberger. Einen wegweisenden Auftritt gab es für uns in der Sendung »Ganz schön mutig«, moderiert von Dieter Kürten. Wir sangen dort zwischen großen Video-Spielen den zeitgeistigen Song *Die Traumautomaten* und hinterfragten darin die Vergnügungsmaschinen (»...sie sind hilflos und blöd ohne Elektrizität«), nicht ahnend, wohin dieser Trend noch gehen sollte und wie tief die Video-Spiele, immer kleiner werdend und immer raffinierter programmiert, in die Kinderzimmer eindringen würden.

Geradezu ein Meilenstein wurde meine erste Show im Samstagabendprogramm des ZDF. Der Unterhaltungschef des Senders, Wolfgang Penk, bot mir für die Hauptsendezeit einen 90-Minuten Platz an. Von so einer Chance hatte ich oft geträumt und dabei die ungeheuer beliebten familiären Musikshows der 1960er-Jahre mit Peter Alexander im Kopf. Mit »Große Show für kleine Leute« bekam meine Abendsendung im Dezember 1984 einen vielversprechenden Titel. Unterhaltung für Groß und Klein, mit Kindern, aber nicht auf Kosten der Kinder. So sollte ein Ratespiel »Klein gegen Groß« schon in seiner Konzeption unbedingt verhindern, dass die Kinder verlieren. Ich konnte für das musikalische Programm inzwischen auf drei Alben aufbauen und schrieb für die Show noch neue Lieder wie *Nachts sind wir bei unsern Freunden*, womit die beliebtesten Comic-Figuren jener Zeit gemeint waren (»... ich war auf dem Mond mit Benjamin Blümchen«). Als Gäste konnten wir Peter Maffay, Otto Waalkes, Mary Roos, Volker Lechtenbrink und die Gruppe Relax gewinnen. Eine starke Besetzung, die einiges versprach. Auch die Moderatoren Sabine Sauer und Carlo von Tiedemann waren im Abendprogramm etablierte Namen. In der Umsetzung wurde die Produktion im Studio Hamburg jedoch zunehmend stressiger. Es begann damit, dass in einer Probe alle Kinder plötzlich und unvermittelt die Turnschuhe des Sponsors der Sendung trugen. Ich stemmte mich dagegen und einigte mich mit der Redaktion darauf, dass nur jedes zweite Kind diese auffälligen Turnschuhe trug. In den weiteren Proben zeigte sich, dass die Sendung nicht recht ins Fließen kommen wollte, weil es Probleme mit dem Umbau der Kulissen gab, und so hatte sie nicht die von mir gewünschte entspannte Ausstrahlung, was mich einige Nerven kostete. Als die Show schließlich im Kasten war, hätte ich sie gern aufgekauft und eingestampft, was natürlich undenkbar war. Beim Publikum fand sie zwar recht guten Anklang, bei der Fernsehkritik und auch im Fernsehrat des ZDF regten sich jedoch Zweifel, ob Kinder auf diese Weise wirklich ins Abendprogramm gehören.

Geradezu verstört hat mich, dass ich für eine Sendung am selben Abend, unmittelbar vor der »Großen Show«, mit angegriffen wurde. Man hatte sie mir angeboten, ich hatte das Angebot aber abgelehnt. Es ging um die erste Kinderhitparade, mit kindlichen Coverversionen von erwachsenen Popsongs, ein Erfolgsmodell aus Holland. Der ganze Abend mit beiden Shows, insbesondere aber die Kinderhitparade wurde offen hinterfragt, und ich stand inmitten der Kritik. Der Traum vom großen Fernsehabend hatte einen bitteren Nachgeschmack bekommen, und ich hatte keine weiteren Ambitionen in dieser Größenordnung.

## Also dann wieder auf kleinerer Flamme

Nach dieser Erfahrung zog ich mich bis auf einzelne Fernsehauftritte für eine Weile in mein kreatives Schneckenhaus zurück und entschloss mich, ein Album für Erwachsene zu produzieren. Dafür waren mehrere Lieder bereits in den Jahren zuvor entstanden, neue lagen für mich als Vater und Ehemann in der Luft. So legte ich 1985 mit der LP *Zeit für Kinder, Zeit für uns* den Grundstein für mein Erwachsenen-Repertoire.

Bereits im Juni 1983 hatte ich mich von der RTL-Sendung »Moment mal« verabschiedet, zwei Jahre später begann für mich ein neues Radio-Abenteuer. Für die SWR-Reihe »Gute Laune aus Südwest« fuhr ich mit dem Ü-Wagen durch das Sendegebiet vom Bodensee bis zur Eifel und produzierte Live-Zuspieler für die Studio-Sendung aus Baden-Baden. Dafür engagierte ich Kinder- und Erwachsenenchöre sowie lokale Solisten und interviewte interessante Persönlichkeiten der jeweiligen Gegend. Ich bekam ein Knowhow für die Konzeption und Präsentation von Radiosendungen, mit dem ich mich ein Jahr später bei der NDR-Welle Nord in Kiel anbot. Dort gab man mir die Möglichkeit, an vielen Orten Schleswig-Holsteins mit dem Ü-Wagen Station zu machen. Unter dem Titel »Welle Nord unterwegs mit Kind und Kegel« gestaltete ich ein buntes Familienprogramm mit einem hohen Kinderanteil und viel Lokalkolorit. Für das Ü-Wagen-Team wurde ich allerdings nach und nach zu einer immer größeren Herausforderung, denn meine Ambitionen, ein möglichst opulentes Programm zu machen – mit Solisten, Chören, Instrumentalisten und Interview-Partnern –, schossen geradezu ins Kraut und brachten den kleinen Reportage-Ü-Wagen mehrfach an seine Leistungsgrenze. Letztlich ging aber immer alles glatt über den Sender, und die Zuhörer dürften vom Technikstress vor Ort nicht viel mitbekommen haben. Es gibt noch viel zu berichten aus der sich wandelnden Radiowelt, doch zunächst zurück zum Fernsehen.

Ein besonderes TV-Special sandte mir im Sommer 1986 ein Zeichen, dass es zwischen der Welt der Kinderlieder und meinem Schaffen für Erwachsene neue Brücken gab. Die Fernsehjournalistin Sabine Braun machte mir das mit ihrem Portrait »Lieder, die wie Brücken sind« klar. Sie zeigte mich mit Bildern aus Konzerten der frühen Jahre, interviewte meine nun größer werdenden Freunde bei uns zu Hause. Am Mischpult von Volker Heintzen im VOX-Klangstudio sprachen wir mit den Covers meiner Vinyl-LPs in der Hand über den musikalischen Brückenschlag zwischen Kindern und Erwachsenen und reisten so durch meine Jahre mit Peter, Sue & Marc, Nana Mouskouri, Peter Maffay und der Finkwarder Speeldeel, die mit dem Lied »Jungs un Dierns von de Ilv« in dieser Sendung auch einen ihrer schwungvollen Auftritte vor dem Portal eines beeindruckenden Obsthofes im Alten Land hatten.

Bald drauf fand ich in der Kinderredaktion des ZDF ein neues Zuhause für meine Fernsehideen. Auf etwas kleinerer Flamme, aber umso näher an den Kindern. Ab 1987 entwickelte ich zusammen mit Dieter Joite von der Hamburger Firma Televersal die Idee, mit Kindern an Plätzen zu singen, wo üblicherweise niemand singt. Mit einem kleinen Videoteam kamen wir dabei an skurrile Schauplätze. So sang ich mit einer Kindergruppe im Schweinestall das Lied *Nackidei*, mit einer anderen Gruppe in einer Autowaschanlage während des Waschvorgangs *Mein Platz im Auto ist hinten* und mit wieder anderen Kindern auf dem Rücken eines Elefanten in Hagenbecks Tierpark *Kinder sind das Größte*. Besonders emotional wurde es bei dem Lied *Hallo Welt* auf einer Entbindungsstation. Die Schauplätze wurden durch Zuschauerzuschriften mitbestimmt. Wir sangen immer live, und es musste nach Möglichkeit der erste Take sitzen, da bereits in der ersten Wiederholung etwas von dem Überraschungseffekt und der spontanen Reaktion der Kinder auf die ungewöhnliche Situation verloren ging. Ich hätte nach elf Folgen gern noch viele Ideen für diese Serie umgesetzt, aber der Etat des Kinderfernsehens wanderte zu anderen Projekten.

Dafür taten sich neue Möglichkeiten auf. Ich war mehrere Male in der beliebten Kinder-Spiel-Show »1, 2 oder 3« mit Michael Schanze zu Gast (später auch bei seinem »Kinderquatsch«). Ein hochgeschätzter Kollege, der es bestens verstand, mit den Kindern wie ein großer Spielkamerad umzugehen, ohne sich selbst zum Kind zu machen. In seiner Sendung konnte ich, meistens mit Kindern aus meiner jeweils aktuellen »Rolf und seine Freunde«-Gruppe, manche Lieder einbringen, die im Radio weniger zu hören waren. Ich fühlte mich in der kleinen Show gut aufgehoben und führte interessante Gespräche mit den Redakteuren des Österreichischen und Schweizerischen Fernsehens, die die Sendung für ihr Land übernahmen. Michael Schanze war parallel zu diesen Kindersendungen längst als Moderator und Chansonier in seinen eigenen Abendshows wie »Hätten Sie heut Zeit für mich« bei ZDF und ARD etabliert. Er löste sich darum 1985 von »1, 2 oder 3« und der verantwortliche ZDF-Redakteur, Markus Schächter (später Intendant des Hauses), bot mir an, die Nachfolge anzutreten. Ein verlockendes Angebot. Ich bat um drei Tage Bedenkzeit, entschied mich dann aber dagegen, da ich nicht zum singenden Moderator mutieren, sondern bei meinen Liedern und in meinem spannenden musikalischen Wirkungsfeld bleiben wollte. Markus Schächter fand mit Biggi Lechtermann eine vielversprechende Nachfolgerin. Nur das Singen war nicht wirklich ihr Ding. So kam ich zu meiner Rolle als ständiger Gastsänger in der Show, mit jeweils dem Thema der Sendung angepassten Liedern, live gesungen und begleitet von Michael Gundlach an der Yamaha-Orgel.

Aus dieser Rolle heraus erhielt ich auch den Auftrag, für die Sendung eine neue Titelmusik zu schreiben, die ich mit dem Arrangement von Michale Reinecke in ein zeitgemäßes Klangbild brachte. Außerdem bat man mich, die Standard-Ansagen für die Spielshow zu überarbeiten. Michael Schanze, berühmt durch seinen »Plopp« mit dem Zeigefinger aus dem Mund heraus, hatte seine mit ihm verbundenen Sprüche zu den Spielsituationen gehabt, Biggi Lechtermann sollte ihr eigens Vokabular bekommen. So kam es zu den Ansagen in den spannendsten Momenten »1, 2 oder 3 – letzte Chance – vorbei« und »…ob ihr wirklich richtig steht, seht ihr, wenn das Licht angeht«. Sie gehören heute noch zu der Show, die inzwischen mehrere neue Moderatoren und auch eine neue Titelmusik bekommen hat.

In den Hintergrundgesprächen der Show hatte ich Markus Schächter mehrmals auf meine *Vogelhochzeit* angesprochen und vorgeschlagen, daraus ein Special für das Kinderprogramm zu machen. Schächter, der die *Vogelhochzeit* wegen seiner eigenen Kinder bestens kannte, war dem Vorschlag wohlgesonnen, meinte aber, wir müssten für das Fernsehen einen besonderen Aufschlag wagen, vielleicht mit John Neumeier als Choreograf. So hoch hinaus wollte ich mit meinem kleinen Singspiel eigentlich nicht, fürchtete eine Entfremdung vom Original und ließ die Sache erst mal ruhen. Es galt offenbar, wie schon vor der Veröffentlichung als LP, ein dickes Brett zu bohren.

Man mag bei dem, was dann 1988 geschah, kaum an einen Zufall glauben: In der Geschäftsführung meiner Schallplattenfirma Polydor gab es einen Wechsel. Der neue Chef, Götz Kiso, machte seinen Antrittsbesuch beim ZDF in Mainz und saß dort auch Markus Schächter gegenüber. Dieser sprach Kiso auf die *Vogelhochzeit* an und signalisierte konkretes Interesse, diesen Stoff endlich ins Kinderprogramm zu bringen. Das Gespräch kam auf die vom ZDF geforderte Summe für eine Kooperation. Götz Kiso, der aus dem Rock-Pop-Geschäft vermutlich größere Beträge als die vom Kinderprogramm gewohnt war, zögerte nicht lange und schlug ein. Sehr zu meiner Freude, sehr zum Erstaunen von Louis Spillmann, dem Geschäftsführer der Schwesterfirma der Polydor, Phonogram, denn meine *Vogelhochzeit* war nach wie vor ein Phonogram-Produkt. Kiso hatte also über Spillmanns Etat verfügt. Die beiden Herren trafen ein Gentlemen's Agreement, für das ich mich bis heute nur bedanken kann: Kiso übernahm für die Polydor die Hälfte der Finanzierung. Endlich konnte ich meinen Traum realisieren. Unser nächstes ZDF-Special ging in Vorbereitung.

Immer häufiger hatte ich private Video-Mitschnitte von Aufführungen meiner *Vogelhochzeit* in Kindergärten, Schulen und Ballettgruppen erhalten. Ich war jedes Mal angetan von der Spielfreude der Kinder, den liebevollen Inszenierungen mit ganz einfachen, aber auch zauberhaften Kostümen und Kulissen. Mit einer Sammlung dieser Aufzeichnungen auf VHS-Kassetten machte ich einen weiteren Versuch, Markus Schächter davon zu überzeugen, eine künstlerische Umsetzung zu wagen. Es gelang. Inspiriert von den

Laieninszenierungen entwickelten wir ein Konzept, das ganz nah an den Kindern war.

Für die Produktion engagierte das ZDF eine Kindertanzschule aus Memmingen. Für möglichst abwechslungsreiche Aufnahmen wurden die Hauptrollen auf drei Vogelpärchen verteilt. Die singenden Vögel – Mama, Papa und Kind – wurden mit Sonja Otto, Jörg Ellmers und Julia Stege aus meiner Studiokindergruppe besetzt. Am Ende der Produktionswoche waren nicht nur die Kinder traurig, dass der Hochzeitstraum zu Ende war. Die Aufnahmen in München, mit allem Drumherum einer aufregenden Reise, sind für alle Beteiligten ein bleibender Erinnerungsschatz.

Ach ja, die Sache mit dem Ei. Es war für jede Aufführungsgruppe im Land eine besondere Herausforderung, das Ei herzustellen, aus dem das Vogelbaby schlüpfen sollte. Der Kreativität waren dabei keine Grenzen gesetzt. Vom einfachen Bastkörbchen, in dem das Küken unter einem weißen Tuch kauerte und auf seine Geburt wartete, bis zum Meisterstück aus Pappmaschee war alles dabei. Das Ei musste dabei alle Proben mit der turbulenten Geburtsszene (*Hallo Mama, hallo Papa*) heil überstehen. Das professionelle »Fernseh-Ei« ließen wir darum in dreifacher Ausfertigung nach Hamburg befördern und konnten es noch mehrfach an Laienspielgruppen ausleihen. Eines Tages gingen aber auch diese Eier den Weg alles Vergänglichen, und so werden bis heute wieder Eier nach den jeweiligen örtlichen Möglichkeiten entworfen und hergestellt. *Rolfs Vogelhochzeit* wurde viele Jahre lang vom ZDF im Frühling oder zu Pfingsten ausgestrahlt und war eines der beständigsten Repertoirestücke im Kinderprogramm. Erst Anfang des neuen Jahrtausends kam es in die Jahre und wurde nicht mehr

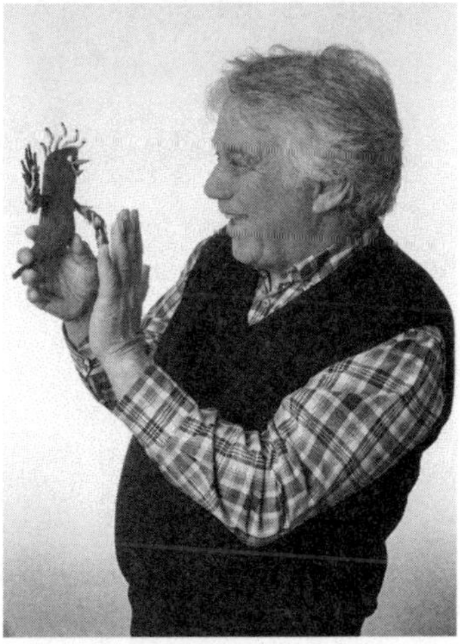

Ich darf ein Wiedehopf sein.

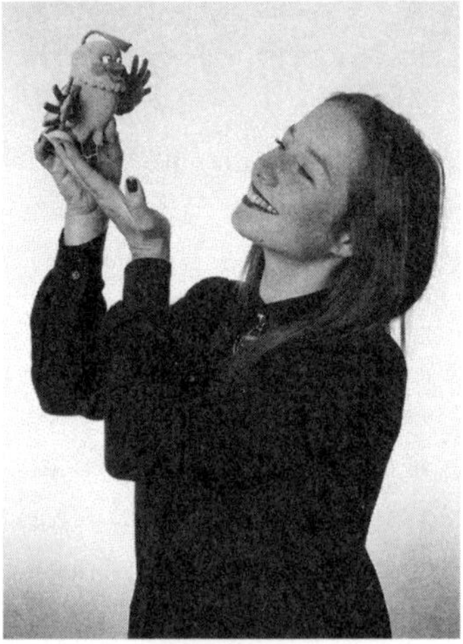

Vogelmama Senta Sofia

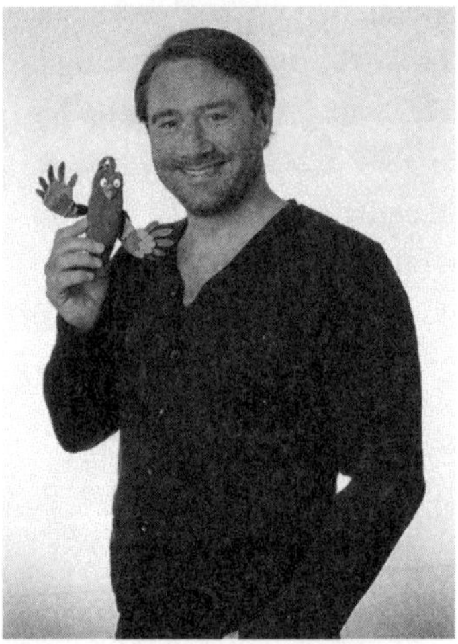

Vogelpapa Sasha

gesendet. Die Enttäuschung darüber wurde ein Jahr vor meinem 70. Geburtstag aufgefangen, als mir Dorothee Herrmann, Leiterin des ZDF-Kindermusikprogramms, eine Neuverfilmung anbot. Dieses Mal sollten keine Kinder im Vogelkostüm die Rollen spielen, sondern Puppen in Stopp-Motion-Technik. Die Inszenierung wurde bei Trikk17 in Hamburg produziert, das Stück den veränderten Sehgewohnheiten der Kinder angepasst. Bei der ersten Verfilmung hatte die Redaktion noch großen Wert auf pädagogische Qualität gelegt. Dazu gehörte ein Vorspiel mit Blick in die Kostümwerkstatt, um die Zuschauer zu eigenen Aufführungen anzuregen. Der neue Film wurde deutlich turbulenter mit schnelleren Bildschnitten und aus meiner Sicht teils hyperaktiven Nebenfiguren. Für die Neuverfilmung mussten auch die Musik und die Dialoge neu aufgenommen werden, nah am Original, aber frischer im Klangbild und mit namhaften Protagonisten als Vogeleltern, für die ich die Pop-Künstler Sasha und Senta Sofia Delliponti (»Oonagh«) gewinnen konnte. (Beide wurden übrigens bald darauf im richtigen Leben auch Eltern.) Ich selbst gab einem Wiedehopf die Stimme, der durch die Handlung führte. Als Geburtstagsgeschenk zu meinem 70. Geburtstag kam *Rolfs neue Vogelhochzeit* auf den Schirm und wird seitdem jährlich wiederholt.

Aber zurück ins 20. Jahrhundert. Eine weitere, lang gehegte Idee war eine Fernsehsendung, die alljährlich zur Jahreswende laufen könnte. Gleich nach Veröffentlichung der CD *Die Jahresuhr* im Jahr 1992 bot ich dem ZDF diese Idee mit einer Liederreise durch die zwölf Monate an. Aus früheren Alben fügte ich dafür einige szenisch besonders gut umsetzbare Lieder wie *Stups, der kleine Osterhase, Drachen im Wind* und *In der Weihnachtsbäckerei* hinzu und taufte den Liederzyklus *Rolfs Liederkalender*, den wir im Studio Hamburg unter der Regie von Michael Becker produzierten. Die Kinder waren ebenso begeistert wie ich von der kleinen Studio-Landschaft, in der es im Winter schneite, in der sie im Frühling tanzen und im Sommer baden konnten, in der im Herbst die bunten Blätter flogen und durch die im Advent sogar der Duft der Weihnachtsbäckerei zog. Die Kinder aus der ersten TV-Produktion der *Vogelhochzeit* bekamen eine Reihe neuer Freunde. Dazu zählten nun auch unser 1984 geborener Sohn Andreas, der in dem Lied *Danke* als Raupe im Laub sein Fernsehdebüt gab. Ein Hauch von Abschied lag jedoch in der Luft, denn ich spürte, dass ich den sportlichen Spielkameraden nicht mehr lange verkörpern konnte. Eine ziemlich klamaukige Szene als Besucher auf dem Bauernhof im hautengen Biker-Dress wurde für mich zum Warnsignal. Konnten die Kinder untereinander unbeschwert immer neue Freundschaften schließen und ich ihnen dabei behilflich sein, so tat ich mich als Erwachsener zunehmend schwerer, auf derselben Spielebene dabei zu sein.

Die *Jahresuhr* wurde zu einem meiner meistgesungenen Lieder in Schule und Kindergarten, das Video zur Sendung als DVD ein großer Erfolg. Mir wurde das Lied von der *Jahresuhr* nach vielen Live-Auftritten indes zum Verhängnis. Denn die Kinder sollten in die Hocke gehen, um bei ihrem Geburtstagsmonat in die Höhe zu springen. Natürlich musste ich das immer wieder vormachen, was mir mein Meniskus im rechten Knie auf die Dauer übelnahm. Eine OP wurde unvermeidlich. Ich beschränkte mich ab nun darauf, beim jeweiligen Monat freundlich zurückzuwinken.

Auf dem Bildschirm ging es Schlag auf Schlag weiter. *Rolfs neue Schulweg-Hitparade* wurde unser nächstes ZDF-Special: Es gab gute Gründe, die seit 1979 in Schulen und Kindergärten weit verbreiteten Lieder inhaltlich und musikalisch auf einen aktuellen Stand zu bringen. So wurden der Sicherheitsgurt (»… und vor der Fahrt mach ich klick«) und der Schutzhelm thematisiert. Die Freunde von *Rolfs Liederkalender* waren nun in einem Alter, in dem sie Kindern die Thematik unterhaltsam und authentisch vermitteln konnten. Bei den Dreharbeiten wurde wieder mal meine Belastbarkeit auf die Probe gestellt, denn wir produzierten nicht im Fernsehstudio, sondern im Hamburger Verkehrsalltag. Es ist alles andere als leicht, realistisch im fließenden Straßenverkehr zu filmen, schier unmöglich ist es jedoch, diesen Straßenverkehr zu inszenieren. Kurzfristige Absperrungen der Fahrbahn für eine optimale Kameraposition sorgten für Unmut der Verkehrsteilnehmer, jede Wiederholung einer Einstellung zerrte an den Nerven. Wir Erwachsenen bewunderten die Kinder, die dabei viel entspannter und umsichtiger mitmachten, als wir es ihnen zugetraut hatten. Sie wurden bei dieser Produktion durch eine Handpuppe bei Laune gehalten: »Gustav Sommer«, gespielt von Siegfried Böhmke. Sein frecher Humor, meist von einer Ampel herab, war das i-Tüpfelchen der Sendung. Nach einigem Herzklopfen an den Außendrehorten war ich erleichtert, als die letzte Klappe fiel, und dankbar, dass keinem Kind etwas zugestoßen war.

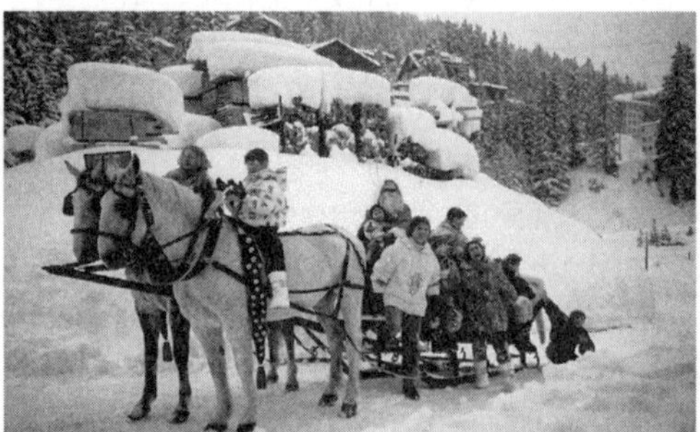
Dezemberträume wurden wahr im tief verschneiten Arosa.

Etwas entspannter wurde es 1994 bei unserem nächsten ZDF-Special. Wir durften zur Verfilmung der *Dezemberträume* (das Album war im November 1993 erschienen) ins schweizerische Graubünden reisen, nach

Arosa. Abermals unter der Regie von Michael Becker erlebten wir mit den Kindern winterliche Stimmungen, die ihnen aus der norddeutschen Heimat nicht bekannt waren. Schlittenfahrt und Schneeballschlacht waren nicht mehr nur Worte aus einem Lied, sondern sie wurden in winterlich weißer Pracht erlebt. Meine Tochter Anuschka war inzwischen eine junge Frau geworden, und ich spürte beim Titelsong, den wir als Opener im Duett sangen, dass nun die nächste Generation meine Lieder leben und weitergeben würde. Ein dauerhaftes Highlight dieses Specials setzte unser Produktionsleiter Mathias »Omo« Omonsky in der Rolle des Bäckers im Lied *In der Weihnachtsbäckerei*. In der idyllischen Backstube durften unsere Kinder nach Herzenslust backen. Die Tür nach draußen war verschlossen, sodass der Bäcker auf immer neue Weise versuchen musste, in sein Haus zu kommen. Das artete in akrobatische Szenen aus, bei denen er zweimal mitsamt seiner Leiter vom tief verschneiten Dach abrutschte. Der Spaß hält bis heute an, diese Version der *Weihnachtsbäckerei* gehört zu den meistgeklickten Liedern unserer Video-Galerie bei YouTube.

## Blinder Alarm

Auch das zählt zu meinen Fernseherfahrungen: Im Rahmen meiner Tournee *Starke Kinder* im Jahr 1995 war ich in der Messe- und Kongresshalle (MUK) in Lübeck zu Gast. Das Konzert wurde vom Norddeutschen Rundfunk mitgeschnitten und später im TV-Programm N3 ausgestrahlt. Kurz vor der Pause bat mich meine Tourneeleiterin Heidi Lindner an den Bühnenrand und berichtete mir, dass telefonisch eine ernst zu nehmende Bombendrohung eingegangen sei, der Saal müsse unverzüglich geräumt werden. Ich bat das Publikum also, die Pause vorzuziehen, den Saal zu verlassen und »frische Luft zu schnappen«. Vor allem die Kinder sollten den ernsten Hintergrund der Aktion nicht spüren, die Erwachsenen ahnten sicherlich, um was es ging. Vor dem Haus sprach sich langsam herum, um was es bei der Räumungsaktion ging, und auf der Bühne tauchte ein Suchtrupp mit Spürhunden auf. Da diese Aktion länger dauern würde, entschied ich mit meinem Veranstaltungspartner von Funke Media, eine Wiederholung des Konzertes anzusetzen. Das kommunizierten wir quasi von Mund zu Mund, sodass sich unser Publikum auf den Heimweg machte. Auch ich wurde gebeten, nach Hause zu fahren, und bekam eine Sicherheitskraft zu meinem Schutz mit auf den Weg, die in Hamburg noch die ganze Nacht unser Haus bewachte. Vom Staatsschutz erfuhr ich am nächsten Tag, dass in Lübeck nichts Verdächtiges gefunden wurde, es sich also um blinden Alarm gehandelt hatte. Dennoch war ich aufgewühlt. Hatte ich jemanden zum Feind? Wollte mir jemand Angst machen? Bald stellte sich heraus, dass die Drohung nicht mir, sondern der MUK bzw. dem NDR galt.

Zwei Jahre später, im Mai 1997, erklang zum ersten Mal diese neue Strophe meines Geburtstagsliedes *Wie schön, dass du geboren bist*: »Wieder ein Jahr älter, nimm es nicht so schwer, denn am Älterwerden änderst du nichts mehr«. Anlass war die Show »Herzlichen Glückwunsch«, die mir das ZDF zu meinem 50. Geburtstag widmete, präsentiert von Gregor Steinbrenner. Julia Ginsbach stellte eine neue Bilderbuchreihe zu meinen Liedern vor, die bald als *Zwölf bunte Liedergeschichten* verfilmt wurde. Dabei kam eine Kamerakonstruktion zum Einsatz, die das ruckelfreie Abfilmen von Illustrationen erlaubte. Mit dieser Technik waren in früheren Jahrzehnten viele Bilderbuchfilme entstanden, nun sollten die Liedergeschichten von Julia Ginsbach wohl die letzten ihrer Art werden. Ich sah das mit Wehmut, denn die dem Zeitgeist folgende zunehmende Geschwindigkeit im Bildschnitt wirkte auf unsere Kinder alles andere als konzentrationsfördernd. Zum Glück bekam unsere Filmreihe wenig später noch eine zweite Chance in einer von Stephan von Löwis organisierten Deutschlandreise durch eine Reihe von CinemaxX-Kinos, wo ich zu den Großprojektionen meiner »Bunten Liedergeschichten« live sang und viele Kinder auf ihren Sitzplätzen über mein Handmikrofon einbeziehen konnte.

Das Jahrzehnt neigte sich dem Ende zu mit einem Special der besonderen Art, ein Live-Konzert auf dem Open-Air-Gelände des ZDF auf dem Mainzer Lerchenberg. Ich hatte in dieser Kulisse mit meinen kleinen Freunden schon manchen Beitrag zum sonntäglichen »Fernsehgarten« beigetragen. Die sommerlich unbeschwerte Stimmung war beflügelnd und brachte mich auf den Gedanken, hier vor einem Familienpublikum ein ganzes Konzert zu geben und es für das ZDF aufzuzeichnen. »Freunde wie wir« war der Titel des Programms, das 1999 ausgestrahlt wurde. Die kleinen Freunde waren erwachsen geworden, neue Kinder in unsere Gruppe gekommen, insbesondere wieder aus dem Kinderchor Musiktreck Essel. Ich eröffnete die Show als »der Spielmann« mit Hamburger Schippermütze und einer alten Holzdrehorgel, für die ich einige meiner Lieder auf Lochstreifen programmieren ließ. Das war eine Reminiszenz an den Hinterhof-Musikanten aus meiner frühen Kindheit. Auf der Bühne stand meine Band, die so manches Abendkonzert absolviert hatte und gut eingespielt war. Zum ersten Mal zeigten wir in einem TV-Special alle Facetten meines Repertoires, vom witzig-turbulenten Kinderlied *Als ich ein Baby war* bis zum engagierten Song für junge Eltern *Wir Optimisten*. Das Konzert fand großen Anklang. Umso enttäuschter war ich, als ich nach einigen weiteren Einzelauftritten ein paar Jahre später von der (neu besetzten) Redaktion des Fernsehgartens hörte: »Rolf Zuckowski passt nicht mehr in unser Format.«

Fernsehauftritte in Studios werden mit der Zeit zu einer gewissen Routine, die die Zuschauer allerdings nicht als solche wahrnehmen sollten. Aufregender bleiben Auftritte aus besonderem Anlass und in besonderer Umgebung. Meinen aufregendsten Fernsehauftritt hatte ich am 3. Oktober 1999 anlässlich der Feierlichkeiten zum Tag der deutschen Einheit im Wiesbadener Kurhaus. Zehn Jahre nach der Wende war das immer noch ein sehr bewegender Tag. Ich wurde eingeladen, mit dem Musiktreck Essel und einigen meiner Studiokinder mein Lied *Deutschland, deine Kinder* zu singen, live zur Gitarre. Wir hatten am vorderen Bühnenrand knapp einen

Meter Platz vor den Stühlen des HR-Sinfonieorchesters, sodass die Kinder in einer langen Reihe links und rechts von mir standen. Nicht gerade die optimale Choraufstellung. Vor uns saß die versammelte Staatsprominenz mit dem Bundespräsidenten Johannes Rau, dem Bundeskanzler Gerhard Schröder, dem hessischen Ministerpräsidenten Roland Koch und anderen Staatsgrößen wie Helmut Kohl. Das harmoniereiche Lied war gitarristisch für mich keine leichte Aufgabe, und mein Lampenfieber muss man eigentlich auch an den Fernsehgeräten gespürt haben.

Das Jahr 2000 war ein Wahnsinnsjahr. Es war die Geburtsstunde des »Elbkinderlandes«, das in meinem Leben bis heute eine große Rolle spielt und dem ich mich im Kapitel »Wir hier an der Elbe« intensiver widme. Es war das Jahr der Veröffentlichung meines Albums *Kinder werden groß*. Viele Radiointerviews dazu führten mich durch das ganze Land (Telefoninterviews waren damals noch die Ausnahme). In besonderer Erinnerung habe ich meinen die Themenwelten Kinder und Erwachsene verbindenden Auftritt im ZDF-Show-Palast, den Dieter Thomas Heck moderierte. Er freute sich besonders über das Wiedersehen mit Julian Maas (*... und ganz doll mich*). Von ihm am Flügel, meinem Sohn Alexander am Bass und unserem Drummer Jens Carstens begleitet, sang ich den Titelsong des Albums. Das Lied ging Herrn Heck und seiner Frau »Hildchen« sichtbar unter die Haut, denn ihre erwachsen gewordene Tochter war gerade dabei, das elterliche Haus zu verlassen.

## ... und immer noch nah bei den Kindern

Das nächste TV-Special ließ nicht lange auf sich warten. Meine Hasengeschichte *Ich bin stark* erschien 2001 und bildete schon bald die Grundlage für einen Puppenfilm. Der Regisseur Wolf-Armin Lange (»Siebenstein«, »Sendung mit der Maus« u.v.a.) ließ sich von den Illustrationen inspirieren, mit denen Julia Ginsbach das

CD-Booklet ausgestattet hatte. Die Hasenwohnung, die Osterhasenmalerwerkstatt, die Landschaft drumherum, alles in liebevoller Miniatur-Handarbeit erstellt. Die Hasenfiguren in die Hand zu nehmen, mit ihnen wie zu vertrauten Freunden zu sprechen, das berührte mich. Im Frühjahr 2002 wurde der Film im ZDF ausgestrahlt und machte damit die Geschichte vom kranken kleinen Häschen, das gerade noch rechtzeitig zu Ostern wieder gesund wird, zu einem neuen Standardstoff des Kinderprogramms. Wie bei der *Vogelhochzeit* fühlten sich viele Laien-Spielgruppen im Land angeregt, das »Hasenmusical« auf die Bühne zu bringen. Kein leichtes Unterfangen, denn die Inszenierung war deutlich anspruchsvoller als bei der *Vogelhochzeit*.

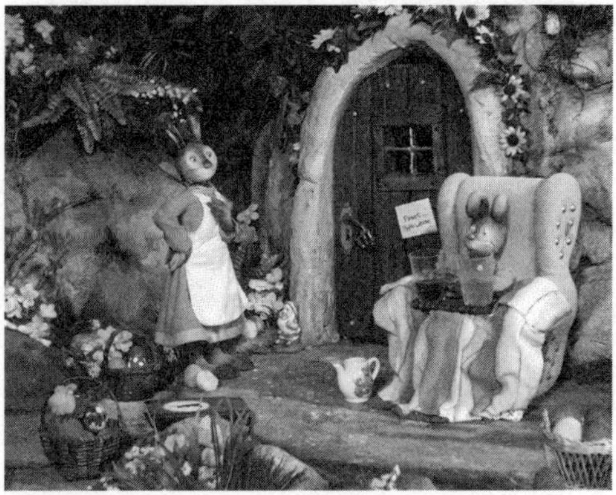

Das kranke Häschen beim Tauchen und Tunken.

Ein bisher letztes größeres TV-Special ermöglichte uns zum 1. Advent 2002 die Musikredaktion des ZDF. Der Redakteur Timo Rieth lud mich und meine Freunde, die Finkwarder Speeldeel, sowie die Alsterfrösche zu einem Sonntagskonzert in Form einer adventlichen Ostseereise ein und drehte mit uns eine Reihe von Videos an pittoresken Schauplätzen. Den großen Coup landete Timo zehn Jahre später mit der Aufzeichnung der ZDF-Sendung »Mein allerschönstes Weihnachtslied« für den Heiligen Abend 2012, präsentiert von Andrea Kiewel. Ich hatte kurz zuvor öffentlich meinen Abschied von den großen Shows verkündet und sang mein Lied *Weihnachten* solo zur Gitarre. Allerdings konnte ich schon bald kaum weitersingen, als nach und nach, völlig unerwartet, fast alle meiner mitwirkenden Solo-Kinder der vergangenen Jahrzehnte singend nacheinander ins Studio strömten. Schon im einführenden

Interview hatte ich mein liebstes Weihnachtslied genannt: *Mitten in der Nacht*. Nun sangen es meine Freunde und rührten mich zu Tränen.

## Fernsehabschied auf Raten

Ein herausragendes Kapitel meiner Reise durch die Fernsehwelt sind meine Auftritte in den »Festen der Volksmusik«, einer Samstagabend-Senderreihe des MDR, von 1998 bis 2003 moderiert von Carmen Nebel, 2004 übernommen von Florian Silbereisen. Ich wurde mit meiner Kindergruppe zum Stammgast dieser Show, vor allem zur Weihnachtszeit, und hatte dort einige spektakuläre Auftritte auch jenseits der Kinderlieder. Unsere Darbietungen des Songs *Same Procedure As Last Year* mit Carmen Nebel als Miss Sophie und allen jeweiligen Interpreten der Sendung an einem ellenlangen Tisch erzeugten Jubelstürme. Meine *Weihnachtsbäckerei* wurde zum unverzichtbaren Standard der Sendung, die als »Adventsfest der 100.000 Lichter« ein Quotengarant wurde. Ich reiste alle Jahre wieder mit meiner sich nach und nach wandelnden Kindergruppe zur Messe-Arena in Suhl. Über die Jahre erhielt ich immer öfter auch die Möglichkeit, Lieder aus meinem Erwachsenenrepertoire zu singen. Nachdem Florian Silbereisen die Moderation der Show übernommen hatte, entwickelte sich eine intensive redaktionelle Zusammenarbeit mit Michael Jürgens, einem der kompetentesten Redakteure und Produzenten für Musikshows im deutschen Fernsehen. Dass man mich mit fröhlichen Kinderliedern zu allen Jahreszeiten, aber auch mit dem nachdenklichen Song *Einmal leben* in dieser Sendung auftreten ließ, machte uns zu langjährigen Verbündeten. Dennoch entschloss ich mich 2012 zum Abschied von der Show. Ich hatte den Eindruck, dass von nun an meine Lieder in wechselnden Interpretationen der interessantere Beitrag zum Programm und der bessere Weg für mich in die Zukunft wären, dass ich also mehr als Autor und weniger als Interpret wirken sollte. Lieder wie *Es schneit* und *Winterkinder* funktionierten, wie sich schon mehrfach gezeigt hatte, auch ohne mich, und nun gab es auch einen Stabwechsel für die *Weihnachtsbäckerei,* die ich in meiner Abschiedsshow im Dezember 2012 noch einmal mit einer hollywoodreifen Inszenierung der Stamm-Choreografin der Show, Carola Rose, präsentieren durfte. Florian Silbereisen überraschte mich zum Abschied mit der Überreichung einer Guinness-Urkunde für das meistverkaufte deutschsprachige Weihnachtsalbum *Winterkinder.* Ich bedankte mich mit einer Rolf-Musik-Spieldose aus dem Erzgebirge für die jahrelange verlässliche Zusammenarbeit und sang mit meinem Sohn Alexander den von ihm mit Justin Balk geschriebenen Song *Wenn das Jahr zu Ende geht.* Bei dem grandiosen Abschied, der mir dabei bereitet wurde, blieb kein Auge trocken. »Ich hab gelebt, geliebt, geweint, gelacht, hab manchen Traum zur Wirklichkeit gemacht«, so sang ich vor einem Millionen-Publikum. Zum Glück waren die letzten Träume noch nicht ausgeträumt. Ich nannte das Team rund um Michael Jürgens einen »Glücksfall in meiner Fernsehgeschichte«. Das würde ich heute noch genauso wiederholen, denn es bestätigte sich auch in den folgenden Jahren, wie gut wir aufeinander eingestellt waren. Ich konnte junge Künstler aus meinem Wirkungskreis in die Sendung einbringen und machte Vorschläge für neue Interpretationen der *Weihnachtsbäckerei,* die nach wie vor in keinem Adventsfest der 100.000 Lichter fehlen darf. Einer der Höhepunkte wurde die umwerfende Version von Otto Waalkes, die ihn dazu brachte, das Lied in der gleichen Inszenierung sogar in sein ganzjähriges Tourneeprogramm aufzunehmen. Dass mein Lied *Mitten in der Nacht,* gesungen von allen jeweils mitwirkenden Interpreten, auch nach fast 20 Jahren noch das hymnische Finale der Show ist, ehrt mich sehr und hält unsere Verbindung lebendig.

Ein TV-Special, das nicht mir gewidmet war und mich doch sehr beschäftigte, galt im August 2016 meinem Schweizer Freund Peter Reber. Er ist in der Schweiz eine lebende Legende, nicht nur wegen seiner führenden Rolle im Trio Peter, Sue und Marc, sondern auch wegen vieler Songs in seinem warmherzigen Berner Dialekt, die in der Schweiz Kultstatus erreichten. Das Schweizer Fernsehen widmete ihm eine Hommage mit jungen Sängerinnen und Sängern der nationalen Pop-Szene, die seine beliebtesten Songs neu interpretierten. Ich musste mich während der Proben und bis kurz vor Ende der Sendung am Ufer des Walensees versteckt halten, denn ich war der Überraschungsgast. Peters Lied »Mein Freund« (»ich hab dich lange nicht gesehn«) bekam einen dem Anlass angepassten neuen Text von mir. Wir alten Recken, seit 1975 zusammengewachsen über viele gemeinsam produzierte Songs und die fünffache Teilnahme am Eurovision Song Contest, standen uns gegenüber und fanden kaum die richtigen Worte, um das auszudrücken, was in dieser Situation unsere Herzen bewegte. Peter und seine Frau Livia (sie haben zwei erwachsene Kinder) sind für meine Frau und mich die Freunde mit den meisten Gemeinsamkeiten, was die Karriere und das Leben als Künstlerfamilie betrifft. Leider leben sie gut 1000 Kilometer von uns entfernt in Bern, sodass wir uns nur einmal jährlich treffen, dann aber ist es jedes Mal, als wären wir eben gerade auseinandergegangen.

Seit meinem Abschied von den großen Abendshows (den ich bisher mit wenigen Ausnahmen durchgehalten habe) hat sich meine Präsenz im Fernsehen verlagert. Außer Berichterstattungen zu meinen regionalen Aktivtäten, etwa im Zusammenhang mit unserer Stiftung »Kinder brauchen Musik«, örtlichen Benefiz-Aktionen oder Anlässen zu Feiern und Gedenken, bin ich gern Gast in Talkshows, vor allem bei den Landessendern der ARD oder im ZDF-Abendprogramm. Dort habe ich auch die Gelegenheit, Musik zu präsentieren, zumeist in zugespielten, von unserem Label »Musik für Dich« selbst produzierten Videos (hierzu mehr im Abschnitt Social Media), aber auch, um über meine Ambitionen zu sprechen oder mich zu aktuellen gesellschaftlichen Fragen zu äußern. Nicht selten greife ich dabei zur Gitarre und gebe spontan singend eine Antwort, die ich mit gesprochenen Worten nicht treffender ausdrücken könnte. Die klassischen Show-Auftritte vermisse ich nicht. Sie finden im deutlich kleineren Maßstab ab und zu in Sendungen des Kinderfernsehens statt. Der »SingAlarm« mit Singa Gätgens ist ein Beispiel dafür. Hier bietet sich die Möglichkeit, live im Studio zu spielen oder Videos einzublenden, die in der Regel das ZDF produziert. Die Redakteurin Angelika Fetsch hat in der Nachfolge des ZDF-Urgesteins Gunnar Peschke den Überblick über das aktuelle Musikschaffen in der Welt der Kinderlieder und zum Glück immer noch einen Etat, mit dem sie nachhaltig planen und neue Talente ins Rampenlicht bringen kann. Mit ihr kann ich bis heute immer wieder an meine Aufbruchszeit im ZDF-Kinderfernsehen anknüpfen. So schließen sich die Kreise über eine Zeitspanne von gut 40 Jahren.

## Zurück zum Radio

Bei allen Fernseherfolgen blieb das Radio doch meine große Leidenschaft. Darum noch einmal zurück in diese Welt ohne Kameras und Scheinwerfer. Nachdem ich meine Erfahrungen mit den Ü-Wagen-Teams des SWR und der Welle Nord gemacht hatte, begann Ende der 1980er-Jahre ein neues Radio-Kapitel, meine Arbeit für den NDR in Hamburg und Kiel. Das weit verbreitete Schubladendenken, die scharfe Abgrenzung zwischen Unterhaltung für Kinder und Erwachsene, ist mir über die Jahre immer suspekter geworden. Mit meinen Beiträgen für den NDR-Kinderfunk Mikado auf der populären Welle von NDR 2 fühlte ich mich in den späteren 80er-Jahren mittendrin im Leben der jungen Familien. Hier, beim traditionellen Kinderfunk, lernte ich, Kindersendungen mit Substanz zu konzipieren und zu moderieren, schnörkellos und ohne Leerlauf. Ich lernte, Sendungen fließend und auf die Sekunde zu schneiden. Dabei genoss ich große Spielräume. Höhepunkt meiner Mikado-Jahre war unsere Reise »mit 80 Liedern um die Welt«, die wir in einem Museumsflugzeug Boeing 707 live auf dem Hamburger Flughafen realisierten. Dabei stand mir der mit allen Wassern gewaschene Kinderfunk-Profi Jörgpeter von Clarenau zur Seite. Dieser Kinderfunkzeit verdanke ich manche Impulse für neue Lieder zu bisher unbehandelten Themen. Die *Jahresuhr* ist wohl das nachhaltigste Beispiel dafür.

Mikado hörten auf der populärsten Welle des NDR mindestens so viele Erwachsene wie Kinder. Ebenso verhielt es sich mit meiner wöchentlichen Sendung »Sonntagskinder« auf der Welle Nord in Kiel. Die ganze Familie saß mit Oma und Opa am Radio, um sich an Geburtstagsglückwünschen ihrer Kinder und Enkelkinder, Nichten und Neffen zu erfreuen, oft auch am Telefon oder live im Studio. Viele dieser Familien hatte ich zuvor schon mit meiner Ü-Wagen-Sendung »Welle Nord unterwegs mit Kind und Kegel« persönlich kennengelernt. Dass man mir eine solche Familiensendung zutraute, verdanke ich nicht zuletzt Gerd Schneider, dem damaligen Leiter des Funkhauses in Kiel. Er öffnete mir neue Perspektiven (»Sie können doch auch Familie«). Dass ich mit meiner Sendung am Sonntagmittag um 12 Uhr Werner Höfers »Internationalen Frühschoppen mit sechs Journalisten aus fünf Ländern« ablöste und damit einigen Unmut vor allem bei älteren männlichen Zuhörern auslöste, hat man mir damals lieber verschwiegen, wohl um mich nicht zu verunsichern.

Ende der 80er-Jahre setzte sich bei den Rundfunksendern immer mehr das sogenannte Formatdenken durch, zuerst bei NDR 2, wo der Kinderfunk angeblich die »Durchhörbarkeit«, also den Fluss des Programms, belastete. Klarer ausgedrückt: Die Kinder störten (wen wohl?) und sollten vom Haupt- in ein Nebenprogramm ausgelagert werden. Ich roch den Braten frühzeitig und setzte mich ab. Bei der Welle Nord konnte ich mich mit meiner Auffassung von musikalischer Bandbreite noch etwas länger behaupten, dann zogen aber auch dort mit neuen Köpfen neue Zeiten ein, die »Musikfarbe«, also die Palette der gespielten Lieder, wurde vor allem auf Schlager eingeengt, als »Zielgruppe« konsequent Menschen über 50 angepeilt. Man setzte das Interesse an regionalen journalistischen Themen mit dem Musikgeschmack der älteren Generation gleich, was ich nicht nachvollziehen konnte. Das war nicht mehr meine Radiowelt, weder als Hörer noch als Redakteur und Moderator. Ich verabschiedete mich schweren Herzens von meiner Leidenschaft, Radio zu machen, um mich wieder ganz auf die Musik zu konzentrieren. Sich in der von immer schärferem, quotenträchtigerem Formatdenken durchzogenen Radiowelt nicht selbst zu formatieren, war die Aufgabe der kommenden Jahre.

Eine Umbesetzung in der Schallplattenfirma Polydor brachte mir 1988 den Durchbruch als Künstler für Erwachsene. Mein Lied *Leben ist mehr* wurde aus dem Album *Wir wollen Sonne* ausgekoppelt und entwickelte sich zu einem Hit im Radio. Zu verdanken hatte ich das Hartmut Ganser, unter dessen Regie das Label Polyphon lief und der für mich einen schlagkräftigen Radiopromoter buchte. Nun konnte ich mit meinen Erwachsenen-Liedern hoffen, ein neues Publikum zu erreichen. So wurden Lieder wie *Achterbahn* und *Fahrt nur vorbei* vom Radio wahrgenommen und bildeten den Grundstock für meine späteren Abendkonzerte. Sich nicht von den Kindern abzuwenden, sondern ein Künstler für mehrere Generationen zu sein, das war mein Ziel, dem ich Jahr für Jahr nähergekommen bin, um »in mir selber zuhause zu sein«, wie Peter Horton es in einem Song so schön formuliert hat.

## Ehrungen und Auszeichnungen

Ehrungen und Auszeichnungen – ich weiß sie zu schätzen und bin dankbar für die Anerkennung. »Congratulations, Sir!«, das sagte 1997 Barry Gibb zu mir mit einem herzlichen Händedruck. Die Bee Gees hatten, so wie ich, die »Goldene Europa« der Europawelle Saar gewonnen (»Die Mutter aller Radio- und Fernsehpreise«). Zehn Jahre später durfte ich gemeinsam mit Nana Mouskouri (*Guten Morgen, Sonnenschein)* aus den Händen von Dieter Thomas Heck die Platin-Stimmgabel für das Lebenswerk annehmen. Die herzliche Umarmung mit Nana war für mich noch ein schöner Preis obendrauf. Es folgte im Februar 2008 ein A-cappella-Medley der Prinzen als Laudatio anlässlich der Verleihung des »Echo« für mein Lebenswerk, live gesungen. Das hatte Klasse und ging zu Herzen. Im Publikum saßen meine Frau und unsere drei Kinder, denen ich dankte: »In euren Kinderzimmern hat all das angefangen, es ist auch euer Preis.« Spontan sang ich mein Lied *Deutschland, deine Kinder*, wobei ich in ungewollte Tonhöhen geriet und den Melodiebogen gerade noch zu Ende brachte.

In der Radiolandschaft nahm in den 90er-Jahren die Entwicklung von klar definierten Formaten immer mehr zu. In der Regel spielte das Spektrum der Musik dabei die entscheidende Rolle. Reine Wortformate, wie sie heute die Info-Wellen bieten, gab es noch nicht. Ich musste beobachten, wie ich zunehmend dem Genre Schlager zugeordnet wurde. Mit Liedern aus meinem Erwachsenen-Repertoire wurde es aber nicht einfacher. Was davon der Kategorie Schlager nahekam, hatte eine Chance. Ich hatte dafür mit *Leben ist mehr* 1988 den Boden bereitet. *Lachende Augen*, *Sie leuchtet* und später *leiseStärke* fanden gelegentlich statt, aber es reichte nicht für eine »Heavy Rotation« (Titel, die mehrfach in der Woche gespielt werden). Ausnahmefall: *Ich liebe diese Stadt* auf der Hamburg-Welle des NDR (heute 90,3). Ein Musikredakteur des NDR in Hannover berichtete mir, dass mein Lied *Ich schaff das schon* im Archiv nicht mehr als Musik, sondern wegen der Intensität seiner Aussage als redaktioneller Beitrag gelistet war. Meinem erwachsenen Publikum bedeuteten aber gerade diese Lieder etwas, wie ich aus Zuschriften wusste. Sie zeigten mir, dass ich für die erwachsen gewordenen Kinder eine Art Lebensbegleiter geworden war.

Für Interview-Besuche sind die Schlagersender mir gegenüber immer offengeblieben, wenn es einen aktuellen Anlass gab, in der Regel war das die Präsentation eines neuen Albums. Sogar die Pop-Wellen fragten mich für Interviews an, nicht zuletzt, weil ihre Hörerschaft (inzwischen auch mancher Redakteur) mit meinen Liedern aufgewachsen ist oder inzwischen selbst Kinder hat. Ob bei solchen Senderbesuchen auch Lieder von mir in voller Länge gespielt wurden, steht auf einem anderen Blatt. Die Kulturredaktionen fragen bei mir an zu bestimmten gesellschaftlichen Themen wie Entwicklung von Kindern, zu Erziehungsfragen oder auch zum gelebten Brauchtum. Ich gehe darauf ein und freue mich, wenn in dem jeweiligen Zusammengang abweichend vom Sendeformat sogar ein Lied von mir gespielt wird. Der Themenkreis Weihnachten spielt dabei eine Sonderrolle. Mein Weihnachtsrepertoire wird ohnehin vielfach als formatübergreifend angesehen, allen Liedern voran die *Weihnachtsbäckerei*. Es gibt aber auch heute noch Sender, die musikalisch breiter aufgestellt sind. Bei diesen war ich besonders gern zu Gast. Dazu gehören die SR3-Saarlandwelle, der BRF in Eupen sowie einige Landeswellen der ARD.

Am 6. August 2005 ging ein Sender an den Start, mit dem sich eine besonders enge Zusammenarbeit entwickelte. Die wenigen heute noch vorhandenen Kinderfunksendungen der öffentlich-rechtlichen Sender, zu denen ich hin und wieder noch eingeladen werde, bekamen damit eine bundesweite Konkurrenz. Radio TEDDY nennt sich »das einzige Kinder- und Familien-Radio im Land«, und es darf sich meines Erachtens zu Recht damit schmücken. Je nach Tageszeit stehen hier die Kinder unterschiedlichen Alters oder auch die Eltern mit ihren Interessen und Fragen im Mittelpunkt und werden immer wieder auch interaktiv einbezogen. So konnte ich in Interviews und Sondersendungen zu verschiedenen Tageszeiten alle Facetten meines Repertoires einbringen wie bei keinem anderen Sender. Zum 40-jährigen Jubiläum meines Liedes *Du da im Radio* im April 2021 bereitete mir Radio TEDDY ein in der Radiowelt unvergleichliches Geschenk: Man richtete einen »Webchannel Rolf Zuckowski« ein, der rund um die Uhr mein Repertoire in seiner ganzen Bandbreite sendet, aufgelockert durch Wortbeiträge, die wir im Laufe von 15 Jahren gemeinsam erstellt haben. Da dieser Webchannel über das Internet weltweit zu hören ist, können nun auch Kinder und ihre Familien auf allen Kontinenten zu jeder Tageszeit Musik von mir hören, in einer oft überraschenden Zusammenstellung. Die Resonanz von Australien bis nach Lateinamerika macht mir große Freude, ich hätte auf den herkömmlichen Wegen mit CDs diese Zuhörerschaft nie erreicht.

Den Spagat zu wagen, hat sich gelohnt. Ich konnte mir in den »goldenen Jahren« des nicht durchformatierten Radios und des für Musikvielfalt offenen Fernsehens ein solides Fundament legen, um im rasanten Wandel der Medienwelt nicht unterzugehen. Der Schritt, 1985 ein Album mit Liedern für Erwachsene zu veröffentlichen und damit ein Künstler für die ganze Familie zu sein, befreite mich und brachte mich auf neue Wege in die Zukunft.

# 13 Von der Homepage zum Account

Was schlich sich da seit den 1990er-Jahren in unser Leben? Mein Bruder Hans-Peter, seinerzeit im Fernmeldebereich der Post tätig, sagte eines Tages zu mir: »Telefonzellen wird es bald kaum noch geben.« Ich wollte das nicht so recht glauben und hatte, wie wohl jeder von uns, immer ein paar Münzen zum Telefonieren in der Tasche. Mein Bruder behielt bekanntlich recht. Die Digitalisierung, das Internet, drangen in den Alltag ein, zunächst geschäftlich, dann immer mehr auch privat, anfangs mit kleinen Schritten, dann mit erstaunlichen, teils erschreckenden Sprüngen. Heute ist das Internet allgegenwärtig und längst auch für die Musikwelt die dominante Kraft im Ringen um Aufmerksamkeit und Erfolg. Die Geschichte des Fernsehens ist gewiss noch nicht zu Ende geschrieben. Längst mit dem Internet verbündet, hat es aber in der herkömmlichen Verbreitungsform für viele Menschen nicht mehr die Strahlkraft, von der ich in den über 40 Jahren seit meinem ersten Auftritt in der »Aktuellen Schaubude« oft profitieren konnte. Mit einer intensiven und dauerhaften Präsenz im Rundfunk, wie sie heute nicht mehr denkbar ist, darf ich diese Zeitspanne wohl tatsächlich als meine »goldenen« Jahre bezeichnen. Kein Künstler im Bereich Kind und Familie kann heute ähnliche Strukturen nutzen und dadurch so viele Menschen erreichen.

Die in den 90er-Jahren aufkommenden Möglichkeiten, sich über das Internet schnell und individuell zu informieren, sehr bald auch schon mit handlichen Geräten wie dem Nokia 9000 Communicator, der bereits E-Mail-fähig war, führten mich zu meinem Lied *Alle wissen alles, keiner weiß Bescheid.* Eine frühe Frucht der Jahre des digitalen Aufbruchs, heute aktueller denn je, geschrieben in Arosa 1995 innerhalb einer kleinen, der Physiotherapie meiner Gelenke gewidmeten Auszeit. Ich ahnte, wohin die digitale Reise gehen würde, hatte allerdings, wie die meisten Normalverbraucher, keine Ahnung, mit welcher Geschwindigkeit und in welchen Dimensionen sich die Entwicklung vollziehen würde. Eine Zeile aus diesem Lied geht mir noch heute durch den Kopf: »Lehrer oder Schüler, Stratege oder Spieler, wo blieb der kleine, feine Unterschied?« Sie drückt viel von dem Wandel aus, der auch die Schule und die Familien ergriffen hat, und der kein Ende zu nehmen scheint.

August 2000. Der Start meiner Tour die Elbe hinauf war die optimale Zeit, mit einem eigenen Internet-Auftritt, einer noch recht übersichtlichen Homepage, an den Start zu gehen. Meine Schallplattenfirma hatte die Zeichen der Zeit für den Pop-Bereich erkannt und stellte nun auch mir als Eltern-Kind-Künstler einen Etat für professionelle Internetaktivitäten zur Verfügung. So konnte ich unmittelbar von den vielen Chor-Begegnungen berichten, die ich von Cuxhaven bis nach Mĕlník angebahnt hatte. Es gab eine weit gefächerte und sehr erfreuliche Berichterstattung im Rundfunk und im Fernsehen sowie in der regionalen Presse. Auf der eigenen Internet-Seite www.musik-fuer-dich.de berichteten wir direkt und detailliert, konnten ganz persönliche Blickwinkel auf die Ereignisse einbringen und gezielt für Produkte, CDs, Noten usw. werben. Wir lernten in diesem digitalen Neuland jeden Tag etwas dazu, auch durch die unmittelbaren Publikumsreaktionen im digitalen Gästebuch. Damit war die Tür in eine Sphäre aufgestoßen, die sich heute als Social Media aus unseren Aktivitäten zur Information und Werbung nicht mehr wegdenken lässt.

Der nächste Schritt kam allerdings erst zehn Jahre später, denn ich war etwas zögerlich, wie viel Energie ich in diese informationshungrige und reaktionsschnelle Sphäre einbringen sollte. Am 3. August 2011 starteten wir unseren Facebook-Account »Rolf Zuckowski – Musik für Dich«. In der Zwischenzeit hatte unsere Website mehrere Relaunches erfahren, die ich zunächst eher lästig fand, weil Gewohntes und Vertrautes immer wieder neugestaltet wurde. Ich selbst hatte inzwischen wohl mein drittes iPhone und mich daran gewöhnt, die Kamera zu nutzen, um Erlebtes zu filmen und von unterwegs Beiträge zu verfassen, die ich, je nach Anlass und Aktualität, auch selbst postete. Mein Account ist immer ein professioneller geblieben, inzwischen mit viel Knowhow betreut von Carina Kaiser-Andersen. Eine Ahnung davon, welches Ausmaß an Kommunikation dadurch auf mich zukommen würde, hielt mich – möglicherweise zur Enttäuschung einiger Follower – davon ab, Freundschaftsanfragen anzunehmen. Kommentare zu meinen Posts waren aber immer möglich und wurden auch meist individuell von mir beantwortet. In Phasen besonders vieler Aktivitäten war und ist mir so viel persönliche Zuwendung allerdings nicht möglich.

Die nächste Etappe zeichnete sich bald ab. Wir waren inzwischen in der Lage, mit Hilfe meines Labels und seines künstlerischen Mutterhauses Universal Music eigene Musikvideos zu produzieren. Diese zu platzieren, war auf Facebook möglich, aber es galt bald schon, eine andere Erwartungshaltung zu berücksichtigen und damit auch neue Chancen der Verbreitung zu nutzen. YouTube hieß das Zauberwort. Als wir dort im April 2014 unseren Kanal »Rolf Zuckowski – Musik für Dich« eröffneten, waren längst diverse Videos mit mich betreffenden Inhalten von anderen Usern hochgeladen worden. Ich konnte darauf kaum Einfluss nehmen, habe nur in Einzelfällen mit Hilfe meines Musikverlages Videos sperren lassen, wenn ich sie als deutliche Verletzung meiner Urheber- oder Persönlichkeitsrechte empfand. Es ist allerdings bei der großen Menge an Videos, die nahezu täglich hinzukommen, praktisch unmöglich, die Kontrolle zu behalten. Die Rechtslage ist, vor allem nach dem neuen Verwertungsgesellschaftsgesetz von 2021, bezüglich der Verantwortlichkeit der Betreiber von Upload-Plattformen zum Glück eindeutig zu Gunsten der Autoren geregelt. Satirische, kabarettistische Verfremdungen müssen wir akzeptieren bzw. dulden, weil sie dem in der Verfassung festgelegten hohen Gut der Freiheit der Kunst unterliegen. Auch wenn das manchmal an die Schmerzgrenze geht. Wenn aus der *Weihnachtsbäckerei* eine blutbesudelte Weihnachtsmetzgerei wird, ist meine Humortoleranz eigentlich überschritten.

Ein nächster Schritt in die Welt der Social Media erfolgte nach langem Zögern 2018 mit dem Account »der_wahre_rolf_zuckowski« bei Instagram. Ich entschied mich für diesen etwas umständlichen Namen, weil es ärgerlicherweise immer wieder Fake-Accounts gab und gibt, bei denen mein Name benutzt wird. Dass dies wirklich mein Account ist, erkennt man an der Verifizierung mit einem blauen Häkchen. Diese Plattform war zunächst extrem bildorientiert (sie ist es im Vergleich zu Facebook immer noch) und bot mir darum wenig Ansatzpunkte für eine Präsenz, die meinem musikalischen Schaffen gerecht werden konnte.

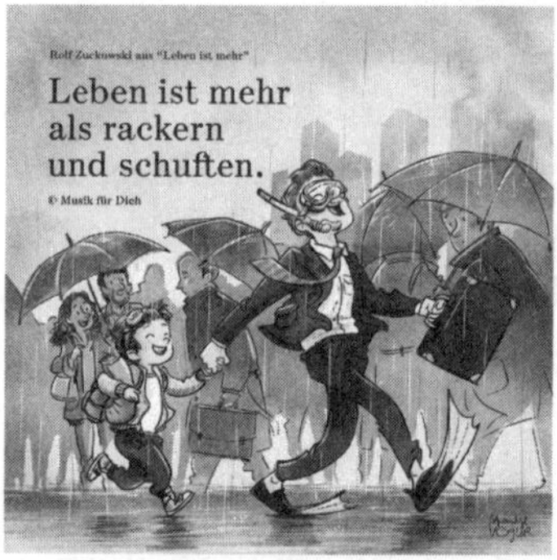


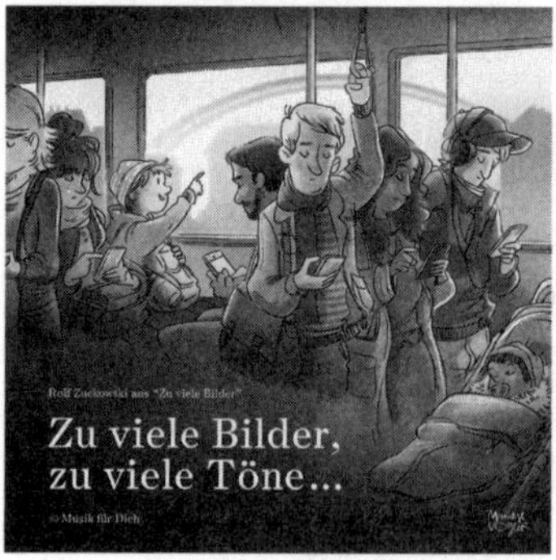


Der entscheidende Türöffner bot sich hier aber mit den Illustrationen von Mareikje Vogler. Ihre Bilder sprühen einerseits vor Lebenslust, hinterfragen aber auch den Zeitgeist. Damit war der Zugang zu dieser Social-Media-Plattform für mich geöffnet. Eine Serie von Illustrationen in Mareikjes liebevoll karikaturistischem Stil trug uns durch den Advent 2018 und wir setzten sie danach in lockeren Abständen fort.

Die Möglichkeiten, den Instagram-Account zu nutzen, wurden immer vielfältiger. Wort-Bild-Beiträge verschiedener Art, seit dem August 2019 auch verbunden mit Musikzuspielungen (IGTV-Videos), erweiterten die Möglichkeit, für neue CDs oder Musikprojekte zu werben. Damit war eine echte Alternative zu Fernsehsendungen geschaffen, mit steigenden Wahrnehmungszahlen. Diese erfuhren einen enormen Schub in den frühen Monaten des Lockdowns in der Corona-Pandemie. Ich begann im März 2020 aus meinem »Dachstübchen« heraus die Entstehungsgeschichten meiner Lieder zu erzählen und regte in diesem Zusammenhang zu einem kreativen Umgang mit den Texten und in den Liedern schlummernden Beschäftigungsideen an. Mit dem Dachstübchen kehrte ich zurück an die Stätte meiner frühen Jahre als Songwriter. Dort, hoch über der Elbe, hatte ich meine ersten Demo-Aufnahmen gemacht.

YouTube hat sich seit 2014 zur bekanntesten Social-Media-Plattform für Musik entwickelt. Ich bin dort auf meinem Kanal der professionell von Miriam Willer betreut wird mit über 300.000 Abonnenten aktiv. Miriam hat meinen Facebook- und Instagram-Account aufgebaut und ist nun auch meine Redakteurin für unsere Homepage und die großen Streaming-Plattformen wie Spotify. In der Verknüpfung all der verschiedenen Plattformen und Streaming-Dienste bietet sich heute für mich, wie für die meisten Musikkünstler, ein Weg zu einer breiten, oft spontanen, aber auch nachhaltigen Wahrnehmung. Ich kann in dieses Wirkungsfeld immer noch viele kreative Impulse geben, bin aber auf das Knowhow meines jungen Teams und meiner Schallplattenfirma angewiesen.

Worin bestehen solche Impulse? Inhaltich und stimmungsvoll zusammengestellte Streaming-Playlists können wirkungsvoll sein. Oft sind es aber auch Musik-Bild-Kombinationen, sei es zu bewegten oder stehenden Bildern, die sich zum Beispiel aus der Zusammenarbeit mit anderen Künstlern ergeben. Daraus können kurze Sequenzen oder auch ganze Musikvideos entstehen. Meine Illustratorinnen haben mir dafür viele Möglichkeiten eröffnet. Es können aber auch künstlerische Gemeinsamkeiten rund um die Bühne oder das Studio sein oder einfach Alltagserlebnisse, die ich in einem kurzen Handy-Film festhalte. Ich habe mir allerdings schnell wieder abgewöhnt, wie ein Reporter durchs eigene Leben zu rasen und ständig nach Gelegenheiten für einen Videobericht zu suchen. Im Zweifelsfall leidet das wirkliche Erleben durch die Dauerpräsenz einer Kamera, und die ist ja heute im Handy immer verfügbar.

Ein Wort zu TikTok: Auf fürsorgliches Drängen meiner Plattenfirma habe ich nach längerem Zögern im Dezember 2020 mit zwei kleinen weihnachtlichen Beiträgen von 30 und 15 Sekunden Dauer einen Versuch auf diesem audio-visuellen Tummelplatz gestartet. Die Resonanz war überwältigend. Dennoch kam mein Zögern schnell zurück. Was sollte ich in diesem extrem effekt- und bildorientierten Kurzformat auf Dauer anbieten? Ich ließ die Sache darum auf sich beruhen. Der Zufall wollte es, dass sich bald eine neue Idee anbot. Die Illustratorin Sarah Settgast, mit der ich das Pappbilderbuch *Rolfs Liedergeheimnisse* und das Video *Überall ist Wunderland* erarbeitet hatte, zeigte mir im Februar 2021 eine Streichholzschachtel, in die sie ein dreidimensionales Motiv hineingearbeitet hatte, wie ein Miniatur-Bühnenbild. Das brachte mich auf die Idee, solche Miniaturen zu Szenen aus meinen Liedern herzustellen, jeweils mit der entsprechenden Musik unterlegt und mit einem Augenzwinkern, aber ohne Worte präsentiert. Sarah sprang sofort auf diese Idee an, und wir starteten Anfang März mit unserer kleinen TikTok-Serie. Wieder war die Resonanz gut. Ich war beeindruckt, nicht zuletzt wegen der kurzen, aber durchweg herzlichen Kommentare einer jugendlichen Zielgruppe (»Der Held meiner Kindheit ist wieder da«). Die gewählten Motive waren nicht aus typischen Kinderliedern entnommen, denn für mich scheint TikTok wegen seiner vielen recht grenzwertigen Inhalte für Kinder ungeeignet. Themen wie *Manchmal wär ich gerne wieder klein* oder *Ich glaub, ich hab dich lieb* schienen mir angebrachter. Wir veröffentlichten die Beiträge zeitgleich auch bei Instagram und Facebook, um eine größere Reichweite zu erzielen. Wenn man sich die Hintergrund-Nutzungsdaten bei TikTok anschaut, sieht man recht klar, wie ernüchternd kurz die durchschnittliche Verweildauer der Betrachter ist. Meine Inhalte sind nun mal nicht sensationell. Mein Vorrat an nicht-kindlichen Liedausschnitten, die der TikTok-Community

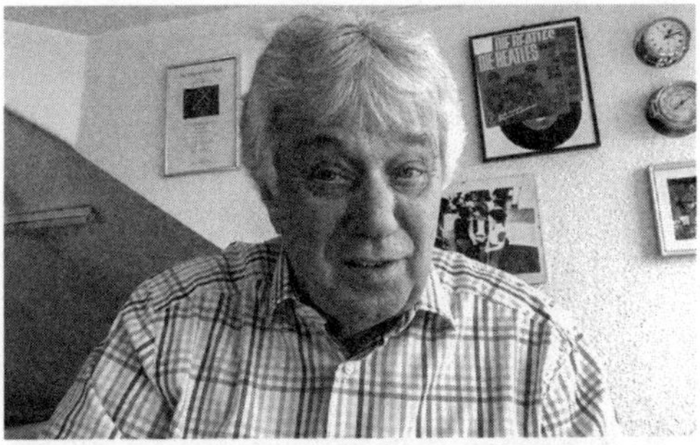

Blick in mein Dachstübchen, aus dem heraus ich seit März 2020 viele Liedergeschichten erzählt habe. Im Hintergrund Erinnerungen aus fünf Jahrzehnten.

gefallen könnten, ist begrenzt. Darum scheint mir meine Zukunft auf diesem Tummelplatz ungewiss.

Wohin uns der Weg in die audio-visuelle Digitalisierung noch führt, wird sich zeigen. Offenbar hat hier nur der Wandel Beständigkeit, und der vollzieht sich immer schneller. Wie gut, dass man meine Lieder auch »einfach nur so« singen und musizieren kann. Diese Gewissheit erfüllt mich mit Zuversicht.

# 14
# Und immer wieder Weihnachten

Seit 1982 fängt die Weihnachtszeit für mich bereits im Sommer an. In Cap Breton an der französischen Atlantikküste beobachtete ich meine Frau, wie sie mit unseren beiden Kindern im Sand buddelte und in die Fluten hüpfte, während ich hoch über der Strandstraße auf dem Balkon unseres Hotelzimmers Weihnachtslieder schrieb. Einige Ideen und Skizzen waren im Advent zuvor entstanden, die Ausführung und Vertonung aber waren mein Sommerferienvergnügen. Die Franzosen auf den Nachbarbalkons haben sich hoffentlich von meiner Weihnachtsstimmung nicht irritieren lassen. Gleich nach der Heimkehr ging es bei immer noch sommerlichen Temperaturen in Hamburg ins Polydor-Tonstudio. Wir studierten die stimmungsvollen Arrangements von John O'Brien Docker ein und zündeten uns in Gedanken eine Kerze an. Nach den Instrumentalaufnahmen sangen wir unter dem nun etablierten Namen »Rolf und seine Freunde« die Lieder des neuen Albums ein, dem ich schließlich den Titel *Wir warten auf Weihnachten* gab. Wir besangen die kindliche Erwartungsfreude zwischen Adventskalender, Nikolaus, Weihnachtsmann und Christkind neben einigen nachdenklichen Tönen.

So sollte es von nun an alle Jahre wieder sein. Im Sommer wurden Weihnachtsalben aufgenommen sowie Weihnachtskonzerte und adventliche Fernsehshows vorbereitet. Man kann sich daran gewöhnen, das Fest leidet nicht darunter; es leidet eher unter einer zu späten Vorbereitung und daraus entstehender Hektik.

Kleine Rückblende: Die gute Erfahrung mit dem internationalen Album »Weihnachten-Noël-Natale« meiner Schweizer Freunde Peter, Sue & Marc, das seit seinem Erscheinen im Winter 1975 in unserer Familie zur Einstimmung auf das Weihnachtsfest dazugehörte, hatte mir Mut gemacht, selbst auch neue vorweihnachtliche Lieder zu schreiben. Ich tat das der damals bei den Plattenfirmen vorherrschenden Meinung zum Trotz, dass die Leute doch nur die »vertrauten alten« Weihnachtslieder hören wollen. Die Vorfreude der Kinder, die sich öffnenden Herzen der Erwachsenen und das engere Zusammenrücken der Familien im Advent, ließen bei mir die Ideen jedoch nur so sprudeln. So waren bereits im Winter 1976 meine ersten eigenen Weihnachtslieder entstanden: auf Plattdeutsch, geschrieben für die Finkwarder Speeldeel. Ihre 1978 bei Polydor veröffentlichte LP »Advent an de Waterkant« war in Norddeutschland bei Jung und Alt sehr beliebt. Die Speeldeel-Adventskonzerte, bei denen ich über viele Jahre mit vollem Herzen auf der Bühne mitwirkte, nahmen 1979 ihren Anfang in der Laeiszhalle. 1987 wechselte die Gruppe hinüber in das CCH, unser Hamburger Kongress-Zentrum. Hier brachte ich mit der Lütt Speeldeel auch zum ersten Mal, und dann viele Jahre wieder, meine *Weihnachtsbäckerei* auf die Bühne, die ich zuvor als »Rolf und seine Freunde« bei »Wetten, dass..?« uraufgeführt hatte.

So erklangen nun in unserem Haus ab dem ersten Advent neue Weihnachtslieder auf Englisch, Französisch, Italienisch – und op Platt. Einzelne Lieder von Peter, Sue & Marc (»Was bringt der Dezember?«) sowie der Finkwarder Speeldeel (»Höchste Zeit« und »Weihnacht, was bist du?«) flossen in meiner hochdeutschen Übersetzung dann auch in das Album *Wir warten auf Weihnachten* ein. Dass dieses Warten für die Kinder nicht nur die Zeit der Geheimnisse, der Krippenspiele, des Singens und Bastelns ist, sondern auch die des Backens, lag im wahrsten Sinne des Wortes in der Luft. Es dauerte aber noch einige Jahre, bis mir dazu ein Licht aufging.

Die hochdeutsche Version des lausbübischen Speeldeel-Liedes »Lebe gode Wiehnachtsmann« hatte uns im Dezember 1982 (zehn

Monate nach … *und ganz doll mich*) unseren zweiten Auftritt in Frank Elstners »Wetten, dass..?« in der Hagener Stadthalle verschafft. Fünf Jahre später konnten wir diesen Erfolg noch toppen. Wir durften in der nun von Thomas Gottschalk präsentieren Show unser Lied *In der Weihnachtsbäckerei* singen. Dabei profitierten wir ein wenig von einem Problem, das die Redaktion und Thomas Gottschalk zuvor mit dem Auftritt von Cher und Anita Ekberg in der Sendung hatten. Beide Stars waren in recht gewagten schwarzen Kleidchen und Dessous erschienen und provozierten damit einen Aufreger in der Boulevard-Presse. »›Wetten, dass..?‹ kann man mit Kindern nicht mehr schauen«, so und ähnlich lauteten die Schlagzeilen. Kurz darauf läutete mein Telefon. Die ZDF-Redaktion fragte an, ob wir unseren kurz vor Weihnachten vorgesehenen Auftritt nicht schon in der ersten Adventswoche absolvieren könnten. Man wolle dem Publikum zeigen, dass die Samstagabend-Show durchaus noch familiengerecht sei. Ich zögerte nicht, machte mich mit meinen Mitsingkindern auf den Weg nach Saarbrücken, und Thomas Gottschalk begrüßte uns in der Stadthalle beim Gang zur Bühne mit den Worten: »Da kommt ja mein Retter!« Durch den vorgezogenen Auftritt konnte sich unsere *Weihnachtsbäckerei* über den ganzen Advent 1987 zu einem richtigen Hit entwickeln. Die Inszenierung des uns seit … *und ganz doll mich* vertrauten Regisseurs Sascha Arnz trug wesentlich dazu bei und wurde zum Vorbild für viele weitere TV-Auftritte der folgenden Jahre.

Mit dem Erfolg des Liedes im Dezember 1987 vermehrten sich die Anfragen nach Fernsehsendungen enorm. Die Kehrseite war, dass von der ohnehin immer viel zu kurzen Adventszeit jetzt noch weniger Tage für die eigene Familie übrigblieben – ein Balanceakt zwischen Beruf und Privatleben, den wir danach jedes Jahr aufs Neue vollführen mussten. Dass meine eigenen Kinder bei den großen Fernsehshows oft dabei sein konnten, dass wir dafür mehrfach aus dem verregneten Hamburg ins weiße Winterwunderland der Berge reisen durften und dass meine Frau ab und zu auch dabei war, konnte meine Schuldgefühle ein wenig abmildern.

*In der Weihnachtsbäckerei* gilt seit jener Zeit als mein »Markenzeichen« im Advent. Darüber hinaus wurde jedoch mit anderen neuen Liedern die Tür zu einer beseelten Melodienwelt für mich aufgestoßen und damit die Möglichkeit, mich vielen Familien in den Stunden der Vorfreude auf das Fest verbunden zu fühlen. Ich bin mir heute sicher, dass diese weihnachtliche Verbundenheit die Beziehung zwischen mir und meinem Mehr-Generationen-Publikum sehr gestärkt hat.

Aus dem Weihnachtsrepertoire ergaben sich auch auf der Bühne neue Perspektiven für mich. Dazu trug bei diesen Konzerten Michael Gundlach an der Yamaha-Orgel bei, der die komplexen Studio-Arrangements in genialer Weise auf sein Instrument übertrug und mir somit ersparte, eine Band oder gar ein ganzes Orchester mit auf Reisen zu nehmen. So blieb auf der Bühne immer genug Platz für einen Kinderchor (immer aus der jeweiligen Region) und spielerische Szenen mit Adventsbräuchen und Winterfreuden. Den Unterschied zwischen Nikolaus und Weihnachtsmann herauszufinden, war für die Kinder ebenso spannend wie das musikalische Öffnen der Türchen im Adventskalender oder ein Auftritt als Weihnachtsengel beim Krippenspiel. Dass in diesen Bühnenkonzerten zunächst die besinnlicheren Momente die Ausnahme waren, widersprach zwar meinen erwachsenen Vorstellungen vom Weihnachtsfest, aber ich spürte die Freude der Kinder und freute mich mit ihnen. Auf dem Album *Winterkinder* (1987) setzten wir aber auch neue Zeichen: Das Lied *Wär uns der Himmel immer so nah* war wie ein Vorbote für die weihnachtliche Hymne *Mitten in der Nacht*, das Herzstück des späteren Albums *Stille Nächte – helles Licht*. Heute zählen diese Lieder bei vielen Erwachsenen zu den wichtigsten Liedern meines Repertoires in der Weihnachtszeit.

Dem Album *Winterkinder* gab ich den Untertitel *Auf der Suche nach Weihnachten*. Diese Suche hatte für mich eigentlich schon 1978 mit dem Schreiben des Liedes *Wiehnacht, wat büst du?* für die Finkwarder Speeldeel begonnen. Auf die *Winterkinder* folgten 1993 die *Dezemberträume*, wieder ein zwischen kindlichen und erwachsenen Stimmungen pendelndes Familienalbum, zu dem auch die ehemaligen Weihnachtsbäckerei-Kinder, nun als Jugendliche, ihren Teil beitrugen. Was mir schon bei meinen ersten beiden Weihnachtsalben wichtig gewesen war, nämlich die Belebung des traditionellen weihnachtlichen Liedgutes, vertiefte ich mit weiteren Aufnahmen aus dem Schatz meiner gesammelten Weihnachtsliederbücher. Auch das waren für mich Schritte »auf der Suche nach Weihnachten«. Eine Wegmarke dieser Suche setzte auf dem Album *Dezemberträume* die textliche Erweiterung des traditionellen Liedes *Fröhliche Weihnacht überall* mit einem deutlichen Fragezeichen hinter dem Wort »überall« und neuen Strophen über Menschen, die das Fest nicht oder anders feiern als wir. Nach der großen Zuwanderungswelle der Jahre 2015/2016 bekam diese Strophe ein neues Gewicht und klang aktueller denn je.

Auf meinem vierten Weihnachtsalbum *Stille Nächte – helles Licht*, das ich 1996 einem erwachsenen Publikum widmete, singe ich in dem Lied *Weihnachten* die Worte: »Unser Leben wandelt sich, finden und verlieren dich, Weihnachten, Weihnachten, du bleibst uns treu.« In manchen Jahren scheint uns der Heilige Abend zum Himmel hinaufzuheben, in anderen Zeiten können wir ihn emotional kaum ertragen, und doch wollen wir das Weihnachtsfest nicht aufgeben. Es gibt uns auch in seinem Wandel noch Halt, wie eine »Insel im Strom der Zeit«.

Im Jahr 2010 rundete sich der Bogen meines weihnachtlichen Liedschaffens, das seinen ersten Impuls 1975 mit dem Trio Peter, Sue & Marc bekommen hatte. Ich erarbeitete gemeinsam mit meinem Schweizer Freund Peter Reber in seinem Privathaus in Bern und mit Graubündner Kindern aus dem Prättigau in der Frauenkirche bei Davos das Album *Sehnsucht nach Weihnachten*. Peters Tochter Nina und meine Tochter Anuschka spielten bei der Interpretation unserer Lieder eine tragende Rolle. Waren schon ihre Solobeiträge warm und intensiv, so zeigte sich in Duetten und Quartetten, dass sich die Stimmen aus beiden Familien wunderbar ergänzten. Peters großer weihnachtlicher Melodienschatz, der in der Schweiz bereits zum Volksgut zählte, wurde in meinen Übersetzungen und seinen Aufnahmen zur Grundlage dieses Albums, einem Musikhörspiel für den Nachmittag des Heiligen Abends. Ein gemeinsamer Auftritt mit *Kommt, wir wolln ein Licht anzünden* im »Adventsfest der 100.000 Lichter« trug dazu bei, dass Peters Lieder nun auch in Deutschland populär wurden.

Es scheint fast so, dass die Weihnachtszeit mich zu immer neuen Höhenflügen, aber auch Wagnissen einlädt. Eines davon wurde die Zusammenarbeit mit zwei eigenständigen A-cappella-Ensembles aus Lettland und Franken, den Latvian Voices und Viva Voce im Jahr 2014. Beide Ensembles hatten mich zuvor unabhängig voneinander gefragt, ob ich etwas dazu beitragen könnte, sie in Deutschland über ihre bereits vorhandene regionale Popularität hinaus voranzubringen. Mir kam schnell der Gedanke, mit den sieben Frauen und fünf Männern ein gemeinsames Album zu erarbeiten, und der Themenkreis Weihnachten schien mir dafür besonders geeignet. Passende Lieder fanden sich schnell. Es war mir eine Freude, einige meiner Lieder in ganz neuem Gewand zu hören, andere gehörten zum bewährten Adventsrepertoire der beiden Ensembles. Die Arrangements und die Musikproduktion zu realisieren, erforderte dagegen einigen Mut, neue Wege zu gehen. Wir trafen uns im Advent 2013 in unserem Wochenendhaus hinter dem Elbdeich und machten daraus unser A-cappella-Weihnachtscamp, geleitet von Tim Jäkel aus Erfurt, der sensible und klangvolle Vokal-Arrangements erstellt hatte. Ich war fasziniert, wie selbstverständlich die jungen Leute ihre gesanglichen Parts von Tablet-Computern ablasen und alle sich ergebenden Veränderungen individuell und

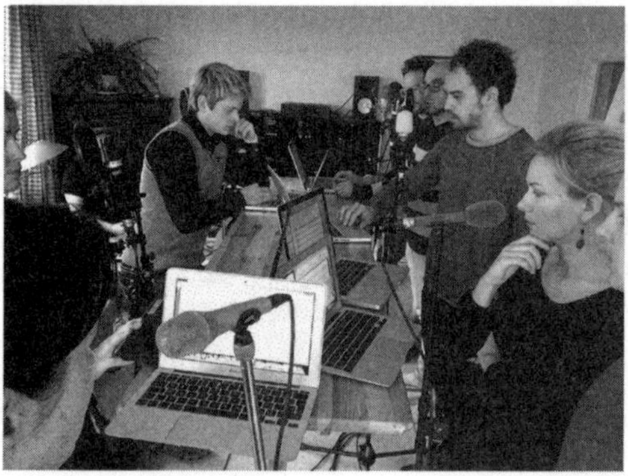

direkt in das Notenbild eintrugen. So hörte man schon in den Demo-Aufnahmen kein Geräusch vom Umblättern der Noten. Ich selbst brauchte einige Jahre, bis ich auf ähnliche Weise mein Programm auf der Bühne des Hamburger Planetariums von einem unauffälligen schwarzen iPad ablesen konnte. Für die Tonaufnahmen des A-cappella-Albums buchten wir im Januar 2014 ein für die Latvian Voices bewährtes Studio in Riga. Für die Anbahnung dieser Zusammenarbeit hatte ich die erfahrene Verbindungsfrau zwischen Deutschland und Lettland Francine Rohlffs an meiner Seite. So lernte ich im Sommer zuvor durch ihre Kontakte vor Ort viel über die Befindlichkeit der Letten, die nach zwei langen Besatzungszeiten durch Deutschland und die Sowjetunion mit ihrer »singenden Revolution« 1990 unabhängig geworden waren. Ich erlebte das in Lettland alle fünf Jahre stattfindende große Gesangs- und Tanzfest mit einem nicht enden wollenden Umzug von Chören und Tanzgruppen durch Riga. Ich konnte am nicht dunkel werdenden nordischen Abend in einem speziell für die Singfeste gebauten Stadion miterleben, wie die lettische Liedertradition mit 20.000 Aktiven und nicht weniger Zuhörenden von Generation zu Generation weitergegeben wurde. All das hat Lettland für mich unvergesslich gemacht. Mein Herz schlug wieder mal für eines der kleinen Länder, die in einer Welt der großen, dominierenden Staaten um ihre Identität und Unabhängigkeit ringen, die darum auch kein Problem damit haben, ihr Nationalgefühl singend und tanzend zu zelebrieren.

Nach den Tonaufnahmen im Januar ging es zurück in die Heimat, und in der Nordheide folgte das aufwändige Mixen der Tonspuren im Grassgroof Studio von Christoph Leiss-Bendorff. Das Album zu veröffentlichen war keine Selbstverständlichkeit. Bei der Plattenfirma Electrola hatte man einige Zweifel am kommerziellen Potenzial (die sich leider über die Jahre als berechtigt erweisen sollten). Jörg Hellwig (mein Polydor-Partner der »Rolf und seine Freunde«-Jahre) erkannte mein Herzensanliegen, und da ich einige Türen in Richtung Radio und Fernsehen durch persönliche Kontakte öffnen und mit konkreten Tourneeperspektiven locken konnte, sagte er der Veröffentlichung zu. Nach anfänglich schneller positiver Resonanz, inklusive Platz 1 in den deutschen konservativen Radio-Charts mit unserer Version des US-Titels *Silver Bells,* konnten wir ein Medley aus dem Album wiederum im »Adventsfest der 100.000 Lieder« präsentieren. Es folgten einige gemeinsame Live-Auftritte der beiden Ensembles, die aber leider keine Fortsetzung fanden. Es erwies sich als zu kompliziert, die Gruppen über eine so weite Entfernung zu koordinieren. Ihr Album »Zeit der Wunder« klingt darum heute für mich wie ein verlorener Traum, der aber im Advent unbedingt zur Einstimmung auf das Fest dazugehört. Die Stunden der gemeinsamen Arbeit an den Liedern mit den zwölf charismatischen jungen Leuten zählen zu meinen kostbarsten künstlerischen Erfahrungen.

Der bescheidene Erfolg mit dem A-cappella-Album entmutigte mich jedoch nicht. Meine Weihnachtsträume waren noch nicht ausgeträumt. Schon länger hatte ich die Idee vom Zusammenführen meiner Erwachsenen-Weihnachtslieder mit kindlichen Erinnerungen. Sie führte mich durch einen Tipp des Klavier-Virtuosen Joja Wendt zu Martin Tingvall, einem in der Jazz-Szene beheimateten schwedischen Pianisten. Ihm schlug ich vor, meine »Kinder-Klassiker«, allen voran die *Weihnachtsbäckerei,* neu zu interpretieren. An unserem häuslichen Klavier entstanden die ersten Improvisationen, an denen ich schnell erkannte, dass Martin der richtige Mann für dieses Experiment war. Er rief mich nach unserer ersten gemeinsamen Findungssession spät abends an: »Ich bin ganz erfüllt von unseren Stimmungen am Klavier und habe spontan ein neues Lied für dich komponiert.« Er spielte mir seine taufrische Komposition durchs Telefon vor. Am nächsten Tag hörte ich seine Aufnahme mit dem Kopfhörer und war sofort wieder in der vertrauten Stimmung »Auf der Suche nach Weihnachten«. Seit dieses Lied 1987 erschienen war, hatte ich viele Gespräche mit Menschen geführt, die ihre individuellen Schwierigkeiten mit dem Fest hatten. Dazu zählten auch zwei Paare aus unserem engen Freundeskreis, die alljährlich als »Weihnachtsflüchtlinge« nach Südostasien reisten. *Versuch's noch mal mit Weihnachten* kam mir als Textzeile in den Sinn, aber eine Vertonung der ganzen Melodie wollte mir nicht gelingen. So entstand ein Gedicht mit der Untermalung durch die Komposition von Martin Tingvall und einem Streicher-Arrangement von Werner Becker, der die ganze CD-Produktion als Arrangeur betreute.

Dieses Liedgedicht sollte zum Weihnachtsfest 2020 eine neue Bedeutung und Tiefe erhalten. Wegen der Corona-Pandemie konnten viele Familien Weihnachten nicht wie gewohnt feiern, und es breiteten sich neue Zweifel aus, was nun aus dem Fest werden sollte. Die Abendkonzerte »Wär uns der Himmel immer so nah« im Hamburger Planetarium eröffnete ich darum jeweils mit *Versuch's nochmal mit Weihnachten*. Mit unserer Band, in der außer Michael Gundlach am Keyboard, Dieter Faber an der Gitarre und meinem Sohn Alexander am Bass auch die Flötistin Katie Zahn mitwirkte, spielten wir 2018 und 2019 jeweils fünf Konzerte. Meine Tochter sang solo und mit mir im Duett und zeigte, dass sie auch als Moderatorin den richtigen Ton trifft. Die traumhaften Projektionen in die Kuppel des Sternensaals halfen uns, eine Video-Aufzeichnung zu realisieren, die als Stream ein großes Publikum erreichte und 2021 als DVD erschien.

Auf die oft gestellte Frage, warum mich Weihnachten auf immer neue Art inspiriert und bewegt, finde ich keine klare Antwort. Es muss viel mit unserer Familie zu tun haben, deren Zusammenhalt im Advent und an den Weihnachtstagen in der geschmückten Wohnung und im Kerzenschein besonders spürbar wird. Die Musik trägt alle Jahre wieder zu diesem tiefen Gefühl der Geborgenheit bei. Das allein kann es aber nicht sein. Der Glaube an etwas Höheres kommt hinzu, für das ich nur schwer Worte finde. Wir sind in unserer Familie nicht tiefreligiös, aber das Bild des Kindes in der Krippe, die Botschaft, dass Gott in dieser Hilflosigkeit als Mensch zu uns kommt, berührt unsere Herzen. Im Kleinen ist das Große angelegt, es macht uns ehrfürchtig und lehrt uns, an Wunder zu glauben, und wir dürfen sogar selbst wieder zum Kind werden.

# Meine Liedergeschichten 2000 bis 2012

## *Fahrt nur vorbei*

Die Ruhe selbst habe ich in einem Büchlein gefunden, das mir Ende der 80er-Jahre eine Nonne bei einem pädagogischen Seminar für Erzieherinnen in der Rhön schenkte, ein selbst gemachtes Miniaturbuch über das Wesen des Löwenzahns. Weil der Löwenzahn so gewöhnlich ist und so zahlreich vorkommt, wird er von vielen Menschen in seiner Besonderheit nicht wahrgenommen. Leider ist mir das Büchlein – es war wirklich mini – abhandengekommen. Aber die Botschaft sitzt noch immer: Tiefe Wurzeln schlagen, nie allein sein, immer als Familie auftreten; sich verändern, wie der Plan des Lebens es will, von der zarten Knospe über die leuchtende Blüte zur Pusteblume werden, die die Kinder lieben und deren Fallschirme der Wind mitnimmt; irgendwo anders neues Leben ermöglichen, ebenso verwurzelt und standhaft. Es dauerte ein Jahrzehnt, dann wurde ein Lied daraus. Auf einer Fahrt mit meinem Wohnmobil vom holländischen Harlingen, wo ich direkt am Hafenbecken übernachtet hatte, zurück nach Hamburg kam ich auf den ostfriesischen Landstraßen an ungezählten, am Straßenrand frisch erblühten Löwenzähnen vorbei. Mit jedem Kilometer wuchs das Lied *Fahrt nur vorbei* in mir heran. Da die Melodie in meinem Kopf nach einigen Akkorden verlangte, machte ich mehrmals Halt, um nach der Gitarre zu greifen. Veröffentlicht ist das Lied auf dem Album *Kinder werden groß* aus dem Jahr 2000. Seitdem trägt es die Weisheit des kleinen Büchleins mit Tönen und Worten in die Welt. Auf dem Cover des Albums *Mein Lebensliederbuch* ist der Löwenzahn in seinen vier Blütephasen zu sehen. Mir gefällt die letzte inzwischen am besten, vielleicht weil ich mich mit meiner Haarfarbe der Pusteblume angenähert habe. Seit einigen Jahren ist der aus den gelben Blütenblättern durch Aufkochen gewonnene Löwenzahn-Honig mein liebster Frühstücksbrotaufstrich. Auf einer Urlaubsreise durch Frankreich haben wir ihn als »Gelée de fleurs de pisenlits« kennengelernt.

## Wunschkind

Es ist nicht leicht, ein so sensibles Thema zu behandeln. Es gibt viele persönliche Perspektiven und Lebenserfahrungen dazu. Mein Lied entspringt einer Talkrunde im NDR-Fernsehen, die ich Mitte der 90er-Jahre gesehen hatte. Das Thema war: »Ich habe erst spät erfahren, dass ich kein Wunschkind bin, und leide immer noch sehr darunter.« Meine spontanen Gedanken dazu waren: Man kann sich wohl ein Kind wünschen, aber es wird sich immer erst später herausstellen, welcher Mensch sich aus diesem Kind entwickelt. Es kann sogar zu hohe Erwartungen an das Wunschkind geben und dadurch zu Enttäuschungen kommen, weil es sich ganz anders entwickelt, als man es sich gewünscht hatte. Nicht wenige Familien können davon ein Lied singen.

Sind Wunschkinder im landläufigen Sinn, also Kinder, die dem biologischen Kinderwunsch entspringen, immer glücklichere Kinder? Kommt es nicht viel mehr darauf an, ob sich das Kind in seinen frühen Jahren und im weiteren Verlauf seines Lebens gewünscht und geliebt fühlt? Mir ging bei diesen Gedanken auch durch den Sinn, dass meine Mama ein Pflegekind war, ein geliebtes Kind, das die empfangene Liebe ihrer Pflegeeltern an ihre eigenen Kinder und damit in die nächste Generation weitergegeben hat. Auch unsere Tochter Anuschka (sie war damals etwa 20 Jahre alt) ging mir durch den Sinn, sie wurde »pünktlich« vier Monate nach unserer Hochzeit geboren und hat sich, wie sie uns mehr als einmal bestätigte, immer gewünscht gefühlt. Dass mein Lied vielen Erwachsenen geholfen hat, mit sich und ihrer Einstellung zum Leben besser zurechtzukommen, hörte und las ich seit der Veröffentlichung von *Wunschkind* im Jahr 2000 auf dem Album *Kinder werden groß* immer wieder.

## Mein neuer Bruder – Lebensräume, Lebensträume

Viele meiner Lieder sind unserem Familienleben entsprungen. Wir sind seit 1971 eine traditionelle Familie mit drei Kindern. Andere Familienkonstellationen, Patchwork und alleinerziehend, sind uns bekannt und vertraut, aber ich konnte sie nur selten so verinnerlichen, dass ich ihnen passende Lieder hätte widmen können. Aus der Beobachterposition heraus entstehen nicht so leicht authentische und emotional glaubwürdige Lieder. Ausnahmen sind das Lied *Julia* über eine alleinerziehende Mutter (»… Julia schafft das ganz allein«) und das Lied *Ein Lächeln* über eine Trennung in der bitteren ersten Phase (»… ein Schweigen, das die Seele uns zerreißt«).

Anders war es in meiner Beziehung zum Erich-Kästner-Kinderdorf im fränkischen Oberschwarzach. Von dort erhielt ich Mitte der 80er-Jahre einen Brief, aus dem ich erfuhr, dass die Kinderdorf-Familien auf ihren Ferienreisen nach Österreich oder Kroatien häufig mein Lied *Gemeinsam unterwegs* sangen. Gunda Fleischhauer, die Gründerin und damalige Leiterin des Dorfes, lud mich ein, sie zu besuchen. Das Dorf bietet etwa 60 Kindern, die aus problematischen Familienverhältnissen kommen und dadurch bislang weniger Entwicklungschancen hatten, in sechs Kinderdorf-Familien eine neue Geborgenheit. Ich fand dort eine Menschengemeinschaft vor, zu der es mich und meine Frau seitdem immer wieder zieht, und die wir nach Kräften fördern.

Zum Leben im Kästnerdorf gehört, dass immer wieder neue Kinder in die Dorf-Familien aufgenommen werden. Ich lernte einige dieser Kinder in der ersten Begegnungsphase kennen, erlebte ihre

Integration in die Gemeinschaft und bekam den Wandel in ihrem Befinden und ihr wachsendes Selbstbewusstsein hautnah mit. Aus dieser Erfahrung heraus schrieb ich Anfang der 90er-Jahre das Lied *Mein neuer Bruder*, das mich heute noch bei jedem Anhören, und besonders wenn es von den Kindern und Jugendlichen des Dorfes gesungen wird, tief berührt (»...ein kleiner Glücksstern fiel für uns vom Himmel runter«).

Mitten im zentralen Gebäude des Dorfes, in der Steinmühle, der Erich Kästner seine Privat-Bibliothek vererbt hat, durfte ich mehrfach in dem gläsernen Pavillon übernachten, um den herum das bunte Kinderdorfleben pulsiert. Davon inspiriert schrieb ich in diesem Haus zum 30-jährigen Jubiläum eine neue Hymne für das Dorf: *Lebensräume, Lebensträume* – getreu der Weisheit Erich Kästners: »Die Kindheit ist der Leuchtturm des Lebens.« Mit der Last einer schweren Vergangenheit finden die Kinder hier im Dorf Liebe, Schutz und Vertrauen und können mit neuer Zuversicht nach vorn blicken. Zusammen mit dem A-cappella-Ensemble Viva Voce, das dem Dorf auch freundschaftlich verbunden ist, entstand die Studioaufnahme des Liedes für mein Album *leiseStärke*.

## Sie leuchtet

Man traut es Kindern manchmal nicht zu, aber oft habe ich es erlebt, wie sie, zunächst ganz schüchtern, beim Singen im Tonstudio oder auf der Bühne plötzlich aufblühten, so als würden sie ihre Flügel entfalteten und abheben. Dass dies nicht nur bei Kindern passiert, erlebte ich im Sommer 2001 auf Sylt. Ich war allein auf der Insel, um mich von der Nordsee, von Ebbe und Flut, Wind und Sonne inspirieren zu lassen und an neuen Liedern zu arbeiten. In der »Sturmhaube« in Kampen gönnte ich mir ein kleines, feines Mittagessen. Ich war der letzte Gast. Eine junge Frau räumte die Tische ab und sang dabei leise und selbstvergessen Popsongs vor sich hin. Beim Bezahlen bedankte ich mich für ihren wundervollen Vortrag. Das war ihr peinlich. Offenbar war sie sich ihres Singens gar nicht bewusst gewesen. (Meiner Frau geht es übrigens oft genauso: Sie singt bei der Hausarbeit und scheint es selbst nicht so recht zu merken.)

Mit der charmanten Stimme im Ohr fuhr ich mit meinem kleinen Wohnmobil weiter nordwärts in Richtung Sylter Ellenbogen. Beschwingt sang ich: »Sie leuchtet, wenn sie singt, pure Erotik, wie ihre Stimme klingt.« Das Lied ergab sich wie von selbst. Die junge Frau aus der »Sturmhaube« hat vermutlich nie erfahren, dass sie mich zu einem Song inspirierte. Ein Jahr später, bei meinem nächsten Besuch in der »Sturmhaube«, arbeitete sie nicht mehr dort.

## Einmal leben

Wortspiele sind mehrfach meine Quelle für neue Liedtexte gewesen. Aus einem solchen hat sich eines meiner intensivsten Lieder entfaltet: *Einmal leben – zweimal leben*. Die Gedanken, die dieses Wortspiel bei mir auslösten, ließen mich über meine Haltung zum christlichen Glauben nachdenken. Das Wort Gott kommt in diesem Lied nicht vor, aber ich glaube, man spürt, dass er und die Botschaft Jesu mir beim Verfassen des Textes nahe waren, ähnlich wie in meinem Lied *Der kleine Frieden*.

Du hörst,
du siehst,
du fühlst,
du denkst.
Was du wohl heut' den andern davon schenkst?

Du träumst,
du wachst,
du weinst,
du lachst.
Wie du wohl heut' die andern glücklich machst?

Einmal leben, einmal leben,
zweimal leben gibt es nicht.
Einmal leben, einmal leben,
und die Sonne scheint in dein Gesicht.

Du glaubst,
du weißt,
du hoffst,
du liebst.
Was du wohl heut' den andern weitergibst?

Du tanzt,
du küsst,
du singst,
du spielst.
Was du wohl heute mit den andern fühlst?

Einmal leben…

## Drüben – Einen Schritt voraus – Für Dich

Mitte der 1980er-Jahre wurde bei meiner Mutter Brustkrebs diagnostiziert. Danach hatte sie noch 30 Jahre lang ein gutes Leben. Mit ihrem zweiten Ehemann genoss sie ihren Garten hinter dem Reihenhaus in Hamburg-Bramfeld, ohne große Ansprüche an ihr Leben. Die Familie war ihr ein und alles. Nach ihrem 75. Geburtstag im Jahr 2000 setzte bei ihr eine Makula-Degeneration ein, die schnell zu einer weitgehenden Erblindung führte. Dennoch war sie weiterhin guter Dinge und kam nach dem Tod ihres zweiten Mannes noch einige Jahre allein zurecht. Aber irgendwann beschlossen wir dann doch gemeinsam ihren Umzug in eine Senioren-Residenz in der Nähe von Hagenbecks Tierpark. Mitten in diese Pläne schlug erneut der Krebs ein. Wegen des Betreuungsbedarfs schauten wir uns nun nach einer Pflegeeinrichtung um und fanden sie im Stadtteil Eidelstedt, der für uns Geschwister gut zu erreichen war, sodass wir meine Mutter reihum mehrfach in der Woche besuchen konnten. Im Sommer verschlechterte sich ihr Gesundheitszustand rapide, und der Gedanke an den endgültigen Abschied wurde allmählich unabwendbar.

Auf den Fahrten von Blankenese nach Eidelstedt gingen mir viele Gedanken durch den Kopf. Erinnerungen an die Kindheit, an schwere Zeiten und glückliche Stunden wie zum Beispiel das gemeinsame Singen bei uns zu Hause. In ihren letzten Wochen wurden unsere Gespräche leiser, und oft war es nur noch ein zärtliches Anlehnen, Kopf an Kopf, das uns verband. Seit der Kinderzeit hatte ich eine solche Nähe zu meiner Mutter nicht mehr gespürt. »Ich will doch rüber zu ihm«, sagte sie mir mehr als einmal. »Hinüber gehen«, so lautete auch der Titel eines Klassik-Albums von Joachim-Ernst Behrendt, das ich von Zeit zu Zeit auflegte. Auf einer der Fahrten vom Pflegeheim nach Hause kamen mir die ersten Zeilen des Liedes *Drüben* in den Sinn: »Drüben ist Ruhe, drüben ist Frieden, drüben sind alle gleich…« Wie so oft verbanden sich rasch Töne mit diesen Worten, sodass das Lied von Zeile zu Zeile wuchs, während ich durch die Stadt fuhr, immer vor mich hin singend.

Meine Mutter starb am 4. September 2004 gegen drei Uhr früh. Ich schlief im Nebenraum ihres Appartements und erwachte von ihrem letzten Atemzug. Während sich das Pflegepersonal ihrer annahm, fiel mein Blick auf ein Flugzeug, das gerade vom nahe gelegenen Flughafen Fuhlsbüttel aufstieg. Es verschwand im Morgendunst und war bald außer Sichtweite, aber ich wusste, dass es immer noch da war. Dieses Bild hatte etwas Tröstliches beim Abschied von meiner Mutter: Sie war nun drüben, aber nicht wirklich weg.

In den ersten Tagen nach ihrem Tod suchte ich mit der Gitarre in der Hand zu Hause auf dem Sofa nach Worten und Tönen für die vielen Gedanken, die mir durch den Kopf gingen. Wo würde mich mein eigenes Leben noch hinführen? Was bleibt von dem, was uns mit unseren Lieben im Leben verbindet? »Du warst uns immer einen Schritt voraus«, war der Schlüsselgedanke, aus dem wenige

Tage nach Mamas Tod ein neues Lied entstand. *Einen Schritt voraus* fasst vieles von dem zusammen, was meine Geschwister und mich mit unserer Mutter verband und für immer verbinden wird. »Bist nicht mehr da und es ist doch nicht alles aus, bist uns nur wieder einen Schritt voraus.«

Ein dreiviertel Jahr brauchte ich, um meine Trauer zu verarbeiten. Dabei half mir auch die kleine gelbe Blumenvase mit goldenem Rand auf meinem Schreibtisch, die ich meiner Mutter geschenkt hatte, als ich ungefähr zehn Jahre alt war. Meine Frau hatte eine Sonnenblume, meine Lieblingsblume, hineingestellt. Bei einem Spaziergang am Strand von Westerland im Frühsommer 2005 – ich erholte mich dort von einer Knie-Operation – fand ich zu einer neuen Sicht auf meine Zukunft und die Beziehung zu meiner Mutter. Dort, in der Brandungszone der Nordsee, entstand das Lied *Für Dich.* »Werd für dich die Blumen sehn, am Strand für Dich spazieren gehn«, lauteten die Zeilen, die meine tote Mutter für mich auf neue Art spürbar machte. »Hast mir so viel gegeben, nun werd ich auch für dich leben.« Mit diesen Gedanken schaue ich mir bis heute Fotos an, auf denen meine Mutter in ihren verschiedenen Lebensphasen zu sehen ist – mit ihrer geliebten Familie, meinen Geschwistern und mir.

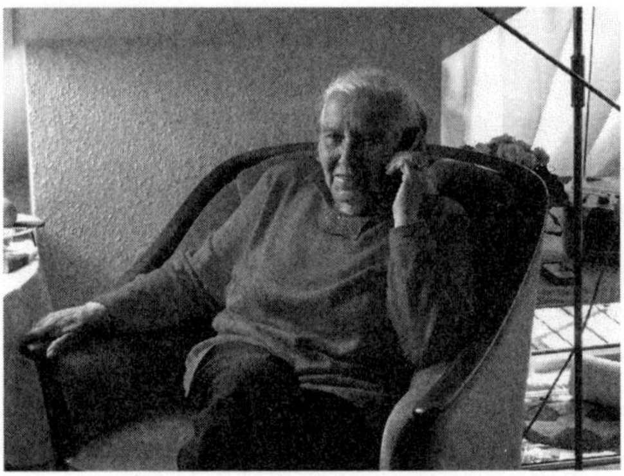

## Dein Herz für Kinder

1979 schrieb ich die Lieder der *Schulweg-Hitparade* als Beitrag zur Benefiz-Aktion »Ein Herz für Kinder«. Knapp 30 Jahre später bat mich die Bild-Zeitung, eine neue Hymne für die Kampagne zu schreiben.

Nun hatte zum Start der Aktion im Jahr 1978 die damals zwölfjährige Andrea Jürgens mit dem Lied »Ein Herz für Kinder« einen Riesenerfolg gehabt. Der Song war 28 Wochen lang in den Single-Charts und kletterte bis auf Platz vier. An diesen Erfolg anzuknüpfen, war eine große Herausforderung, weshalb ich zunächst um Bedenkzeit bat. Erschwerend kam hinzu, dass ich in dieser Jahreszeit seit einigen Jahren unter einer heftigen Allergie gegen Frühblüher wie Haselnuss, Erle und insbesondere Birke litt. Um mich zumindest für eine Birken-Saison der Allergie zu entziehen und den Kopf freizubekommen, flog ich Anfang März mit meiner Frau und meiner Verlegerin, Dagmar Sikorski-Großmann, an die Cote d'Azur.

Nach einer Woche flog meine Frau zur Familie nach Hamburg zurück, ich fuhr mit einem Mietwagen weiter in eine Ferienanlage nach Antibes. Auf Spaziergängen am umtosten Cap Eden Roc entstanden zwei neue Lieder: *Alles strömt*, anknüpfend an das griechische »panta rei«, in dem es um den endlosen Fluss der Energie geht, und *Dein Herz für Kinder*. Beide Lieder haben eine ähnliche Grundstimmung, offenbar inspiriert vom Blick aufs blaue Mittelmeer und vom Rauschen der Brandung. Aus »Ein Herz für Kinder« war nun *Dein Herz für Kinder* geworden. In diesem Lied lade ich die Erwachsenen dazu ein, sich an ihr eigenes Kind-Sein zu erinnern und ihr Herz für Kinder neu zu entdecken. Von Dieter Faber als Pop-Hymne kraftvoll arrangiert und mit Nena und Peter Maffay als Interpreten präsentierten wir das Lied zusammen mit den Hamburger Alsterfröschen in der Jubiläumsshow am 7. Dezember 2008 in Berlin und noch einmal im Jahr darauf in derselben Show mit meiner Tochter im Duett, unterstützt vom Chor der Blankeneser Gorch-Fock-Schule.

Leider wurde das Lied im Radio kaum gespielt, obwohl die Benefiz-Single in voller Breite an den Rundfunk bemustert wurde. Die beteiligten Künstler verzichteten, genau wie ich, zugunsten der Hilfsaktion auf jede Lizenz. Wir alle hofften auf eine die Radio-Formate übersteigende Resonanz. Warum diese nur sehr bedingt eintrat, lag, wie ich herausfand, vor allem daran, dass fast jeder Rundfunksender alljährlich seine eigene Benefizaktion startete. Daher gab es gewissermaßen eine Wohltätigkeitskonkurrenz, die keinen Einsatz für die anderen »Mitbewerber« auf diesem Feld erlaubte. Wieder etwas dazugelernt.

## *In all den Jahr'n*

Von unserem älteren Sohn Alexander (»Ali«) habe ich, wie von seinen beiden Geschwistern auch, viele Impulse für neue Lieder erhalten. Aber in einem Fall erteilte er mir einen speziellen Auftrag. Es war 1981, als er sehr bestimmt meinte, ich möge meiner Gitarre doch bitte einen Namen geben. Sein Wunsch überzeugte mich, und in einem Konzert der Schule von Niels Peters (*Du da im Radio*) in Tostedt ließ ich die Kinder entscheiden. Die Wahl fiel auf Tweety. Tweety lernte sprechen (ich gab ihr dafür eine freche Stimme), sie wurde mir gegenüber immer kesser und bekam schließlich ihren persönlichen Song. Das löste bei unseren Kindern und in meinen Konzerten helle Freude aus. Bald entstand daraus der nächste Song: *Ein Lied für Tweety*. Mit *Zwei Gitarren und ein Mann* vollendete ich schließlich die Tweety-Trilogie, in der es um das Verhältnis zwischen mir und meiner Gitarre geht. Viele Jahre später, Alexander war bereits ein erfolgreicher Songwriter, sagte er zu mir: »Die Melodie von *Ein Lied für Tweety* ist doch eigentlich gut für ein viel größeres Thema.« Es sollte eine ganze Weile dauern, aber Alis Tipp, sein Gespür als Songwriter, hatte mich infiziert. Im Sommer 2011 war der Zeitpunkt gekommen. Im Souvernir-Shop des Berliner Hauptbahnhofs rief mir die Verkäuferin an der Kasse quer durch den Laden zu: »Du bist doch der Rolf Zuckowski!« Ich ging zu ihr und wir kamen ins Gespräch. Sie erzählte mir, dass meine Lieder sie seit ihrer Kindheit begleitet hätten und sie sie heute mit ihren

Kindern singen würde. Sie nannte mich Rolfi, so wie in meinem Lied *… und ganz doll mich*, schwelgte kurz in Erinnerungen und berichtete von Konzerterlebnissen, bei denen auch Tweety eine Rolle spielte.

Das war der zündende Funke, den es brauchte, um aus meinem zweiten Tweety-Lied ein Lied der gemeinsamen Erinnerungen werden zu lassen. Im ICE nach Hamburg schrieb ich auf die Melodie den etwas nostalgischen Text *In all den Jahr'n*. Das Lied veröffentlichte ich 2012 auf dem Album *leiseStärke*.

# 15 Aus Kindern werden Leute

»Ihr müsst immer gut zusammenhalten.« Das waren die Worte meiner Mutter an einem ihrer letzten Lebenstage. Es ist uns vier Geschwistern über all die Jahre nicht schwergefallen, diesem Wunsch gerecht zu werden, mit Mamas Liebe in unserer Mitte. Mag die Kindheit für uns auch sehr unterschiedlich verlaufen sein, mit Chancen, die jeder für sich nutzen konnte, und Schwierigkeiten, die jeder für sich verkraften musste, vor allem mit dem Vater, der an Land keinen dauerhaften Halt fand, so zeigte sich in unserem Leben als Erwachsene, dass der Zusammenhalt darunter nie gelitten hatte. Unserer Schwester Anke hat ihre Musikalität nach vielen Jahren als Friseurin und Beamtin im Zustelldienst neue Türen geöffnet. Als Alleinunterhalterin mit anrührend authentischen Liedern hat sie viele festliche Anlässe bereichert und auch eigene Konzerte gegeben. Sie hinterließ Spuren der Zuneigung und des Respekts bei vielen Menschen. Mein jüngerer Bruder Pit suchte als junger Mann neue Perspektiven in Bayern. Er fand in seiner Zeit als Offizier bei den bayerischen Gebirgsjägern in Bad Reichenhall seine Frau und sein Glück. Nach der Bundeswehrzeit wechselte er als Produzent in die TV-Branche und zog mit seiner Ehefrau zunächst für einige Jahre nach München. Stationen in Luxemburg und Köln folgten, später unternahm er als Naturfilmer zahlreiche Reisen nach Australien. 1995 begleitete er mich bei mehreren Konzerten auf meiner 36 Tage langen »Starke Kinder«-Tour und erstellte unter dem Titel »Live heißt lebendig« eine Video-Dokumentation, die heute auf YouTube einen nostalgischen Rückblick erlaubt.

Mein zweiter Bruder, Hans-Peter, hatte die Größe, mir seinen Anteil an der Gitarre zu überlassen, die mein Vater 1961 ins Haus gebracht hatte. Die Musik ist auch seine Leidenschaft, allerdings nur aus möglichst klangvollen Lautsprechern, von denen er einige selbst baute. Als technisch ausgebildeter Beamter im Fernmeldebereich der Deutschen Post (später Telekom) tätig, übernahm er dort in späteren Jahren die Aufgabe des Sozialbetreuers. Für mich bleibt er immer der große Bruder, auch wenn er »nur« knapp zwei Jahre älter ist als ich, weswegen wir jedes Jahr im Mai nach den 14 Tagen, die zwischen unseren Geburtstagen liegen, traditionell sagen: »Nun ist die Ordnung wieder hergestellt.«

# 16
# Zu meiner Sprache

Ich bin geprägt von einem Leben in sprachlich relativ einfachen Verhältnissen. Das war in der Kindheit so, und es hat mich auch in den Jahren zunehmender Erfolge immer in besonderem Maße hingezogen zu Menschen mit einer spürbaren Herzensbildung: zu den Kindern, zu Menschen mit Behinderung und zu denen, die meine geliebte Muttersprache lernen wollen, sei es in Deutschland oder draußen in der Welt. Der gesellschaftliche Wandel, insbesondere das Voranschreiten der Gleichberechtigung zwischen den Geschlechtern, die ich wichtig finde und für die ich mich einsetze, ist in manches Lied von mir eingeflossen. Eine diesem Wandel durchgehend gerecht werdende Sprache stellt uns generell und insbesondere in der Musikkultur aber vor große Herausforderungen. Die grammatische Struktur, das konsequente Einhalten sprachlicher Regeln und die sprachliche Ästhetik erlauben es nicht, durchgehend »geschlechtergerecht« zu schreiben und zu sprechen. Ich habe noch niemanden beobachten können, dem das authentisch, frei von Fehlern und sprachlichen Widersprüchen gelingt. Eine Schreibweise, die sich nicht spontan, entspannt und fließend sprechen lässt, und sei es auch nur innerlich, widerstrebt mir. Eine Schriftsprache, die sich nicht singen lässt, mindestens ebenso. In diesem Sinne habe ich mich beim Verfassen dieser Erinnerungen für die mir und meinem Lebenslauf entsprechende Sprache entschieden. Wohin sich unsere Sprache im Wandel der Zeit entwickeln wird, in welchem Maße sich eine intellektuelle und politische Elite mit ihrem Bestreben nach mehr Sichtbarmachung der geschlechtlichen Diversität in der breiten Bevölkerung und im Kulturbereich durchsetzen wird, bleibt spannend und hält mich gleichzeitig in einer nicht nachlassenden Unruhe.

# 17
# Sieben Jahre Mai?

Zu meinem 60. Geburtstag veröffentlichte ich zeitgleich mit dem Album *Leben ist mehr* unter dem Titel »5 Jahre Mai« eine erste Zwischenbilanz meines Lebens, aus der ich hier manchmal zitiert habe. Mit dem Titel bezog ich mich auf Erich Kästner, der sich in seinem Gedicht »Der Mai« aus dem Zyklus »Die 13 Monate« wünschte: »O, gäb es doch ein Jahr aus lauter Mai!« Ich habe das Glück, nun bereits mehr als 72 dieser Wonnemonate und damit in der Summe mehr als sechs Jahre Mai erlebt zu haben. Welch ein Geschenk! Von manchen lieben Verwandten, guten Freunden und Weggefährten musste ich mich inzwischen für immer verabschieden. Ich trage die Erinnerung an sie in meinem Herzen und bin auf eine besondere Weise weiterhin mit ihnen »gemeinsam unterwegs«.

Seit vielen Jahren begegne ich immer öfter jungen Erwachsenen, die mir in freudiger Erinnerung schildern, wie sie mit meinen Liedern aufgewachsen sind. Gästebucheinträge wie »Danke für meine Kindheit« berühren mich sehr. Ich hoffe, dass ich zu glücklichen Zeiten in ihrem Leben, zu Ermutigung und Trost und zu einem wachen, kindlichen Selbstbewusstsein beitragen konnte. Viele Eltern berichten mir, dass sie meine Lieder nun mit ihren eigenen Kindern hören und singen und einige meiner Worte aus erwachsener Perspektive neu verstehen. Mich bewegt, von ihnen zu hören, dass ich auch mit meinen »erwachsenen« Liedern ihr musikalischer Lebensbegleiter geblieben bin. Ich bin dankbar, all das erleben zu dürfen und mir gewiss zu sein, dass zumindest in der nächsten Generation einiges von dem bleiben wird, was ich mit meinen Liedern in die Welt gesetzt habe.

Als nunmehr fünffacher Großvater geht mein Blick immer weiter nach vorn, weit über das eigene Leben hinaus. Ich erinnere mich an den Satz von Kurt Biedenkopf, einem der Schirmherren meiner Elbtour 2000, anlässlich der Feier seines 80. Geburtstags in der Dresdner Semperoper: »Da unten sitzt die Zukunft. Sie ist für mich mehr als ein Wort, ich kann sie anfassen mit den Händen meiner Enkelkinder.« Wir tragen für ihren Lebensausblick Mitverantwortung, denn wir haben sie in diese Welt hineingesetzt. *Wir sind Kinder, der Stoff, aus dem die Zukunft ist,* singen sie auch heute noch mit meinen Worten von 1981 – nichts höre ich lieber als das.

Meine Aussichten auf sieben Jahre Mai mögen angesichts der steigenden Lebenserwartung gar nicht so gering erscheinen. Wie es auch kommen mag, ich werde mich weiterhin über jeden einzelnen Wonnemonat freuen, zumal mir der Mai, mein Geburtsmonat, von Jahr zu Jahr kostbarer vorkommt. Ebenso genieße ich jedes Jahr ein bisschen mehr den Wechsel der Jahreszeiten, mit denen wir in unseren Breiten gesegnet sind. Das alles in einem seit der Jugend bestehenden Freundeskreis erleben zu können und nach über 50 Jahren mit derselben wundervollen Frau immer noch und immer wieder glücklich zu sein, ist ein Segen. Sie ist mein »Lifetime Award«, den ich wie keine andere Auszeichnung zu schätzen weiß.

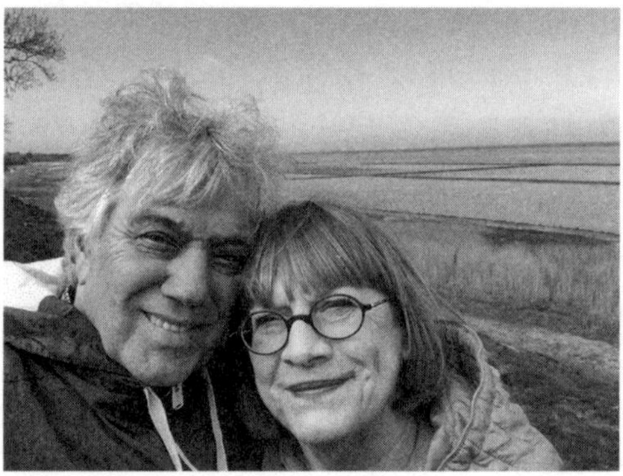

# Ich danke …

**Dir, liebe Moni,** für Deine leiseStärke, Dein Vertrauen und Deine Geduld mit mir. Meine Lieder sind unsere Lieder, denn ohne Dich hätte ich nie den Weg gefunden, von dem ich hier erzähle. Danke für die Reiselust, die uns gemeinsam so viel erleben ließ, und für Dein großes, mitfühlendes Herz, das unsere Familie zusammenhält.

**Ich danke Euch, meine lieben Kinder**, für Eure Freude am Singen und Musizieren, die mich als jungen Vater so beflügelt hat und bis in meine späten Jahre hinein ein so wichtiger Quell für Ideen war. Ihr habt mir in Eurer Kindheit in meinen kreativen Stunden immer den ungestörten Freiraum gelassen, der unverzichtbar ist, wenn etwas Intensives entstehen soll. Das ist für Kinder voller Energie und Neugierde alles andere als selbstverständlich. Dass ich Euch auch als Sänger, als Musikanten im Studio und auf der Bühne so oft an meiner Seite hatte, ist ein großer Schatz meines Lebens.

## Wem ich auch noch danken möchte:

**Meinen Geschwistern Anke, Hans-Peter und Pit** für die Ermutigung, mit der sie ihren Bruder in der Öffentlichkeit ohne jede Eifersucht sein Ding machen ließen. In diesem Erinnerungsbuch werden die drei spürbar, ohne dass ich ihnen und ihrer Persönlichkeit dabei auch nur annähernd gerecht werden kann.

**Peter Meetz**, dem Drummer unser Band the beAthovens, Schöpfer der Bilder zu meiner und seiner *Vogelhochzeit*, guter Freund und seit fast drei Jahrzehnten Vorbild für das Nichtaufgeben und Lebenwollen.

**Michael Gundlach**, meinem Freund und Bühnenpartner in vielen hundert Konzerten, zuverlässiger VW-Bus-Fahrer, Notenarrangeur, Apple-Digital-Coach, allzeit in Studio-Bereitschaft.

**Den Workshop-Trainern**, die für unsere Stiftung »Kinder brauchen Musik« mit viel Leidenschaft und pädagogischem Geschick den Kindern und Pädagogen unvergessliche Tage bereiten und dazu beitragen, dass Anregungen für ein aktiveres Musikleben in die Schulen gelangen.

**Allen Technikern und Roadies rund um meine Konzertbühnen.** Ich konnte mich immer auf sie verlassen, und sie hatten, auch wenn es mal stressig wurde, schnell wieder die Ruhe weg – und immer ein großes Herz für die Kinder.

**Meinem »Musik für Dich«-Büroteam**, das sich über die Jahrzehnte ohne großen Stress wandelte und mir in vielen Situationen half, gut zu planen und richtige Entscheidungen zu treffen: Carina Kaiser-Andersen, Miriam Willer, Thomas Sölter, Christiane Heitmann, Hans-Jürgen Maas und all diejenigen, die mir mit ihrer Einsatzbereitschaft und Loyalität zur Seite standen. Das gilt seit Beginn meiner Berufstätigkeit auch für Wolfgang Hering und nun für seine Tochter Astrid mit ihrem Wissen um eine saubere Buchführung. Nicht zuletzt danke ich Heimtraud Siekmann, weil durch sie auch alles andere immer so schön sauber blieb.

**Meinem Sikorski-Team** mit Sandra Bonin, Helmuth Kreysing und Petra Martins van Houtem sowie Dagmar Sikorski-Großmann, Axel Sikorski und allen, die unter ihrer Geschäftsleitung bis 2021 dazugehörten – und unseren neuen Verlagspartnern bei Boosey & Hawkes in Berlin.

**Meinem Universal-Family-Team** mit Andreas Maaß, der uns leider im November 2021 für immer verließ, Jörg Hackelbörger, Tini

Eck und Steffi Gabriel und ihren Kolleginnen und Kollegen, insbesondere Frank Briegmann und Tom Bohne für ihr »Lifetime«-Vertrauen in mich.

**Sabine Köhncke** für viele kreative Gestaltungen und die ständige Bereitschaft, auch Kleinstaufträge schnell und zuverlässig auszuführen.

**Susanne Kramer** von der Agentur »jetzt!« für ihre moderne grafische Handschrift bei vielen Covers und bei der Ausgestaltung meiner kleinen Biografie »5 Jahre Mai« zum 60. Geburtstag.

**Alex Kaiser** und seinem Team von »erlesen.TV« für viele ideenreiche Videos zu meinen Liedern, **Jann Wilken** für die einfühlsamen Videos zu meiner 40-Jahre-Jubiläumstournee, **Anke Wandrey** für die Videodokumentation unserer zweiten Elbtour und **Marcia Breuer** für die Kreation unserer Stiftungspräsenz im Internet.

**Marten Brandt** für das überaus einfühlsame und inspirierende Lektorat dieses Buches und, last but not least, **Kristine Meierling**, die das Gespür dafür hatte, welcher Verlag für diese Autobiografie optimal zu mir passt.

# Bildnachweis

Ich danke allen Freunden und Weggefährten, die für dieses Buch ihre Fotoalben öffneten, und auch dem MCE-Verlag für die großzügige Überlassung der Textauszüge und Bilder aus dem Buch »Wir entdecken die Elbe«.

Archiv Elbkinderland 151, 167
Archiv Finkwarder Speeldeel 144
Mauricio Bustamante 176
Michael Gundlach 137, 139
Steffen Hofmann 76
Stefan Malzkorn 49, 77, 97, 137, 164, 186
Musik für Dich 72
Musik für Dich / Jean M. Laffitau 94
Musik für Dich / Stefan Malzkorn 74
Planetarium Hamburg 139
Polydor Pressefoto 50, 117
Privat 13, 17, 18, 32, 48, 55, 107, 111, 116, 118, 119, 121, 124, 125, 126, 145, 148, 162, 168, 174, 178, 189, 191, 192, 194, 249, 256, 268, 278
Mareikje Vogler 80, 246
Stephan von Löwis 153, 154, 156, 163, 196
Stiftung Kinder brauchen Musik 175
trikk17 / Christian Merten 225, 226
Jann Wilcken 97, 168
Michael Wrana 179
ZDF 53, 218, 228, 233

## Nachweis Liedtexte



## Websites:

www.-musik-fuer-dich.de
www.rolf-musik.de
www.kinderbrauchenmusik.de

## Social Media:

youtube: Rolf Zuckowski – Musik für Dich
Facebook: Rolf Zuckowski – Musik für Dich
Instagram: der_wahre_rolf_zuckowski
TikTok: rolfzuckowski

Edel Books
Ein Verlag der Edel Verlagsgruppe


Neumühlen 17, 22763 Hamburg
www.edelbooks.com

Projektkoordination und Lektorat: Dr. Marten Brandt
Coverfoto: Michael Philipp Bader
Layout und Satz: Datagrafix GSP GmbH, Berlin | www.datagrafix.com
Gestaltung von Umschlag und Bildstrecke: Groothuis. Gesellschaft der Ideen und Passionen mbH | www.groothuis.de
Lithografie: Frische Grafik
Druck und Bindung: GGP Media GmbH, Pößneck

MIX
Papier aus verantwortungsvollen Quellen
FSC® C014496



Printed in Germany

ISBN 978-3-8419-0782-0